Jonathan Carr
Helmut Schmidt

Jonathan Carr

Helmut Schmidt

Econ Verlag
Düsseldorf · Wien

Titel der englischen Originalausgabe:
Helmut Schmidt Helmsman of Germany
Original Verlag: Weidenfeld and Nicolson, London
Übersetzt von Hans E. Hausner

1. Auflage 1985

Lektorat: Dr. Nina Börnsen
Gesetzt aus der Garamond der Fa. Linotype GmbH
Satz: Computersatz Bonn GmbH, Bonn
Papier: Papierfabrik Schleipen GmbH, Bad Dürkheim
Druck und Bindearbeiten: Franz Spiegel Buch GmbH, Ulm
Printed in Germany
ISBN 3-430-11733-X

Inhaltsverzeichnis

Einführung

In den schlechten alten Zeiten hatten führende Nazis ihre Villen auf Schwanenwerder, einer Halbinsel, die am Stadtrand von Berlin von bewaldeten Ufern in den Wannsee hineinwächst. In bequemer Nähe zum Herzen des Reiches gelegen, bot sie ein ideales Erholungsgebiet. Heute befindet sich Schwanenwerder am Ende der freien Welt. Nur wenige Minuten mit dem Boot entfernt markieren Wachttürme und Stacheldraht die Grenze zwischen West-Berlin und der DDR. Gleich auf der anderen Seite liegt Potsdam, die Stadt, in der Truman, Churchill und Stalin im Jahre 1945 nach der deutschen Kapitulation ihr Gipfeltreffen abhielten. Es war die letzte jener drei Konferenzen, in denen versucht wurde, sich über die Form Nachkriegseuropas zu einigen. Der kalte Krieg, die Teilung Deutschlands folgten und, sechzehn Jahre später, der Bau der Berliner Mauer durch die Kommunisten.

Seit 1974 ist Schwanenwerder Sitz der Berliner Außenstelle des Aspen-Instituts, einer privat finanzierten amerikanischen Stiftung, die regelmäßig zu Gesprächen über weltpolitische Fragen einlädt. Der Ort bietet die Ruhe eines Klosters und eine geschichtsträchtige Umgebung, die die scharfe Trennung zwischen Ost und West nicht vergessen läßt. Kein Wunder, daß Aspen in Berlin in den letzten Jahren Schauplatz vieler produktiver Begegnungen gewesen ist. Eines dieser Treffen aber hebt sich heraus: Es fand in den bitteren Tagen des Februar 1979 statt, und Helmut Schmidt, der Kanzler der Bundesrepublik Deutschland, nahm daran teil.

Die Erwartungen der zu diesem Treffen geladenen Politiker, Diplomaten, Publizisten und Wissenschaftler waren hochgespannt. Schmidts Prestige war vermutlich höher als das jedes anderen Staatsmannes – als Experte in Verteidigungs- und Wirtschaftsfragen und als »Eiserner Kanzler«, der knapp ein Jahr zuvor einen entscheidenden Sieg im Kampf gegen den Terrorismus errungen hatte. Dazu kam, daß der Kanzler nicht ohne Grund den Spitznamen »Schmidt-Schnauze« führte. Einige Konferenzteilnehmer freuten sich schon auf eine der berüchtigten, »nicht zur Veröffentlichung bestimmten« Gespräche, bei denen er Politiker, die er nicht sonderlich schätzte, mit beißendem Spott überschüttete. Am wahrscheinlichsten schien, daß Jimmy Carter als Opfer ausersehen war, der glücklos agierende Präsident der Vereinigten Staaten.

Nichts dergleichen geschah. Die Diskussion über das Konferenzthema »Die Bundesrepublik Deutschland und ihr Platz in der Weltpolitik« war bereits in vollem Gang, als der Kanzler erschien. Er begrüßte kurz die Anwesenden und setzte sich zurecht, um zu hören, was die verschiedenen Redner zu sagen hatten. Hin und wieder blickte er durch die großen Panoramafenster des Konferenzsaales, die einen Ausblick auf den Wannsee und sein Hinterland gewährten. Als er schließlich die eine oder andere Bemerkung machte, mußte Shepard Stone, der unermüdliche Direktor des Aspen-Instituts, ihn drängen: »Lauter, Herr Kanzler!«

Viele Teilnehmer waren enttäuscht. Sie waren gekommen, um Schmidt zuzuhören; statt dessen hatte Schmidt ihnen zugehört – das schmeichelte ihnen, brachte sie aber auch aus der Fassung. Vielleicht, so dachten sie, sparte sich der Kanzler seine bissigen Kommentare über politische und strategische Fragen auf für eine Rede, die er für die Zeit nach dem Dinner versprochen hatte. Aber er setzte sie von neuem in Erstaunen.

Schmidt lockerte sein Publikum zunächst mit einigen Scherzen auf und bekundete dann seine Absicht, über das »Europa von übermorgen« zu sprechen. Er erwähnte weder die sowjetischen Raketen noch die Abrüstung in Ost und West oder die trostlose wirtschaftliche Lage der Europäischen Gemeinschaft. Statt dessen sprach er über ein größeres Europa mit einer gemeinsamen kulturellen Identität, ein Europa, das vom Atlantik bis zum Ural reichte. Tolstoi und Tschechow, Chopin und Bartok gehörten ebenso dazu wie Dante und Shakespeare, Beethoven und Kant. Diese zugrundeliegende Übereinstimmung von Ideen und Idealen des Geistes sei stärker als die politische

Teilung des Kontinents und würde sie überdauern. Die Schranken würden nicht so bald fallen, aber niemand solle daran zweifeln, daß sie eines Tages verschwinden würden. Im Verlauf dieser Entwicklung würde auch das deutsche Volk, im Herzen Europas politisch gespalten, wieder zusammenkommen. (Schmidt vermied das Wort »Wiedervereinigung« mit seinem politischen Unterton.)

Schmidts Ausführungen riefen widersprüchliche Stellungnahmen hervor, die am nächsten Tag in privaten Gesprächen aufkamen. Einige Zuhörer waren tief beeindruckt. Ein Politiker meinte, das wäre »alles nur Blabla«, um den Eindruck zu erwecken, der Kanzler besäße »auch eine künstlerische Dimension«. Viele prominente Persönlichkeiten zögen diese Art von Show ab, fügte er hinzu, sobald sie sich die Frage stellten, was die Geschichtsbücher von ihnen zu berichten hätten.

Eine andere Ansicht wurde beim Mittagessen von einem älteren Diplomaten geäußert. Er hatte schon vor langer Zeit gehört, Schmidt sei ein komplizierter, künstlerisch veranlagter, persönlich verwundbarer Charakter, der häufig unter schweren Depressionen leide. Das Bild des »Eisernen Kanzlers« sei nur die halbe Wahrheit.

»Würden Sie dem zustimmen?« fragte man ihn.

»Seit gestern abend würde es mich nicht überraschen. Mich überrascht überhaupt nichts mehr. Aber man braucht viel länger, um sich ein richtiges Urteil zu bilden.«

1.
Jugend und Krieg

»Ich liebe diese Stadt mit ihren kaum verhüllten Anglizismen in Form und Gebärden, mit ihrem zeremoniellen Traditionsstolz, ihrem kaufmännischen Pragmatismus und zugleich ihrer liebenswerten Provinzialität. Aber ich liebe sie mit Wehmut, denn sie schläft, meine Schöne, sie träumt; sie ist eitel mit ihren Tugenden, ohne sie recht zu nutzen; sie genießt den heutigen Tag und scheint den morgigen für selbstverständlich zu halten.«[1]

Die Stadt ist Hamburg, Deutschlands größter Hafen, aber wer ist der enttäuschte Liebhaber? Viele Leser stellten sich diese Frage, als sie einen anonymen Artikel lasen, der 1962 in einer Hamburger Zeitung erschien und dem das obige Zitat entnommen ist. Der Schreiber, so dachten sie, konnte kein Ortsansässiger sein. Der blumige Stil hatte mit dem typischen Hamburger Understatement nichts gemein.

Sie irrten. Drei Jahre später kam die überraschende Wahrheit ans Licht. Der Autor war Hamburgs Innensenator, ein Mann, der bekannt war für seine geistige Beweglichkeit und scharfe Zunge und für seine Sachkenntnis auf vielen Gebieten, vom Verkehrswesen bis zu Verteidigungsfragen.

Nur wenige Menschen vermuteten eine poetische Ader in ihm. Sein Name war Helmut Schmidt. Jahre später sagte Schmidt, er habe bewußt diesen blumigen Stil geschrieben, um seine Spuren zu verwischen. Er wollte Hamburg ein wenig wachrütteln und die Stadt dazu bewegen, ihre Chancen wahrzunehmen, eine größere Rolle in der Politik der Bundesrepublik zu spielen. Ein anonymer, eindringlicher Appell schien ihm der richtige Weg zu sein, eine Debatte in Gang zu bringen.

Trotz aller kühlen Überlegungen legte Schmidt sicher viel Emotion in diesen Artikel über seine Heimatstadt. Hamburg half und unterstützte ihn in seiner Berg-und-Tal-Bahn-Karriere, bei der es ebenso viele Tief- wie Höhepunkte gab. Hier studierte er, hier heiratete er, hier trat er seine erste Stellung an und zog sich zurück, als das Leben in der politischen Opposition in der deutschen Hauptstadt am Rhein ihn in eine Sackgasse geführt zu haben schien.

Er war stolz auf Hamburgs kosmopolitische Atmosphäre; auf seine Geschichte als Mitglied der deutschen Hanse, die jahrhundertelang den Handel mit Rußland und Skandinavien beherrscht hatte, und auf seine Rolle als »Stadtstaat«. Als Kanzler mußte er den größten Teil der ausländischen Besucher in Bonn empfangen, aber die Staatsmänner, die er besonders schätzte, wurden nach Norden in sein kleines Haus im Hamburger Stadtteil Langenhorn eingeladen, der am Stadtrand, knapp zehn Minuten Fahrt vom Flughafen, liegt.

In Reiseführern ist von Langenhorn nur selten die Rede. Hier gibt es keine eleganten Villen und Boutiquen wie im Ortsteil Pöseldorf in der Nähe der Alster und auch keine prächtige Aussicht auf die Elbe wie etwa im schicken Blankenese im Westen. Seine soliden Bürger leben im Wohlstand, aber nicht in Luxus. Die wichtigste Hamburger Tugend dort ist das Fehlen jeglicher Protzerei.

Sollten die prominenten Besucher, die nach Langenhorn kamen (unter ihnen der sowjetische Staatschef Leonid Breschnew und der französische Präsident Valéry Giscard d'Estaing), über das Vorortsidyll der Schmidts verwundert sein, so kostete es sie wenig Mühe, ihre Gefühle zu verbergen. Sie wußten, daß ihnen der Kanzler in seiner häuslichen Umgebung wahrscheinlich freimütiger und zwangloser begegnen würde. In Langenhorn konnte ein gemütliches Gespräch beim Spaziergang durch den Garten, bei dem man einen Blick in den Goldfischteich warf, dazu beitragen, Probleme zu entwirren, die sich in formellerer Umgebung einer Lösung widersetzt hätten.

Nach einem halbstündigen Fußmarsch von Langenhorn in Richtung Innenstadt gelangt man in eine insgesamt rauhere Gegend, in das »rote« Barmbek. Zu Anfang dieses Jahrhunderts war dieser Stadtteil als Hochburg der Arbeiterklasse bekannt – aber auch wegen der Frechheit seiner Kinder, der auch mit jeder Menge Ohrfeigen auf die Dauer nicht beizukommen war. Heute ist Barmbek eher als derjenige Ortsteil bekannt, in dem Helmut Heinrich Waldemar Schmidt am 23. Dezember 1918 geboren wurde.

Einen Monat zuvor war der Erste Weltkrieg zu Ende gegangen, und Kaiser Wilhelm hatte abgedankt. Deutschland aber blieb vereint, seine Armeen befanden sich noch in relativ gutem Zustand, und sein Volk tuschelte bereits über politischen Verrat – die Dolchstoßlegende! Sechs Monate fehlten noch bis zum Abschluß des Friedensvertrags von Versailles, der den Deutschen Bedingungen und Reparationen auferlegte, die viele von ihnen als unerträglich empfanden. Deutschlands erstes, unseliges Experiment mit der Demokratie, die Weimarer Republik, hatte noch nicht begonnen.

Helmut Schmidt war vier Jahre alt, als Adolf Hitler seinen zum Scheitern verurteilten Putsch in einem Münchner Bierkeller inszenierte. Im gleichen Jahr, 1923, erreichte die Inflation ihren Höhepunkt; die Arbeiter holten ihre Löhne täglich in Schubkarren voll Papiergeld, und der Preis einer Mahlzeit im Restaurant stieg, während man noch aß. Schmidt war zehn im Jahre des Bankenkrachs von 1929 und knapp dreizehn, als die Arbeitslosigkeit die Fünfmillionengrenze überschritt. Einen Monat nach Schmidts 14. Geburtstag wurde Hitler zum Reichskanzler ernannt, in einem Akt, den die Deutschen zu Unrecht noch immer als »Machtergreifung« bezeichnen. Ein Jahr später hatten die Nazis ihre Macht konsolidiert; die politischen Parteien waren aufgelöst, die Gewerkschaften aufgehoben, auf den Straßen wurden Bücher verbrannt, und die ersten Konzentrationslager waren errichtet.

So zählte Schmidt zu jenen, die zu jung waren, um in den Jahren, die der Naziherrschaft vorangingen, ein politisches Bewußtsein zu entwickeln, aber alt genug, um 1939 in den Krieg zu ziehen. Willy Brandt, Schmidts Vorgänger im Kanzleramt, war nur fünf Jahre älter – fünf Jahre, die jedoch einen gewaltigen Unterschied ausmachten. Mit sechzehn trat Brandt in die Sozialdemokratische Partei ein, die in der zweiten Hälfte des neunzehnten Jahrhunderts gegründete Arbeiterbewegung. Mit neunzehn Jahren, als Hitler an die Macht kam, ging Brandt in den Untergrund, floh ins Ausland und blieb dort bis zum Kriegsende. Helmut Kohl, Schmidts Nachfolger als Regierungschef, war erst fünfzehn, als 1945 Hitlers »Tausendjähriges Reich« zusammenbrach. Es gibt reichlich Hinweise, einschließlich eines besonders bitteren Gefühlsausbruchs 1958 im Bundestag, die zeigen, daß Schmidt schwer darunter litt, Teil »der Generation zwischen den Generationen« zu sein, wie er es nannte.

Schmidts Vater Gustav war von Beruf Lehrer, der Ausdauer,

Selbstdisziplin und vor allem harte Arbeit hochschätzte. Diese »preußischen« Eigenschaften hatten ihn nicht reich gemacht. Die Schmidts lebten in einer bescheidenen Vierzimmerwohnung, aber Gustav Schmidt war davon überzeugt, daß man ohne diese Eigenschaften nichts im Leben erreichen konnte. Diesen Grundsatz hämmerte er seinen beiden Söhnen Helmut und dessen jüngerem Bruder Wolfgang schon seit ihrer frühesten Kindheit ein. Die Brüder waren zwei Barmbeker Jungen, die ihrem Vater keine frechen Antworten gaben, die von ihm gelernt hatten, nicht zu weinen, wenn sie hinfielen, und fleißig zu sein, ohne dafür Lob zu erhalten.

Ludovica, die Mutter, war das genaue Gegenteil. Sie war künstlerisch begabt und besuchte mit den Kindern Konzerte und Museen und organisierte einmal in der Woche Gesangsabende mit Verwandten in ihrer Wohnung. Aber Lehrer Schmidt führte im Haus das Regiment, und Helmut hatte viele Jahre Angst vor seinem Vater. Ein frühes Bild, bräunlich verblichen, zeigt eine Gruppe zerzauster Barmbeker Jungen mit Helmut Schmidt in der Mitte. Er hält einen Stock und ein Rad umklammert und blickt nervös in die Kamera, als erwarte er Schelte. Ein späteres Foto, aufgenommen, als er sieben war, zeigt einen Knaben von entschlossenerem Aussehen; die Kinnbacken sind zusammengepreßt, die Hände ineinander verschränkt, als bereite er sich auf eine Auseinandersetzung vor.

Auf diese Weise erbte Schmidt von seinem Vater einige Eigenschaften, die ihm halfen, in der Politik Rückschläge zu überwinden und an die Spitze vorzustoßen. Seiner Mutter verdankt er ein frühes Interesse an der Musik und den bildenden Künsten. Außerdem hatte er das Glück, von seinem zehnten Lebensjahr an eine Schule zu besuchen, in der beide Seiten seines Charakters gute Chancen hatten, sich zu entfalten.

Die Lichtwark-Schule (so genannt nach einem früheren Direktor der Hamburger Kunsthalle) war eine liberale Institution, an die sich ihre Schüler noch Jahrzehnte später mit dankbaren Gefühlen erinnerten. Sie wurde nach dem Prinzip der Koedukation geführt, stand den Kindern reicher und armer Leute offen und wahrte in ihrer Erziehung ein Gleichgewicht zwischen wissenschaftlicher und künstlerisch-kreativer Entfaltung. Vor allem aber förderte sie einen kritischen Instinkt und Selbstvertrauen. Kein Wunder, daß die Nazis die Schule schließlich schlossen. Der Backsteinbau selbst allerdings erhebt sich immer noch am Rand des Hamburger Stadtparks.

Helmut Schmidt besuchte die Lichtwark-Schule von 1929 bis 1937, zwei Jahre vor Kriegsausbruch. Er war kleiner als andere Jungen seines Alters, und daher rührte auch sein Spitzname »Schmiddel«. Doch was ihm an Körpergröße fehlte (damals und auch später), glich er durch Energie und Organisationsgabe aus. Er erhielt ausgezeichnete Zensuren, unter anderem auch im mündlichen und schriftlichen Englisch. Aber er hatte keinen Französischunterricht, was er Jahre später bedauerte. Mit Giscard d'Estaing unterhielt er sich auf englisch, eine Sprache, die beide beherrschten, obwohl Schmidt geübter war. Doch für Schmidts Gespräche mit Giscards Nachfolger François Mitterrand mußte ein Dolmetscher herangezogen werden. Damit war, formal gesehen, größere Präzision gewährleistet, die sich jedoch nachteilig auf die Vertraulichkeit eines Gesprächs auswirkte.

Die Lichtwark-Schule regte jeden einzelnen Schüler dazu an, einmal im Jahr ein schöpferisches Projekt in Angriff zu nehmen. Als etwa Fünfzehnjähriger hatte er, Schmidt, drei Projekte ausgeführt, die seine vielseitigen Interessen erkennen lassen. Eines der Vorhaben war eine ausführliche Studie über den Konkurrenzkampf der Häfen Antwerpen, Rotterdam, Bremen und Hamburg; ein weiteres behandelte den Einfluß der Renaissance im Wesergebiet. Bei seinem dritten Projekt wurde er zu einem bescheidenen Komponisten, indem er zwanzig Choräle für vierstimmigen Gesang übertrug.

Während seiner Schulzeit entwickelte er seine Talente als Pianist und Maler. Später, während des Zweiten Weltkriegs in Berlin, begann er Orgel zu spielen.

Schmidt wurde auch Kapitän der Rudermannschaft – tatsächlich, ein Musterschüler, ein Alleskönner! Aber ein zukünftiger Staatsmann? Niemand scheint daran gedacht zu haben, am allerwenigsten Schmidt selbst. In diesen Schuljahren kam er allmählich zu dem Schluß, daß er gern Architekt oder noch besser Stadtplaner werden wollte. Er liebte die Künste und konnte recht gut zeichnen, hatte aber das Gefühl, daß er nie imstande sein würde, sich seinen Lebensunterhalt damit zu verdienen. So erschien ihm die Architektur ein guter Kompromiß. An diesem Ziel hielt er bis Kriegsende fest, als die Umstände ihm einen völlig anderen Kurs aufzwangen.

Was hätte er gedacht, wäre Mitte der dreißiger Jahre jemand vor den versammelten Schülern und Schülerinnen aufgestanden und hätte prophezeit: »Einer von euch, nämlich Helmut Schmidt, wird eines Tages Regierungschef sein«?

»Ich hätte gedacht, er spinnt«, sagt Schmidt.

Hannelore Glaser, kurz »Loki« genannt, hätte vermutlich ebenso reagiert. Sie war die Tochter eines Elektrikers und lange Zeit Schmidts Klassenkameradin, ohne, so scheint es, von dem kleinen, gescheiten, aber ziemlich aufgeblasenen Jungen Notiz zu nehmen, der ein paar Bankreihen von ihr entfernt saß. Das änderte sich, als sie beide um die Fünfzehn waren.

Sie begannen zu flirten, ihre Beziehung vertiefte sich, lockerte sich aber, als Schmidt seinen Militärdienst ableistete. Sie kamen sich 1941 wieder näher und heirateten im Jahr darauf; seitdem sind sie zusammen. Von Anfang an teilten sie ihr Interesse an Musik, Kunst und Literatur. Sie scheinen aber ursprünglich nicht sehr viel Zeit für Politik gehabt zu haben.

Selbst wenn man ihm seine Jugend zugute hält, war Helmut Schmidts völlig unpolitische Einstellung in dieser Zeit nicht etwas merkwürdig? Was hielt seine Familie vom Zusammenbruch der Republik und von der darauffolgenden Diktatur? Versuchte sein Vater nicht, ihn politisch in die eine oder andere Richtung zu beeinflussen?

In den sechziger Jahren gab Schmidt auf diese Frage eine Antwort, wie man sie von vielen jungen Deutschen dieser Zeit hören konnte. Sein Vater, sagte er, war kein Sozialdemokrat und gewiß auch kein Nazi. Und er war auch nicht im Widerstand.

»Ich nehme an, er hat zeit seines Lebens gependelt zwischen Deutscher Volkspartei und der Deutschen Demokratischen Partei der Weimarer Zeit. Aber er war vorsichtig, und er hatte vielleicht auch Grund, vorsichtig zu sein ... Ich bin also von meinem Vater her zwar atmosphärisch gegen das Dritte Reich beeinflußt worden, aber nicht für irgendwelche Dinge.«

»Als die Nazis an die Macht kamen«, sagt er weiter, »hatte ich keinen positiven Begriff von Demokratie. Mir war klar, daß die verachtungsvolle Ablehnung der westlichen Demokratie durch die Nazis nicht richtig sein konnte. Aber ich hatte keine konkrete Vorstellung, wie eine Demokratie funktionierte oder wie ein Staat organisiert sein sollte, der auf dem Boden der Gesetze steht.«[2]

Diese Äußerungen machen einen Grund für das Scheitern der Weimarer Republik deutlich, ganz abgesehen von der Skrupellosigkeit der Nazis, der Kurzsichtigkeit der Sieger des Ersten Weltkriegs und dem wirtschaftlichen Chaos. Die Demokratie der zwanziger Jahre hatte keine Wurzeln. Viele Deutsche identifizierten sich nicht mit ihr, konnten es vielleicht auch nicht. Was also sollten sie politisch ihren Kindern vermitteln?

Für die Familie Schmidt gab es noch einen anderen kritischen Punkt, der lange Zeit nur wenigen bekannt war. Als Helmut Schmidt sagte, daß sein Vater vielleicht Grund gehabt hätte, vorsichtig zu sein, ging er nicht weiter auf das Thema ein. Tatsache ist, daß Gustav Schmidt einen sehr guten Grund hatte. Sein Vater, Helmut Schmidts Großvater, war Jude.[3]

Helmut Schmidt erfuhr davon 1935 oder 1936 – genau kann er sich nicht mehr erinnern. Seine Mutter nahm ihn damals beiseite und sagte ihm, daß der Mann, den er bisher für seinen Großvater gehalten hatte, nicht sein richtiger Großvater sei. Sie klärte ihn über seine zum Teil jüdische Abstammung auf und beschwor ihn, dies für sich zu behalten. Vater Gustav sagte damals zu seinen Söhnen nichts – schon gar nicht anderen Leuten. Wäre der wahre Sachverhalt bekanntgeworden, hätte man ihn möglicherweise in ein Konzentrationslager gesteckt. Auch seine Familie wäre gefährdet gewesen.

Aber damit ist die Geschichte noch nicht zu Ende. Sie ist wert, vollständig erzählt zu werden, denn sie wirft ein bezeichnendes Licht nicht nur auf die Schmidts, sondern auf Deutschland unter dem Nationalsozialismus, auf die Art, wie der Staat in die privateste Sphäre eindrang, aber immer noch nicht allmächtig war.

Noch während des Krieges kehrte Helmut Schmidt von der Ostfront mit der Absicht zurück, Loki Glaser zu heiraten. Um das tun zu können, benötigte er unter anderem ein Dokument, aus dem hervorging, daß seine Eltern und Großeltern arischer Abstammung waren. Dies war Teil der nationalsozialistischen Bemühungen, um zu gewährleisten, daß die deutsche Rasse »rein« bliebe. Er ging zu seinem Vater, mit dem er zum ersten Mal über seinen »falschen« und seinen »richtigen« Großvater sprach. Gustav Schmidt bestätigte die Geschichte, fügte hinzu, daß er unehelich geboren worden war. Deshalb war es den Nazis nicht möglich gewesen, herauszufinden, wer sein wirklicher Vater war. Gustav Schmidt holte ein mit einem Hakenkreuz gestempeltes Dokument hervor mit dem Vermerk: »Vater unbekannt«.

Dieses Dokument bot zumindest teilweise Schutz vor weiterem Herumschnüffeln in der Herkunft der Familie Schmidt. Aber es sah so aus, als genügte das nicht, Helmut Schmidt die Heirat zu ermöglichen. Der junge Soldat mußte mit seiner Braut vor seinem Kommandeur erscheinen, der bestätigen sollte, daß die für eine Eheschließung nötigen Papiere in Ordnung waren. Es entbehrt nicht einer gewissen Pikanterie, daß Schmidts Kommandeur, Oberstleutnant Kurt Andersen, in dieser Zeit in Bonn stationiert war. So kam es also, daß Helmut Schmidt seinen ersten Besuch in der zukünftigen Hauptstadt der Bundesrepublik machte, wo er mehr als drei Jahrzehnte später Kanzler werden sollte. Damals war Bonn eine freundliche, ein wenig verschlafene Universitätsstadt, die nichts von der historischen Größe ahnte, die ihr Schicksal werden sollte.

Voller Sorge fuhren Schmidt und Loki zu Andersen, der auf dem Venusberg oberhalb Bonns sein Quartier hatte. Ob er wohl ihre Papiere anerkennen würde? Und wenn er es nicht tat, was konnten sie dagegen unternehmen? Sie hätten sich keine Sorgen zu machen brauchen. Schmidt erinnert sich mit einem ironischen Lächeln: »Andersen war ein strenger Vorgesetzter, aber kein Nazi. Keiner meiner Vorgesetzten war ein Nazi.« Andersen warf einen Blick auf die Papiere, unterschrieb ein gestempeltes Formular, aus dem hervorging, daß Schmidt ihm seine arische Abstammung nachgewiesen hatte – und wünschte dem jungen Paar munter alles Gute.

Bevor er von seiner jüdischen Abstammung erfahren hatte, war Helmut Schmidt Mitglied der Hitlerjugend geworden. Wie Tausende anderer Organisationen im ganzen Land wurde im Jahr 1934 auch sein Ruderklub gleichgeschaltet, als die Nazis ihre Macht erweiterten und festigten. Hatten die Jungen eben noch für ihren Klub gerudert, taten sie dies von einem Tag auf den anderen sozusagen für den Führer.

Durch die Kunst vor allem geriet Schmidt in direkten Konflikt mit den Nazis. Es mag sein, daß er keinen »konkreten Begriff« von Demokratie hatte, aber er wußte genau, welche Maler er bewunderte, und das waren vornehmlich die deutschen Expressionisten. Vierzig Jahre später durfte er ihre Werke an den Wänden des Bundeskanzleramtes zur Schau stellen – Bilder von Emil Nolde und Franz Marc, von August Macke und Käthe Kollwitz. Für die Nazis waren diese Maler »entartet« und ihre Werke gerade gut genug, um gelegentlich als Beispiele künstlerischen und moralischen Verfalls ausgestellt zu werden. Helmut Schmidt hielt diese Anschauung für Unsinn und sprach das auch offen aus – sehr zum Kummer seiner Freunde, die ihm dringend empfahlen, den Mund zu halten und nicht ständig zu meckern. Es gelang ihm, sich Repressalien zu entziehen, bis er 1936 eine Freiheitsparole an die Wand des Raumes pinselte, in der sich die Ruderer zusammenfanden, um ihre Lieder zu singen. Prompt wurde er von der Hitlerjugend suspendiert, was in ihm, wie er heute zugibt, ein Gefühl innerer Befreiung erweckte, weil er sich einen Schritt vom unmittelbaren Nazieinfluß entfernt hatte; gleichzeitig befiel ihn Angst vor möglichen Konsequenzen.

Sollten die Naziverantwortlichen erwogen haben, weitere Maßnahmen gegen ihn zu ergreifen, so führten sie sie nicht aus. Wieder verging ein Jahr, Schmidt ging von der Schule ab und trat seinen Reichsarbeitsdienst und anschließenden Wehrdienst an. Sein Weg schien ihm vorgezeichnet. Er würde noch keine einundzwanzig sein, bevor er ins Zivilleben zurückkehrte. Er konnte dann Ende 1939 mit dem Architekturstudium beginnen.

Doch als er 1937 einer Flakbatterie zugeteilt wurde, war das der Anfang einer Zeit ständigen Militärdienstes, der acht Jahre lang dauerte, davon sechs Kriegsjahre. Es begann aber auch eine das ganze Leben andauernde Beschäftigung mit Militärfragen – als Parlamentarier in den fünfziger und sechziger Jahren, als Verteidigungsminister in den frühen siebziger und als Kanzler bis in die achtziger Jahre hinein.

Die beiden ersten Kriegsjahre vergingen für Schmidt einigermaßen ruhig. Er absolvierte seinen Dienst in Bremen, nur eine Stunde mit dem Zug von Hamburg entfernt. Dann aber, 1941, zum Leutnant befördert und der Flakeinheit einer Panzerdivision zugeteilt, wurde er an die russische Front geschickt. Nahezu vierzig Jahre später wurde er als Kanzler im Kreml empfangen, kritisierte die Russen, weil sie in Afghanistan einmarschiert waren, und diskutierte stundenlang mit dem obersten sowjetischen Raketenexperten über strategische Fragen.

Bei seinem ersten Besuch aber war Schmidt selbst ein Invasor, der zuerst bei Leningrad, dann vor Moskau kämpfte. Oft hatte er den Geruch des Todes und von verbranntem Fleisch in der Nase, die Schreie der Verwundeten in den Ohren.

Nach Berlin versetzt, arbeitete er bis 1944 in Hermann Görings Reichsluftfahrtministerium, wo er als Offizier für die Ausbildung von Flugabwehrtruppen verantwortlich war. Dann wurde er abermals versetzt, diesmal an die Westfront. Es folgten der Rückzug und im April 1945 schließlich die Gefangennahme durch britische Streitkräfte auf der Lüneburger Heide, wo schon wenige Wochen später Feldmarschall Montgomery die Kapitulation aller deutschen Streitkräfte in Nordeuropa entgegennehmen sollte. Vier Monate nach seinem sechsundzwanzigsten Geburtstag wurde Oberleutnant Helmut Schmidt, Batteriekommandant und Träger des Eisernen Kreuzes, in ein Kriegsgefangenenlager eingeliefert.

Es ist leicht, einen kurzen Überblick über Schmidts Militärdienst zu geben. Viel schwerer ist es, zu erfahren, was in diesen Jahren in seinem Kopf und seinem Herzen vorging. Über seine Zeit im Reichsluftfahrtministerium in Berlin sagt er: »Ich hatte hier mehr Einblick als an der Front, und ich erfuhr auch mehr ... mir wurde klar, daß ich einer kriminellen Regierung diente.«[4] Er wurde auch dazu abkommandiert, einem der Prozesse vor dem berüchtigten Volksgerichtshof beizuwohnen, die gegen die im Juli 1944 an dem Attentat auf Hitler Beteiligten geführt wurden. Entsetzt über die vom Präsidenten des Volksgerichtshofs, Freisler, gegen die Angeklagten ausgestoßenen Drohungen und Schmähungen, bat Schmidt seinen Vorgesetzten, ihm seine Teilnahme an diesen Prozessen zu erlassen.

Schmidt erkannte nicht nur, was um ihn vorging, er glaubte auch zu wissen, wie es enden würde. »Meine Frau und ich«, sagt er, »und einige Freunde, die dazugehörten, haben während des Krieges, insbesondere in den letzten Kriegsjahren, eigentlich gar keinen Zweifel mehr daran gehabt, daß das alles in einem schrecklichen äußeren, inneren und moralischen Zusammenbruch enden würde. Ich muß gestehen, wir haben uns den Zusammenbruch sogar noch schlimmer vorgestellt, als er gekommen ist.«

Zu welchen Schlußfolgerungen gelangten die Deutschen, die erkannten, daß die deutsche Sache unrecht war und eine Katastrophe unausweichlich? Einige gingen in den Untergrund, und in diesem wurzelte die Verschwörung gegen Hitler. Die meisten, wie Schmidt, machten weiter – trotz eines inneren Konflikts. »Einerseits«, sagt er, »wußten wir, daß wir das Land verteidigen mußten, und wir taten es bereitwillig; andererseits war uns klar, daß wir mit jedem Tag, mit jeder Woche, mit denen wir die endgültige Niederlage hinausschoben, ein verdammenswertes Regime am Leben erhielten.«

Vor diesem Hintergrund – Schmidts zum Teil jüdische Abstammung, aber auch seine Erfahrungen im Dritten Reich – erlangt eine Rede, die er als Kanzler hielt, besondere Bedeutung. Er hielt sie im November 1978 in der Kölner Synagoge.[5]

Er sprach von den Naziverbrechen gegen die Juden und begann mit einem Zitat aus Isaias: »Wie ist zur Hure geworden die sonst so treue Stadt, die voll des Rechtes war! Gerechtigkeit wohnte in ihr; jetzt aber Mörder.«

»Die Wahrheit ist«, führte Schmidt aus, »daß sehr viele Deutsche die Verbrechen und Vergehen mißbilligt haben, ebenso: daß sehr viele andere davon damals nichts oder fast nichts erfuhren.

Die Wahrheit ist, daß gleichwohl sich dies alles vor den Augen einer großen Zahl deutscher Mitbürger ereignet hat, daß eine weitere Anzahl von den Geschehnissen unmittelbar Kenntnis erhielt.

Die Wahrheit ist, daß die meisten Menschen furchtsam schwiegen.«

Dann zitierte der Kanzler den deutsch-jüdischen Philosophen Martin Buber: »Mein der Schwäche des Menschen kundiges Herz weigert sich, meinen Nächsten deswegen zu verdammen, weil er es nicht über sich vermocht hat, Märtyrer zu werden.«

Die meisten Zuhörer waren von der Rede bewegt, die gewiß eine der eindrucksvollsten war, die Schmidt je gehalten hat. Manche glaubten, eine ungewöhnlich persönliche Note darin zu entdecken. Sie hatten recht.

Die Gefangennahme durch die Engländer bedeutete für Helmut Schmidt gleichermaßen ein Ende und ein Anfang. Seine Zeit als kämpfender Soldat war mit der Niederlage, die er erwartet hatte, abgelaufen. Hinter Stacheldraht, vom April 1945 bis zu seiner Entlassung im August, begann sein Leben als bewußter politischer Demokrat.

In den ersten Kriegsjahren pflegten er und seine Frau dem utopischen Traum eines »einfachen Lebens« nachzuhängen, eines Lebens ohne Parolen, ohne Ideologien, ja selbst ohne Politik. Es mag als Ironie anmuten, daß er erst als Kriegsgefangener mit seinen Kameraden offen darüber reden konnte, weshalb Deutschland in die Katastrophe geschlittert war. Männer, die nie zu debattieren gelernt hatten und überdies Jahre hindurch militärischer Disziplin unterworfen gewesen waren, fanden sich zu leidenschaftlichen Diskussionen zusammen, die bis tief in die Nacht hinein dauerten. Hier im Gefangenenlager geschah es, daß Schmidts Traum vom einfachen Leben verblaßte und seine ersten konkreten Vorstellungen davon Gestalt annahmen, wie eine zukünftige deutsche Demokratie aussehen könnte. Er ging später an die Universität, machte aber mit Gewißheit keine derart konzentrierte, von Studium und Wechsel geprägte Periode mehr durch wie im Sommer 1945.

In dieser entscheidenden Zeit wurde er von einem oder auch zwei älteren Offizieren für die Sozialdemokratie gewonnen. Besonders an einen, den Oberstleutnant Hans Bohnenkamp, erinnert sich Schmidt als einen »religiösen Sozialisten« von ungewöhnlicher Überzeugung. In Schmidt wuchs die Gewißheit, daß die SPD mit ihrer Tradition sozialer Gerechtigkeit und Opposition zum Faschismus die Schlüsselrolle übernehmen müßte, wenn sich in der Nachkriegszeit ein demokratisches Deutschland entwickeln könnte. Gleichzeitig schien Schmidt zumindest ein Teil seiner im Krieg gewonnenen Erfahrungen zu einem Prinzip zu passen, das den Gründern der SPD als Richtschnur gedient hatte. Er hatte die Kameradschaft jener erlebt, die sich einer gemeinsamen Gefahr gegenüber sahen, die Hilfe, die ein Soldat einem Kameraden unter Einsatz seines eigenen Lebens zu leisten bereit war. War der gegenseitige Beistand der Waffenkameraden wirklich so weit von der hochgepriesenen Solidarität unter den Genossen der SPD entfernt?

Schmidt glaubte, daß dies nicht der Fall war, und sprach dies auch offen aus. Aber es gab in der SPD nach dem Krieg Leute, die nicht so ganz daran glaubten, daß seine »Wandlung« echt war. Das ist leicht zu verstehen. Welche taktischen Fehler die Partei auch in der Weimarer Zeit gemacht hatte, welche Spaltungen auch ihre Kraft unterminierten, sie konnte mit Stolz auf ihre führende Rolle in der Opposition gegen Hitler verweisen.

Als die Weimarer Demokratie Anfang 1933 zerbröckelte, war es vor allem eine führende SPD-Persönlichkeit, Otto Wels, der in einem von braunen Schlägern beherrschten Reichstag den höhnenden Nazis offene Verachtung ins Gesicht geschleudert hatte. »Freiheit und Leben kann man uns nehmen«, rief Wels jenen zu, die in Kürze genau das tun sollten, »die Ehre nicht. Wir bekennen uns in dieser geschichtlichen Stunde feierlich zu den Grundsätzen der Menschlichkeit, der Freiheit und des Sozialismus.« Es dauerte nur wenige Monate, und die Parteien waren verboten. Ihre führenden Mitglieder gingen in den Untergrund, ins Gefängnis oder ins Exil.

Die traditionellen Anhänger einer Partei, die wie die SPD unter den Nazis gelitten hatte, mußten einfach eine im besten Fall distanzierte, im schlimmsten Fall unzweideutig feindselige Haltung gegenüber Reichswehroffizieren wie Schmidt einnehmen, die nach dem

Krieg zu ihnen stießen. Tatsächlich hatten überzeugte Sozialdemokraten im Zweiten Weltkrieg für ihr Land gekämpft, wie sie das auch im Ersten Weltkrieg getan hatten. Aber viele von ihnen müssen den Eindruck gewonnen haben, daß die neuen Parteirekruten in den Jahren 1945 und 1946 allzu leicht aus ihren ledernen Uniformmänteln in die Reihen der Sozialdemokraten geschlüpft waren.

Schmidt überwand einige ihrer Vorbehalte rasch, aber etwas blieb hängen. Sein entschiedenes Auftreten war seinen Bemühungen nicht gerade förderlich. Für ihn hatte der Weg zur Sozialdemokratie in der Gefangenschaft begonnen. Aber noch Jahre später konnte ein führender SPD-Politiker mit dem zustimmenden Nicken seiner Genossen rechnen, wenn er sagte: »Helmut Schmidt hat seinen Sozialismus im Offizierskasino gelernt.«

Bei Kriegsende begann die Sozialdemokratie schon eine ganze Menge für Helmut Schmidt zu bedeuten, aber für die SPD bedeutete er praktisch gar nichts. Kurt Schumacher war die Schlüsselfigur, um die sich die Partei scharte. Er war ein Mensch von missionarischem Eifer und unbeugsamem Willen, ein Mann, der im Ersten Weltkrieg einen Arm verloren hatte, sich später einen Fuß amputieren lassen mußte und dennoch Jahre im Nazikonzentrationslager überlebte. Schumacher hatte einst gewagt, Goebbels gegenüber den Nationalsozialismus als nichts anderes als den ständigen Appell an den inneren Schweinehund im Menschen zu definieren. Er kämpfte in den ersten Nachkriegsjahren um die Macht in einem demokratischen Deutschland – kämpfte und verlor.

Und da war auch noch Herbert Wehner, der nach Jahren gefährlicher Arbeit in Paris und Moskau dem Kommunismus den Rücken gekehrt hatte.

»Ich bin einer von jenen, die sich verbrannt haben«, sagte Wehner über seine kommunistische Zeit. Aus diesen Erfahrungen erwuchs eine verzehrende Leidenschaft für den demokratischen Sozialismus. Wehner hatte vermutlich mehr als jeder andere die SPD mit viel Geduld, mit guten Worten und gelegentlich auch mit der Peitsche die lange Nachkriegsstraße zur Regierungspartei hinuntergetrieben. Er war ein großartiger Stratege und, wie viele behaupten, auch ein Kanzlermacher und -stürzer.

Schumacher wurde 1895 geboren, Wehner elf Jahre später. Auch andere führende Persönlichkeiten in der SPD kamen noch aus der Weimarer Zeit. Ihnen allen hätte der Name Helmut Schmidt in diesem Sommer 1945 nichts bedeutet. Schmidt war einer von den hunderttausend Soldaten, die sich mühsam durch Wellen von zerlumpten, hungrigen Flüchtlingen heimwärts in die von Bomben zerstörten Städte schleppten.

Weil man ja nachher immer klüger ist, scheint vieles von dem, was auf den Krieg folgte, fast schon vorherbestimmt; die zunehmende Entfremdung zwischen dem Westen und Moskau; der wirtschaftliche Wiederaufbau; das Entstehen eines demokratischen Westdeutschland; Wiederaufrüstung, während sich die Fronten des kalten Krieges verhärteten.

Wie aber erschien die Welt jungen Deutschen wie Helmut Schmidt in dieser »Stunde Null«, wie man diese Zeit nennt? Auf welcher Grundlage sollten sie ihr Leben wiederaufbauen? Es ist richtig, daß auch in den Ländern der westlichen Alliierten die Soldaten nach Hause zurückkehrten und sich den Problemen der Anpassung an das Zivilleben in der Nachkriegszeit gegenüber sahen. Aber nur wenige zweifelten daran, daß sie früher oder später einen Platz in dem System finden würden, das sie verteidigt hatten und das bei all seinen Schwächen dieses Kampfes wert gewesen war.

Die deutschen Soldaten aber kehrten geschlagen zurück, das Land war besetzt, und der Mann, der zwölf Jahre ihr Führer gewesen war, lag als verkohlte Leiche in den Trümmern der Reichshauptstadt. Für sie gab es kein System, in das sie sich wieder eingliedern konnten, keine gemeinsame Leistung, nur das bittere Bewußtsein weitgehend verschwendeter Jahre. Wer war dafür verantwortlich? War es ihre eigene Schuld, die ihrer Eltern, der gespaltenen Weimarer Demokraten, oder alles zusammen?

Kaum verwunderlich, daß so viele von Schmidts »Generation zwischen den Generationen« Schlagworten und Parolen grundsätzlich mißtrauten, politischen Visionären mit Abneigung begegneten, zum Pragmatismus und, wenn zu irgend etwas, zum Understatement neigten. Es fiel ihnen schwer, entspannt zu sein, über Belanglosigkeiten zu reden und andere sogenannte gesellschaftliche Tugenden zu pflegen. Für sie war die Schule nahtlos in den Militärdienst, der Militärdienst in das Gefangenenlager und das Gefangenenlager in die Stunde Null übergegangen.

In späteren Jahren wurde Helmut Schmidt von europäischen Gesprächspartnern, die irritiert waren von seinem schroffen, autoritären Ton, manchmal »Feldwebel« genannt. Andere Kritiker, die seine pragmatische Einstellung fälschlich mit einem Mangel an politischer Einsicht gleichsetzten, nannten ihn einen »Macher«, einen Menschen also, der Dinge in die Tat umsetzt, ohne an die Zukunft zu denken. Schmidts rauhe Schale erklärt sich zum großen Teil aus seiner strengen Erziehung, seinen Erfahrungen im Wehrdienst und jenem Zufall seines Jahrgangs, was ihm ein jugendliches Ausbrechen aus dem harten Geschäft von Krieg und Arbeit versagte. Es darf daher nicht überraschen, daß es ihm als Minister und Kanzler oft schwerfiel, junge Menschen zu verstehen, nicht zuletzt die idealistische Jugend in seiner eigenen Partei!

Trotz alledem waren die Stunde Null und was darauf folgte nicht nur eine Zeit der Verbitterung und der Entbehrungen. Viele Deutsche, die sie durchlebt haben, denken mit jener Art von Nostalgie daran zurück, mit der sich die Londoner an die Kameradschaft während des Blitzkriegs erinnern.

Nie wieder haben selbst Deutsche so hart gearbeitet und so intensiv gelebt. Sie machten und sie hörten Musik, sie lasen Bücher und betrachteten Bilder, die lange verboten gewesen waren. Vor allem debattierten sie endlos, wie Schmidt und seine Mitgefangenen es getan hatten. Ein Damm war gebrochen, und eine seit Jahren aufgestaute Welle von politischen, philosophischen und künstlerischen Diskussionen brach hervor. Erschöpfte sie sich zu schnell, als die Wohnblocks und Fabriken aus den Trümmern in die Höhe schossen, als die Deutschen ihr sogenanntes Wirtschaftswunder schufen, das die Bewunderung und den Neid der ganzen Welt erregte? Viele glauben, daß das Land und sein Volk sich zuwenig Zeit ließen oder daß ihnen vielleicht zuwenig Zeit gegeben war, um ihre Vergangenheit unter Hitler zu verdauen, bevor sie einen neuen Anfang machten.

Eine faszinierende Spekulation ließe sich darüber anstellen, wie sich Europa entwickelt haben könnte, wenn die Dinge in den letzten Monaten des Zweiten Weltkriegs anders gelaufen wären. Nehmen wir zum Beispiel an, die westlichen Verbündeten hätten Berlin vor den Russen erreicht. Oder die Russen wären imstande gewesen, schneller nach Westen und Norden vorzustoßen und Schleswig-Holstein, Dänemark und Helmut Schmidts Hamburg zu besetzen. Es wäre ihnen beinahe gelungen. Die Grenze zwischen der Bundesrepublik und der DDR und somit zwischen der NATO und den Staaten des Warschauer Pakts verläuft keine fünfzig Kilometer östlich von Hamburg, weniger als eine Stunde Fahrt vom Herzen der Stadt.

Oder nehmen wir an, Schmidt hätte die Möglichkeit gehabt, seine geliebte Architektur im Hamburg der Nachkriegszeit zu studieren. Hätte er sich tatsächlich dafür entschieden statt für Volkswirtschaft, deren Studium er ursprünglich ohne große Begeisterung begonnen hatte? Könnte ihn das nicht überhaupt von der Politik abgebracht haben?

Schmidt stellte fest, daß es in seiner Heimatstadt keine Möglichkeit gab, Architektur zu studieren. Er hätte regelmäßig 150 Kilometer nach Hannover fahren müssen, keine leichte Sache in diesen ersten chaotischen Nachkriegstagen. Außerdem konnte er sich in Nationalökonomie früher immatrikulieren als in Architektur und hatte mehr Zeit, nebenher noch etwas zu verdienen. Das war ein entscheidender Punkt, denn er und seine Frau besaßen praktisch nichts, was sie ihr eigen nennen konnten.

Nachdem das Problem ihrer »Ehefähigkeitszeugnisse« dank Oberstleutnant Andersen gelöst worden war, hatten Helmut Schmidt und Loki Glaser im Juni 1942 in Hamburg geheiratet. Ein Hochzeitsbild zeigt eine gelöste, lächelnde Braut, den Arm locker in den ihres Mannes eingehängt, ein Gebinde aus weißen Blumen in ihrem langen dunklen Haar. Helmut Schmidt, von der Ostfront zurückgekehrt, steht in voller Uniform in strammer militärischer Haltung daneben; er hält die Hände verschränkt und den Blick von der Kamera abgewendet, als schaue er in eine weite Ferne.

Sie hatten mehr Glück als viele andere Paare, die während des Krieges heirateten. Dank Schmidts anschließender Versetzung nach Berlin konnten sie viel Zeit miteinander verbringen. Mehr als ein Jahr lang lebten sie in der kleinen Stadt Bernau, zwanzig Kilometer nordöstlich der Hauptstadt. Aber sie erlitten auch eine persönliche Tragödie. Ihr erstes Kind, Helmut, starb, als es erst wenige Monate alt war. Der Junge liegt auf einem Friedhof im heutigen Ost-Berlin.

Die Schmidts bekamen ein zweites Kind, die 1947 geborene Tochter Susanne. Mittlerweile hatte schon etwas Ordnung das Nachkriegschaos abgelöst, aber das Leben war immer noch sehr hart. Die Familie bewohnte ein Mietzimmer mit einfachen Möbeln, von denen Schmidt selber einige zusammengezimmert hatte. Brennmaterial war schwer zu bekommen. Anfangs füllten sie ihre Kohlenvorräte mit dem auf, was sie von Eisenbahnwagen »organisieren« konnten, aber das wurde bald zu gefährlich. Die Wagen wurden besser bewacht, und man schoß auf die Langfinger.

Ihre Einkünfte bestanden zum größten Teil aus Lokis Gehalt als Lehrerin, die Stellung, die sie zu Beginn des Krieges angenommen und die sie während des Auf und Ab der Karriere ihres Mannes bis in die späten sechziger Jahre behielt. Frau Loki kam noch zusätzlich zu etwas Geld durch Näharbeiten, die sie abends machte. Auch Schmidt verdiente dazu: Er half anderen bei ihren Steuererklärungen und analysierte Statistiken.

Anfangs nahm der Kampf um die nackte Existenz Schmidts Zeit und Kraft fast vollständig in Anspruch, aber die Diskussionen in der Zeit seiner Gefangenschaft blieben ihm lebhaft in Erinnerung. Für ihn wie auch für viele andere war der verkrüppelte Schumacher die beherrschende politische Persönlichkeit, und als dieser im Jahre 1946 die Sozialdemokratische Partei neu gründete, trat Schmidt unverzüglich ein. Später verlieh er seiner tiefen Bewunderung für den SPD-Führer Ausdruck, nannte ihn sogar ein Genie, eine Bezeichnung, die er nur selten für andere Politiker verwendete. Vor allem erinnert er sich, wie fasziniert er vom Temperament des älteren Mannes gewesen war, von seiner analytischen Begabung, seiner Fähigkeit, sich mitzuteilen und zu überzeugen.[6]

Schon jetzt zeigte Schmidt einige dieser Qualitäten im SDS, dem Sozialistischen Deutschen Studentenbund, eine Vereinigung, die sich, lange nachdem Schmidt sie verlassen hatte, stark links orientierte.

Ein paar Dutzend junger Sozialisten pflegten sich regelmäßig in Hamburg zu treffen, und die dabei waren, erinnern sich noch heute, wie schnell Helmut Schmidt zur Hauptfigur wurde. Das verdankte er zum Teil seinem Wissen, zum Teil seiner Redegewandtheit und zum Teil dem Anschein absoluter Überzeugung selbst von Dingen, die andere als relativ unbedeutend einstuften. Was immer das Thema sein mochte, Schmidt schien als Katalysator in der Diskussion hervorzutreten, und als der Mann, der die Dinge auf einen Nenner brachte. Es dauerte nicht lange, bis er der offizielle Kopf der Hamburger Gruppe wurde; später übernahm er den Vorsitz des ganzen Verbandes.

Eine von Schmidts längsten und engsten Freundschaften begann in dieser Zeit bei den jungen Sozialisten. Karl Wilhelm Berkhan sollte als inoffizieller pragmatischer Ratgeber und geduldiger Zuhörer mehr als dreißig Jahre lang Schmidt eine treue Stütze werden. Wie Schmidt war auch er in Hamburg geboren – 1915 –, beide leisteten ihren Wehrdienst ab, als Parlamentarier teilten sie eine Wohnung in Bonn. Jeder besitzt ein Grundstück am Brahmsee in Schleswig-Holstein.

Doch man erkennt unschwer, daß Schmidt von einigen seiner sozialistischen Genossen schon als schwieriger Fall angesehen wurde, und das nicht allein wegen seiner Vergangenheit als Offizier. Selbst in dieser Studentenorganisation (tatsächlich waren viele dieser Studenten, wie ihr Vorsitzender auch, im Krieg gewesen) ließ Schmidt keinen Zweifel daran, daß er nichts von Debattierklubs hielt, die nicht imstande waren, Beschlüsse zu fassen. In einem 1948 verfaßten offenen Brief an die Mitglieder der Hamburger Gruppe warnt Schmidt zum Beispiel nachdrücklich davor, sich in nebulöse ideologische Diskussionen zu verlieren, die die gesellschaftliche Wirklichkeit übersehen oder ignorieren. In einem anderen Artikel, im gleichen Jahr veröffentlicht, schreibt Schmidt, daß eine Menge Sozialdemokraten sich damit zufriedenzugeben schienen, die Universitäten als »reaktionär« zu verteufeln, ohne ein Wort darüber zu verlieren, wie es richtig gemacht werden sollte. Anschließend skizzierte Schmidt ein aus sechs Punkten bestehendes Reformprogramm und wies darauf hin, daß die Gesellschaft endlos warten müßte, wollte sie auf Professoren hoffen, die das Universitätssystem änderten.

Schmidt konnte sich beim Schreiben zumindest teilweise auf eigene Erfahrungen stützen. Von Ende 1945 bis 1949 war er an der Wirtschaftswissenschaftlichen Fakultät der Hamburger Universität eingeschrieben, an der er mit einer Arbeit über Vergleiche zwischen der japanischen und deutschen Währungsreform abschloß. Man könnte also annehmen, daß Schmidt in diesen vier Jahren das Fach seiner Wahl paukte und sich dabei viel von der Sachkenntnis zu eigen machte, die ihm als Kanzler zugute kam.

In Wahrheit war es anders. Schmidt und viele andere Studenten waren Ende Zwanzig und hatten sechs Jahre Krieg hinter sich. Nicht wenige waren verheiratet und Familienväter. Alle hatten um die elementarsten Lebensbedürfnisse zu kämpfen. Gelinde ausgedrückt: Es war kein normaler Universitätsbetrieb, und es fehlte an den üblichen Beziehungen zwischen Professoren und Studenten.

Schmidt hatte daneben noch seine politische Arbeit. Wann immer er Zeit erübrigen konnte, verschlang er Bücher von Autoren, von denen er nie zuvor gehört hatte, wie etwa Hemingway und Sartre. Er erweiterte auch seine Kenntnisse von Philosophie und Geschichte, nicht zuletzt der Geschichte des amerikanischen Unabhängigkeitskrieges. Volkswirtschaftliche Fachbücher standen ebenfalls auf dem Programm.

In seiner Zeit an der Universität begegnete er zum ersten Mal einem Mann, der eine große und turbulente Rolle in seiner Karriere spielen sollte. Professor Karl Schiller, dem schon als Mittdreißiger ein ausgezeichneter Ruf als Fachmann in Wirtschaftsfragen vorausging, war aus Kiel nach Hamburg gekommen. In den fünfziger und sechziger Jahren arbeitete er sich die politische Leiter hinauf, wurde 1966 in Bonn Wirtschaftsminister, übernahm 1971 als »Superminister« die Ressorts Wirtschaft und zusätzlich Finanzen.

Nach erbitterten Auseinandersetzungen im Kabinett trat er ein Jahr später zurück. Sein Nachfolger war der Mann, den man oft seinen »früheren Studenten« genannt hatte – Helmut Schmidt.

Schmidt weist die Vorstellung zurück, er hätte schon als Student zu Schillers (oder sonst jemandes) Füßen gesessen. Er hatte bereits die Hälfte seines Studiums hinter sich, als Schiller auf der Bildfläche erschien; überdies besuchte Schmidt nur wenige Vorlesungen oder Seminare. Er lobt Schiller als »einen der besten Volkswirtschaftler, die Deutschland je hatte«, hält ihn aber für eitel und schwierig.[7] Viele Menschen würden diese Meinung über Schiller teilen, aber man sollte nicht vergessen, daß auch Schmidt sich leicht von seinem Temperament fortreißen ließ. Es war wohl unvermeidlich, daß zwei Männer, deren Karrieren einander so nahe kamen, sich in die Haare gerieten.

An der Universität mag Schiller keinen allzu großen Eindruck auf Schmidt gemacht haben, doch der Professor erkannte offenbar, daß Schmidt ein sehr fähiger Mann war. Schiller nahm nicht nur sein Lehramt an der Universität wahr; er war auch Senator für Wirtschaft und Verkehr. Nachdem Schmidt sein Examen abgeschlossen hatte, bot Schiller ihm prompt an, in seine Behörde einzutreten. So kam es, daß Schmidt mit neunundzwanzig Jahren seine erste zivile Stellung erhielt.

Schmidt beschäftigte sich zunächst mit der allgemeinen Wirtschaftspolitik, wandte sich aber dann dem Verkehrswesen zu; im Jahre 1952 wurde er Verkehrsdezernent. Das war ein für ihn typischer Schritt: weg von allgemeiner Theorie, so faszinierend sie auch sein mochte, hin zur Lösung praktischer Probleme. Überdies war Schmidt während seiner Bemühungen, Ordnung in das Hamburger Verkehrswesen zu bringen, von seinem Jugendtraum, auf dem Gebiet der Stadtplanung tätig zu werden, nicht allzuweit entfernt. Jedenfalls kam er diesem Ziel nie wieder so nahe.

Während er sich in der Hamburger Verwaltung hinaufarbeitete, wuchs sein Ruf in der SPD. Schon als schneller Denker und guter Redner bekannt, wurde er immer häufiger eingeladen, auf Parteiversammlungen in Norddeutschland zu sprechen. Nicht allen behagte die Schärfe mit einem Beigeschmack von Arroganz, mit der er über wirtschaftliche und soziale Fragen sprach, aber niemand langweilte sich. Helmut Schmidt wurde zu einer regionalen SPD-Größe; er war ein gutes Zugpferd, wenn es darum ging, die Genossen an kalten Winterabenden in zugige Säle zu locken. Es war nur eine Frage der Zeit, bis man ihn auffordern würde, für den Bundestag zu kandidieren.

Es ist schwer zu glauben, daß Schmidt in diesen Jahren, da er in und um Hamburg immer mehr Anerkennung erwarb, nie ernstlich in Erwägung zog, eine bundespolitische Laufbahn anzustreben. So viele andere Leute hielten Schmidt schon damals für ungewöhnlich tüchtig, daß es sonderbar schiene, wenn Schmidt nicht ebenso gedacht – und ein wenig in die Zukunft geblickt hätte. Doch wenn er später über seinen Durchbruch nach Bonn sprach, gewann man den Eindruck, er habe mehr auf äußere Umstände reagiert als aus eigenem Antrieb gehandelt. Es wurde ihm nahegelegt, sagt er, für einen Sitz im Bundestag zu kandidieren, und der Gedanke gefiel ihm, »ohne daß ich auch nur die leiseste Ahnung gehabt hätte, wie diese Entscheidung mein Leben verändern würde«. Als Mitglied des Bundestages wäre er gesetzlich verpflichtet, seine Stellung als Beamter der Hamburger Bürgerschaft aufzugeben. »So wird man zum Berufspolitiker – ohne es eigentlich gewollt zu haben.«

Bei der Bundestagswahl vom 6. September 1953 kandidierte Schmidt in einem Hamburger Wahlkreis. Seine Chancen standen nicht schlecht. Bei den Wahlen des Jahres 1949 war der Sitz an die SPD gegangen, und in einer Mitteilung, die die Wähler in ihren Briefkästen vorfanden, versuchte Schmidt, aus seiner lokalen Bekanntheit auf dem Gebiet des Verkehrswesens Nutzen zu ziehen. Er bedauerte, daß es nicht gelungen war, auf nationaler Ebene die Verkehrsprobleme von Schiene, Straße und Wasserwegen in den Griff zu bekommen. Sollten die Wähler für ihn stimmen, erklärte er, würde er sich vornehmlich für die Lösung dieser Fragen einsetzen. Aber seiner Ansicht nach war der Verkehr nicht das einzige Gebiet, auf dem die regierende, von der Christlich-Demokratischen Union (CDU) angeführte Koalition versagt hatte.

Die Sozialversicherung sei ein chaotisches und die Steuergesetze seien ein nahezu undurchdringliches Dickicht, schrieb Schmidt. Der gesamten Wirtschaftspolitik fehle es an einer klaren Linie. Er schloß mit einem Aufruf an die Wähler, ihrem Urteilsvermögen und ihrem Herzen zu vertrauen und nicht politischen Parolen. Vielleicht war dieser idealistische Rat nicht ganz klug. Jedenfalls ging die Mehrheit der Erststimmen an Schmidts Gegner von der liberalen FDP. Es war ein bitterer, aber kein vernichtender Schlag.

Schmidt stand hoch genug auf der Liste, um in den Bundestag zu kommen. Auf diese Weise begann er seine parlamentarische Laufbahn kurz vor seinem fünfunddreißigsten Geburtstag.

2.
Nach Bonn und zurück

Im Jahre 1953 in den Bundestag gewählt zu werden, das war schon etwas. Schwieriger war jedoch, als sozialdemokratischer Abgeordneter das Gefühl zu haben, etwas Nützliches zu tun, Einfluß auf die Politik zu nehmen, eine Karriere aufzubauen.

Der christlich-demokratische Kanzler Konrad Adenauer beherrschte die Szene mit der unerschütterlichen Autorität eines betagten Indianerhäuptlings. In der Bundestagswahl von 1949 hatte er seine neue uneinheitliche Partei zu einem knappen Sieg über die SPD geführt, für Schumacher ein Schock, von dem er sich wahrscheinlich in seinem Innersten nie mehr erholte. Bei der Wahl von 1953 baute die CDU zusammen mit ihrem bayerischen Partner, der CSU, ihren Vorsprung noch weiter aus. Sie gewannen zusätzlich fünf Millionen Parteigänger und fünfundvierzig Prozent der Stimmen, während die SPD unverändert bei weniger als dreißig Prozent blieb.

Die Gründe waren zum Teil wirtschaftlicher Natur. Zu Adenauers Rechten saß Ludwig Erhard, der mit seinen dicken Zigarren, seiner rundlichen Gemütlichkeit und seinem zufriedenen Gesicht das »Wirtschaftswunder« personifizierte. Erhard hatte nach der Währungsreform von 1948 für den Abbau aller wirtschaftlichen Beschränkungen gekämpft und sein Vertrauen auf die schöpferische Kraft des freien Marktes gesetzt. Seine ersten Erfolge bestätigten den Deutschen und der Welt, daß er recht hatte. Solange »der Dicke« da war, so glaubten viele, konnte mit der Wirtschaft nichts schiefgehen. Diese Ansicht sollte sich ändern, als in den sechziger Jahren die Rezession einsetzte und Erhard ins Schleudern kam. Doch im Wahljahr 1953 lag die Stahlproduktion bei weit über fünfzehn Millionen Tonnen (dreimal höher als 1948), die Arbeitslosigkeit sank nochmals stark, über eine halbe Million Wohnungen wurden gebaut. Der Außenhandel wies schon im zweiten Jahr einen gesunden Überschuß auf, und die Gold- und Devisenreserven der Bank Deutscher Länder (von August 1957 an Bundesbank) überstiegen acht Milliarden D-Mark. Wenige Leute glaubten, daß man mit sozialistischer Planung und Kontrolle so gut abgeschnitten hätte.

Aber auch die Außenpolitik trug zu Adenauers Erfolg bei. Der CDU-Kanzler hatte von Anfang an klargemacht, daß es für ihn absoluten Vorrang hatte (mehr noch als die Wiedervereinigung), die Bundesrepublik fest an die Staaten der westlichen Welt zu binden. Daraus erklärt sich Bonns Entscheidung, der westeuropäischen Gemeinschaft für Kohle und Stahl, der Montanunion, beizutreten, und seine Bereitschaft, zur Verteidigung Westeuropas beizutragen. Die SPD hingegen fürchtete, daß jeder Schritt, insbesondere jeder militärische, mit dem Ziel, die Bundesrepublik an den Westen zu binden, die Teilung des Landes verhärten und die deutsche Wiedervereinigung erschweren würde.

Rückblickend mag diese Einstellung unrealistisch erscheinen. Doch das war lange vor dem Bau der Berliner Mauer, als die Russen den Westen noch wiederholt mit der Aussicht auf ein vereintes, aber neutrales Deutschland lockten. Dies war die Zeit, da viele Deutsche, selbst in Adenauers Reihen, sehr bedauerten, abermals Waffen tragen zu müssen – mit welchen Verbündeten und unter welchen Umständen auch immer. Schließlich war Hitler noch keine zehn Jahre tot.

Der Koreakrieg, der 1950 begann, trug zu einem Sinneswandel bei. Einige Westdeutsche schwenkten auf Adenauers Standpunkt um, daß es einer starken Allianz bedürfe, um dem kommunistischen Druck zu widerstehen. Noch überzeugender aber wirkte der gescheiterte Aufstand in Ost-Berlin im Juni 1953. Kaum drei Monate, bevor die Westdeutschen an die Urnen gerufen wurden, sahen sie, wie die Ostdeutschen auf die Straße gingen, um freie Wahlen zu fordern und durch Waffengewalt niedergezwungen wurden.

Schumacher erlebte weder den Aufstand noch die darauffolgende Wahlniederlage seiner Partei. Der große Außenseiter, der keine Freunde im Osten und nur wenige unter den westlichen Alliierten hatte, starb im August 1952. Wie Willy Brandt sagte, betrachteten ihn die Russen als Feind Nummer eins, weil er sich weigerte, jede Zusammenarbeit von Sozialdemokraten und Sozialisten zuzulassen. Er wollte ein sozialdemokratisches und freies Deutschland, keinen sowjetischen Marionettenstaat, und war gleichzeitig »für die Amerikaner zu sehr Sozialist, für die Engländer zu aggressiv und für die Franzosen zu deutsch. Für sie alle war er zu unabhängig.«[1]

Sein Nachfolger war Erich Ollenhauer, ein anerkannter Mann, wenn auch relativ erfolglos. Die Einstellung der SPD zur Verteidigungspolitik war konfus, und ihre Haltung in wirtschaftlichen und sozialen Fragen durch den ideologischen Ballast des späten neunzehnten Jahrhunderts belastet.

So stand es um die SPD und ihre Führung, als Helmut Schmidt im Herbst 1953 nach Bonn kam. Schmidt stand nicht allein mit seiner Überzeugung, daß sich die Partei modernisieren mußte, wenn sie jemals regierungsfähig werden wollte. Andere damals schon bekanntere SPD-Politiker wie Herbert Wehner oder Carlo Schmid arbeiteten auf einen Wechsel hin – obwohl es noch Jahre dauern sollte, bis die Partei auch formal mit einem neuen Programm ihre Konsequenzen zog, und mehr als ein Jahrzehnt, bis die SPD an der Regierungsverantwortung teilnahm.

Doch in der Frage der Einstellung der SPD zu Verteidigung und Wiederaufrüstung erregte Schmidt in Bonn von Anfang an Aufsehen. Als er begann, so erklärte er später, hatte sich Fritz Erler, der verteidigungspolitische Sprecher der SPD, weitgehend auf Fragen der Außenpolitik eingestellt. So bestand also ein Vakuum, das Schmidt füllen half – ohne den Hintergedanken, daß er eines Tages Verteidigungsminister werden könnte, sondern, wie er sagt, einfach um die Chance wahrzunehmen, in diesen Oppositionstagen etwas Konkretes zu leisten.

Diese Erklärung hat zweifellos etwas für sich. Viele SPD-Abgeordnete saßen bereits seit vier Jahren im Bundestag und hatten sich einen Namen gemacht; für einen Neuen war es schwer, sich unter den »alten Hasen« zu profilieren. Sehr bald wandte sich Schmidt Problemen des Verkehrs zu, in welchen er ein anerkannter Fachmann war. Doch einem regsamen, nicht mehr ganz jungen Hinterbänkler, der eine vierjährige Amtszeit vor sich hatte, muß dieser Aufgabenkreis begrenzt erschienen sein. Was liegt näher, als daß sich Schmidt mit seiner militärischen Erfahrung eines »Verteidigungsvakuums« annehmen sollte, das nur wenige andere Mitglieder der Partei auszufüllen bereit waren?

Aber damit ist gewiß nicht alles erklärt. Viele Anzeichen deuten darauf hin, daß Schmidt das Gefühl hatte, die SPD mache einen großen, ja vielleicht historischen Fehler, wenn sie militärische Fragen kaum beachtete, und daß er es von Anfang an darauf anlegte, diesen Zustand zu ändern. Aus dieser Einflußnahme auf die Beziehungen seiner Partei zu den Streitkräften entstand ein weitgehendes Interesse an der Ost-West-Strategie. Innerhalb nur weniger Jahre und lange vor der Zeit der Entspannungspolitik der Supermächte in den sechziger Jahren, ganz zu schweigen von der Bonner *Ostpolitik* der siebziger Jahre, erarbeitete er Vorschläge für eine ausgewogene Rüstungskontrolle und Abrüstung.

Schmidt entwickelte und verfeinerte diesen Begriff des »Gleichgewichts« als Schlüssel zur Sicherheit, aber er nahm nie Abstand davon, ganz gleich, welche neuen Waffensysteme erfunden oder welche Machtveränderungen in Moskau und Washington registriert wurden. Sein Eintreten für den umstrittenen NATO-Doppelbeschluß von 1979 als Ausgleich des atomaren Ungleichgewichts zwischen Ost und West ist ein einschlägiges Beispiel. Nur wenige Leute (selbst in Deutschland) erkannten, daß sein Standpunkt durchaus nicht neu war, sondern die logische Weiterentwicklung einer Konzeption, an der er seit etwa zwei Jahrzehnten festhielt. Wahrscheinlich erkannten noch weniger Leute, wie eng die Verbindung zwischen Ausgleich der Rüstungskontrolle, einem Nachlassen der Spannungen in Europa und der Wiedervereinigung Deutschlands war. Und doch hatte Schmidt jahrelang auch dieses Faktum betont.

Doch dies ist ein Vorgriff. Als der junge Abgeordnete Helmut Schmidt um die Mitte der fünfziger Jahre über Fragen der Verteidigung mit seiner Partei in Streit geriet, tat er dies mindestens so sehr aus innen- wie aus außenpolitischen Erwägungen heraus. Seine Botschaft an die SPD lautete in aller Kürze: Ihr müßt die Bundeswehr unter die Fuchtel nehmen – sonst wird sie euch unter die Fuchtel nehmen. Das geht unmißverständlich aus einem Artikel hervor, den er in der Zeitschrift »Sozialist« 1954 veröffentlichte.[2] Darin führt Schmidt aus, er kenne viele Parteimitglieder, denen es widerstrebte, überhaupt über Verteidigungspolitik zu reden, aber früher oder später würde die Bundesrepublik Streitkräfte haben, ob es ihnen paßte oder nicht. (Tatsächlich wurde die Bundeswehr im Jahr darauf aufgestellt, nachdem Westdeutschland NATO-Mitglied geworden war.) Die Sozialdemokraten, sagte Schmidt, könnten es sich nicht leisten, sich der Verantwortung zu entziehen. Sie müßten ihre grundsätzliche Abneigung gegen dieses Thema überwinden und Fragen beantworten wie etwa die folgenden: Wie könnte man die parlamentarische Kontrolle über das Heer sicherstellen, wie sollten hohe Offiziere ausgewählt werden, welche Regeln sollten für Kriegsdienstverweigerer aus Gewissensgründen gelten? Man dürfe die Fehler der Weimarer Republik nicht wiederholen, in der die Politiker, einschließlich der Sozialdemokraten, es versäumt hatten, die Reichswehr in den Griff zu bekommen.

Die wütende Leserzuschrift eines Parteimitglieds im »Sozialist« zeigt, wie wenig Schmidts Argumente von der Basis geteilt wurden. Über die Aufstellung einer westdeutschen Streitmacht, forderte der Schreiber, sollte nicht einmal diskutiert werden. Wer eine andere Ansicht vertrete, unterminiere die Außenpolitik der SPD und im besonderen die Hoffnung auf eine Wiedervereinigung der Deutschen. Es sei eines Deutschen nicht würdig, für ein geteiltes Land zu kämpfen, meinte der Schreiber. Verteidigungsanstrengungen dürften erst gemacht werden, wenn es etwas gab, was des Verteidigens wert wäre.

Schmidt blieb fest und präzisierte später seine Befürchtungen bei einem Abseitsstehen der Sozialdemokraten in Fragen der Landesverteidigung. Im Jahre 1960 erinnerte er Gewerkschaftler daran, daß am Ende der Weimarer Republik die Reichswehr ein bedeutender politischer Faktor war, obwohl sie bei einer Bevölkerungszahl von fünfundsechzig Millionen nur eine Stärke von einhunderttausend Mann gehabt habe. Die Bundesrepublik, hob Schmidt hervor, würde in Kürze bei einer Bevölkerung von dreiundfünfzig Millionen über eine Bundeswehr von dreihunderttausend Mann verfügen. Es sei klar, daß ein potenter innenpolitischer Machtfaktor sich entwickelte und daß er nicht von Leuten kontrolliert werden konnte, die abseits standen und die Streitkräfte Jahr für Jahr verteufelten. Schmidt legte seinen Zuhörern nahe, ihr Mißtrauen gegenüber dem Militär zu überwinden und, wo immer möglich, den Dialog mit den Soldaten zu suchen. »Es sind ja keine Verrückten«, erklärte er. »Sie wurden nicht in einer Kaserne geboren. Es sind ganz normale Leute, mit denen man reden – und die man überzeugen kann.«[3]

Rückblickend, nach Jahrzehnten westdeutscher Integration in die NATO und einer stabilen bürgerlichen Regierung in Bonn, mögen Befürchtungen einer »unheiligen Allianz« zwischen der politischen Rechten und der Bundeswehr übertrieben erscheinen. Doch in jenen frühen Jahren war es keineswegs so klar, daß Bonn dort erfolgreich sein würde, wo Weimar so elend gescheitert war. Es solle sich keiner von der demokratischen Form der Bundesrepublik täuschen lassen, sagte Schmidt 1958, und darauf bauen, daß die demokratische Substanz gesichert sei. Und tatsächlich: In jenen Tagen bezog sich die Bitterkeit so mancher Debatte im Bundestag nicht auf Regierung, Opposition und die »ehrenwerten Herren Abgeordneten«, sondern vielmehr auf feindselige Kräfte, von denen jede Seite glaubte, die andere wolle das System zerstören.

Diese Feindseligkeit beruhte teilweise auf Meinungsverschiedenheiten in Fragen praktischer Politik, insbesondere auf außen- und innenpolitischem Gebiet; aber sie hatte ihre Ursache auch in dem tiefen Mißtrauen unter den Generationen, die im Bundestag vertreten waren. In groben Zügen unterschied Schmidt damals vier Kategorien: Die ältesten Abgeordneten hatten ihre Ansichten über Staat und Gesellschaft in ihrer Jugend unter Kaiser Wilhelm erworben. Die jüngsten, wie Schmidt selbst, hatten noch die Schule besucht, als die Nazis an die Macht kamen, waren aber schon alt genug gewesen, um in den Krieg zu ziehen. Dann gab es noch zwei Gruppen von Abgeordneten, die bereits in der Weimarer Zeit ein politisches Bewußtsein entwickelt hatten. Die einen hatten aktiv gegen die Gefahren gekämpft, die das demokratische System bedrohten, aber es war ihnen nicht gelungen, die Nazis abzuwehren. Die anderen hatten sich der Entwicklung angepaßt; sie hatten nicht unbedingt auf den Zusammenbruch des Systems hingearbeitet, aber auch nicht viel getan, um ihn aufzuhalten.

Alle diese Umstände, die voneinander abweichenden politischen Einstellungen, der Generationenkonflikt, die gegenseitige Feindseligkeit zwischen der Linken und der Rechten, traten in einer viertägigen Bundestagsdebatte über Atomwaffen im März 1958 besonders drastisch zutage. Der Höhe- oder – nach Ansicht der Regierungsparteien – der Tiefpunkt war die Rede Helmut Schmidts – mal witzig, mal emotionsgeladen, mal frostig. Diese Rede war die erste, die Schmidt landesweit wirklich bekanntmachte. Und sie machte ihn, wenn auch nur für ganz kurze Zeit, zum Liebling seiner Partei.[4]

Mittlerweile hatte Adenauer eine weitere Wahl überzeugend gewonnen; im Jahre 1957 erreichte er 50,2 Prozent der Stimmen für die CDU/CSU gegenüber 31,8 Prozent für die SPD. Westdeutschland war Mitglied der NATO, die Bundeswehr gewann ständig an Kraft, und die SPD glaubte, daß die Regierung trotz wiederholter Dementis darauf hinarbeitete, die Kontrolle über Atomwaffen zu erlangen. In den sechziger Jahren sagte Schmidt, er wolle nun nicht mehr zu beweisen versuchen, dies sei tatsächlich Adenauers Absicht gewesen; damals aber sah es für die SPD so aus, als sei die Bundesrepublik bereit, einen unheilbringenden Kurs zu steuern. In der Bundestagsdebatte war es Schmidt, der besser als jeder andere die Stimmung seiner Partei zum Ausdruck brachte.

Von Anfang an kamen Pfuirufe und schrille Pfiffe aus den Bänken der Regierungspartei, als Schmidt die CDU/CSU beschuldigte, einer Massenpsychose erlegen zu sein »in ihrer ekstatischen Entschlossenheit«, den Zugang zu Atomwaffen zu erlangen. Aber ein regelrechter Tumult brach los, als Schmidt hinzufügte, daß es »die politischen Ahnherren dieser Adenauer-Koalition« gewesen seien, die vor fünfundzwanzig Jahren Gesetzen zustimmten, die Hitler an die Macht gebracht hatten. »Wir waren vierzehn Jahre alt und waren Schulbuben«, brüllte Schmidt in den Tumult. »Ihre Zustimmung zu dem Ermächtigungsgesetz (Hitlers) hat uns wie viele Millionen anderer später auf die Schlachtfelder Europas geführt und in die Keller unserer Städte, Millionen in die KZ und deren Todeskammern!«

Wütende Abgeordnete der Regierungsparteien schrien zurück, daß Schmidts politische Ahnherren im kommunistischen Ostdeutschland zu finden seien. Sie nannten ihn einen »Totengräber der Demokratie«, den »frechsten Lümmel« im ganzen Haus. Einer brüllte: »Schmidt-*Schnauze*«, eine Bezeichnung, die an ihm hängenblieb. Schmidt aber, jetzt erst richtig in Fahrt, ließ sich nicht beirren. Mit dem Finger wies er auf Mitglieder der Regierungsparteien, die, so sagte er, in den dreißiger Jahren der Jugend hätten zeigen können, was Opposition bedeutete, und statt dessen die Schwänze eingezogen und die SPD im Kampf allein gelassen hätten.

»Wir sagen dem deutschen Volk in voller, ernster Überzeugung«, fuhr Schmidt fort, »daß der Entschluß, die beiden Teile unseres Vaterlandes mit atomaren Bomben gegeneinander zu bewaffnen, in der Geschichte einmal als genauso schwerwiegend und verhängnisvoll angesehen werden wird, wie es damals das Ermächtigungsgesetz für Hitler war.« Als der Präsident des Bundestages wütend seine Glocke schwang, um die Ordnung wiederherzustellen, richtete Schmidt den massivsten Angriff gegen die CDU/CSU: »Wenn Sie von der Einigkeit der NATO reden, meinen Sie Atombomben für die Bundeswehr

... Legen Sie endlich Ihren deutschen Größenwahn, Ihren deutschnationalen Größenwahn ab!«

Als Schmidt vom Rednerpult herunterstieg, übertönte ein Beifallssturm seiner Partei die Schreie und Pfiffe aus den Regierungsbänken. Ollenhauer, gefolgt von anderen SPD-Abgeordneten, sprang vor, um Schmidt die Hand zu schütteln und ihm auf die Schulter zu klopfen. Nur wenige Sozialdemokraten machten sich die Mühe, Kurt Georg Kiesinger von der CDU zuzuhören, der sich erhob und Schmidts Worte als eine Schande für den Bundestag bezeichnete. »Die Rede, die wir soeben hören mußten, war ein einziger Schmutzkübel, der ausgegossen wurde über dieses Haus.«

Viele, die diese Szenen im Bundestag miterlebten, fühlten, daß sie der Geburt eines neuen Stars beigewohnt hatten, eines Politikers, der es in der SPD noch weit bringen, vielleicht sogar an die Spitze vordringen würde. Aber schon sieben Monate später fiel Helmut Schmidt bei seiner Fraktion in Ungnade und wurde aus dem Fraktionsvorstand der SPD im Bundestag abgewählt. Er hatte ihm nur ein Jahr angehört.

Der Grund war einfach. Er und sein Hamburger Freund Willi Berkhan, der 1957 in den Bundestag gewählt worden war, nahmen als Freiwillige an den Manövern der Bundeswehrreserve teil. Viele Genossen von der SPD waren wie vom Donner gerührt. Konnte das derselbe Schmidt sein, der die Regierung in der Atomwaffendebatte das Fürchten gelehrt hatte? Nicht nur Mitglieder seiner Partei staunten. Bei einer späteren Gelegenheit verriet Schmidt, daß auch seine Frau ihn für verrückt gehalten hatte, als er für vier Wochen den Militärdienst antrat, obwohl ihn keiner dazu zwang.

Aber Schmidts Handlungsweise war durchaus im Einklang mit dem Standpunkt, den er von Anfang an eingenommen hatte. Ablehnung von Atomwaffen für die Bundeswehr und Kritik an der Verteidigungspolitik der CDU/CSU bedeuteten keineswegs, daß die SPD sich von den Soldaten abkapseln sollte – ganz im Gegenteil. Mehr noch – die Erfahrungen, die Schmidt in diesen vier Wochen beim Militär sammelte, festigten seine Überzeugung, daß er recht gehabt hatte. Jeden Tag von sieben Uhr früh bis sechs Uhr abends versah er seinen regulären Dienst – und fand sich jeden Abend bis in die frühen Morgenstunden von Soldaten umringt, die sich darüber wunderten, einen Abgeordneten in ihrer Mitte zu haben. Ihr Wissensdurst auf Politik im weitesten Sinn, nicht nur auf Waffen und Verteidigungsfragen, war unmißverständlich. Als seine Zeit um war, schlief Schmidt, erschöpft von seinen Anstrengungen bei Tag und bei Nacht, vierundzwanzig Stunden durch, bevor er zu seiner Familie zurückkehrte.

Wenige Monate nach seinem Militärdienst und seinem Ausschluß aus der Parteiführung wurde Schmidt vierzig. Wäre er zehn Jahre früher in die Privatwirtschaft gegangen, als diese beispiellose Periode anhaltenden wirtschaftlichen Wachstums begann, wäre er auf der Karriereleiter zweifelsohne schon ein gutes Stück hochgeklettert. Statt dessen befand er sich in einer ungemütlichen Ecke einer Partei, die zur Opposition verdammt schien – vermutlich nicht für immer, aber wie alt wäre Schmidt, wenn die SPD es schließlich schaffte, auf die Regierungsbank zu kommen?

Schon im folgenden Jahr, im November 1959, entschloß sich die SPD zu einem Schritt, der ihre Chancen, aus dem »Dreißig-Prozent-Getto« auszubrechen, erheblich steigerte. Die Partei zog die Konsequenzen aus nahezu einem Jahrzehnt ständiger Niederlagen an den Urnen und verabschiedete ein neues Programm. Mit diesem nahm sie Abschied von der Ausrichtung als »Arbeiterpartei« mit stark marxistisch-ideologischer Grundlage und wandte sich dem Bild einer neutralen »Volkspartei« zu. Es ist schwer zu sagen, wer der Hauptverantwortliche für den neuen Stil des Godesberger Programms der SPD war, so benannt nach dem nur wenige Kilometer von Bonn entfernten Kurort Bad Godesberg, wo es angenommen wurde. Unter anderem hatte Wehner seine Hände im Spiel gehabt, aber der Umbruch war zweifellos nach Helmut Schmidts Geschmack. Zum einen trat die SPD im Godesberger Programm für die Landesverteidigung ein, lehnte jedoch Atomwaffen ab. Zum anderen warf das Programm eine Menge ideologischen Ballast ab, einschließlich des Konzepts der »historischen Notwendigkeit«, und erkannte an, daß Menschen, ihre Ideen und Ideale die Geschichte beinflussen konnten. Für Schmidt und den Großteil seiner Generation war dies schon seit langem eine Selbstverständlichkeit. Doch förmliche Anerkennung dieser Tatsache durch die Partei schien gute Erfolge für die nächsten Wahlen zu verheißen, um so mehr, als der bisher unschlagbare Adenauer Verschleißerscheinungen erkennen ließ.

Im großen und ganzen waren die Überlegungen der SPD richtig, aber der Vorsprung der CDU/CSU war zu groß, um so schnell aufgeholt zu werden. Bei der Bundestagswahl vom September 1961 fielen die Unionsparteien zwar auf 45,3 Prozent der Stimmen zurück, und die SPD erreichte 36,3 Prozent; aber trotz dieses Erfolges war es die vierte Wahlniederlage der SPD hintereinander.

Helmut Schmidt sah sich weiteren Jahren auf der Oppositionsbank in Bonn gegenüber und gelangte zu der Überzeugung, daß er diesen Zustand nicht länger durchhalten mochte. Als Hamburg ihm das Amt des Innensenators anbot, griff er mit beiden Händen zu. Das Amt war neu geschaffen worden und übertrug seinem Inhaber die Verantwortung für viele Angelegenheiten, die bisher auf verschiedene Abteilungen aufgeteilt gewesen waren. Schmidt hatte reichlich Erfahrungen gesammelt; jetzt suchte er nach einer Herausforderung. Bald sollte er vor einer größeren stehen, als er sich vorgestellt hatte.

In der Nacht vom 16. zum 17. Februar 1962 – kaum zwei Monate, nachdem Helmut Schmidt sein neues Amt in Hamburg übernommen hatte – fegte eine Sturmflut über einen großen Teil Nordeuropas und Deutschlands. Böen mit über hundertfünfzig Stundenkilometern rasten die Elbe hinunter und trieben das Hochwasser auf nahezu sechs Meter über dem normalen Wasserstand. In den frühen Morgenstunden barsten in Hamburg die Deiche. Viele Menschen wurden noch im Schlaf von der Flut überrascht und noch mehr, als sie zu fliehen versuchten. Die Sirenen heulten, aber nur wenige hörten sie in dem Sturm. Telefon- und Stromleitungen knickten wie Streichhölzer um; ganze Stadtteile waren von der Außenwelt abgeschnitten. Etwa ein Fünftel der Stadt lag unter Wasser.

Die Katastrophe trat ein, als Schmidt gerade von einer Konferenz in Berlin nach Hamburg zurückkehrte. Er eilte ins Polizeipräsidium und übernahm das Krisenmanagement auf eine Weise, die ihm mehr Ansehen einbrachte als alles, was er in den vergangenen acht Jahren in Bonn geleistet hatte. Das Image von Schmidt, dem »Krisenmanager«, war geboren.

Niemand scheint Schmidts Autorität damals ernstlich in Frage gestellt zu haben, obwohl er eindeutig die Grenzen dessen überschritt, was einem Landesminister gestattet war. Schnellstens stellte er eine Truppe von mehr als vierzigtausend Helfern auf – aus Bundeswehr und Soldaten der westlichen Alliierten, Polizei, Rotkreuzhelfern und anderen Zivilisten. Auf dem Höhepunkt der Rettungsarbeiten nahmen auf Schmidts Einsatzbefehl etwa hundert Hubschrauber daran teil, obwohl der Sturm das Doppelte der Höchstgrenze erreichte, bis zu der Piloten fliegen durften. Wer gab Schmidt die Befehlsgewalt, diese Kräfte zusammenzubringen? »Die sind mir nicht unterstellt worden«, erklärt er. »Ich habe sie mir einfach genommen. Es gab keine andere Wahl.«

Schmidt hatte schon seit Stunden die Rettungsaktionen geleitet, als Paul Nevermann, der Bürgermeister von Hamburg, auf der Bildfläche erschien. Er war zur Kur in einem österreichischen Erholungsort gewesen, eilte aber nach Hause, als er die Nachricht von der Flut hörte. Das folgende Gespräch, das im Polizeipräsidium geführt wurde, ist in die Geschichte (oder zumindest den Anekdotenschatz) der Hamburger Flutkatastrophe eingegangen:

Schmidt: »Herr Bürgermeister, Sie stehen mir hier im Weg.«

Nevermann: »Aber die Hamburger Verfassung gilt doch noch?«

Schmidt (ungeduldig): »Paul, nun halt endlich den Mund. Siehst du denn nicht, daß ich dringende Anweisungen zu diktieren habe?«

Dies ist eine schöne Geschichte, die genauso klingt, wie man sie unter diesen Umständen von Helmut Schmidt erwartet hätte. Aber er erklärt kategorisch, daß er das nicht so gesagt habe.[5]

Die Herkunft der Geschichte ist dunkel. Schmidt bestätigt, daß Nevermann (wie nicht anders möglich) sehr spät aufkreuzte. »Es könnte sein, daß er einen Vorschlag machte, der mir nicht sehr nützlich erschien. Aber ich würde ihn doch vor einer Menge Leute nicht gedemütigt haben. Ich hielt sehr viel von ihm.«

Was immer sein Innensenator ihm gesagt oder auch nicht gesagt hat, der Bürgermeister scheint es ihm nicht nachgetragen zu haben. Vier Tage später pries Nevermann Schmidt in der Hamburger Bürgerschaft für seine »klugen und energischen Maßnahmen«, eine Katastrophe, wie die Stadt sie seit den Bombennächten des Zweiten Weltkriegs nicht erlebt hatte,[6] zu meistern. Die meisten Hamburger teilten die Meinung des Bürgermeisters. Mehr als dreihundert Menschen waren in den Fluten umgekommen, aber weit über tausend vor dem Tod durch Ertrinken gerettet worden. Achtzehntausend Menschen, die ihre Häuser verloren hatten, wurden schnell in Notquartieren untergebracht. Es überraschte niemanden, als eine Meinungsumfrage ergab, daß Schmidt noch populärer war als Hamburgs Fußballstar Uwe Seeler.

Damals spielte Schmidt seine Rolle bei diesem Ereignis herunter. Als er sich später an die Flut erinnerte, äußerte er sein Unbehagen über die Leichtigkeit, mit der man einen theoretisch ungesetzlichen Kurs weiterverfolgen kann, sobald einmal der erste Schritt getan ist.

Vielleicht wurde er sich aber auch darüber klar, welche Folgen es für ihn gehabt hätte, wenn sich die von ihm in diesen dramatischen Stunden angeordneten Maßnahmen nicht durch eine Vielzahl geretteter Leben bezahlt gemacht hätten. Fünfzehn Jahre später hatte er erneut einer Krise zu trotzen, als Terroristen einen Lufthansa-Jet mit einundneunzig Menschen an Bord nach Mogadischu entführten und versuchten, die Regierung zu erpressen. Noch einmal waren viele Menschenleben auf seine Entscheidung angewiesen, und wieder hing seine Karriere am seidenen Faden.

3.
Verteidigung und Einheit

Dies hätte sehr wohl das Ende seiner Karriere auf Bundesebene bedeuten können. Der verlorene Sohn der Freien und Hansestadt Hamburg war heimgekehrt und hatte umgehend ein richtiges Wunder bewirkt. Er muß gute Chancen gehabt haben, schon bald Bürgermeister zu werden, und echte Hamburger halten dieses Amt für besser als alles, was Bonn zu bieten hat.

Schmidt besaß sogar ein Wochenend- und Ferienhaus auf einem eigenen Seegrundstück in Schleswig-Holstein. Wenn das auch so klingt, als ob der Sozialdemokrat Schmidt dem Luxus verfallen sei, jeder, der das Häuschen am See besucht hat, wird diesen Eindruck rasch korrigieren. Von außen ähnelt der Bungalow einer Baracke, obwohl es innen viel gemütlicher ist. Die Heizung ist einfach, und im Winter ist das Haus kaum bewohnbar. Aber die Schmidts verbringen dort jeden Sommer zumindest einen Teil ihrer Ferien.

Ein zufälliges Zusammentreffen in einem Zug, der im Winter 1957/58 zwischen Hamburg und Bonn im Schnee steckenblieb, hatte Schmidt sein Ferienhaus beschert. Er kam mit einem Geschäftsmann aus Kiel ins Gespräch, und von dem scheußlichen Wetter draußen schweiften ihre Gedanken sehnsuchtsvoll zu ihren Urlaubsplänen. Der Herr aus Kiel wußte von einem schönen Grundstück, das zum Verkauf stand – ein idealer Platz zum Segeln, ja, sogar zum Schwimmen für Leute mit guter Konstitution. Das Grundstück hatte zehntausend Quadratmeter, viel zu groß und zu teuer für Schmidt, selbst wenn er es mit seinem neuen Bekannten teilte. Aber Willi Berkhan erklärte sich sofort bereit, bei der Sache mitzumachen, und das

Grundstück wurde in drei Teile geteilt. Schmidts Ferienhaus wurde als erstes errichtet, Berkhans ein Jahr später, wobei beide einander beim Bauen kräftig halfen.

Die separaten Wohnungen lösten zumindest ein Problem, das das Zusammenwohnen mit Willi Berkhan in Bonn erschwerte. Schmidt war eine Nachteule; er arbeitete oft bis spät in die Nacht hinein und schlief gern morgens lange. Berkhan war schon in aller Frühe auf den Beinen und sang mit Leidenschaft in der Badewanne. »Für gewöhnlich ziemlich falsch«, erinnert sich Schmidt mit gespieltem Entsetzen. Wenigstens in den Ferien war Schmidt weit genug vom Schuß, um von dem Gesang nicht geweckt zu werden.

Die Existenz dieses leicht erreichbaren Refugiums, Schmidts außerordentliche Beliebtheit seit der Sturmflut in Hamburg und die Aussicht auf den dortigen Bürgermeistersessel – das alles und dazu die Chance, mehr Zeit für die Familie zu haben, hätte Schmidt von der Bonner Politik fernhalten können. War es nur persönlicher Ehrgeiz, der ihn nach vier Jahren Verwaltungsarbeit in Hamburg in die Hauptstadt am Rhein zurücktrieb?

Schmidts Ehrgeiz – oder das Fehlen dieser Eigenschaft – ist ein leidenschaftlich diskutiertes Thema, das man am besten an dem Punkt seiner Laufbahn unter die Lupe nimmt, als er Kanzler wurde. Zweifellos stellte er im Bundestagswahljahr 1965 eine wesentlich gewichtigere Figur dar als der »Verkehrsexperte auf der Suche nach einer Rolle«, als der er vor zwölf Jahren in den Bundestag eingezogen war. Er war äußerst sachkundig – er wußte es, und jedermann erkannte das an (einige allerdings nur ungern). Er hatte zwar nur ein hohes Amt in einer Landesregierung erfolgreich ausgefüllt, aber selbst das war mehr, als der größte Teil seiner SPD-Genossen und -Rivalen geleistet hatte. Und – auch das ist wichtig in der Politik – er war ein Schauspieler und Redner von außergewöhnlicher Begabung. Schon Ende der vierziger Jahre war er auf diesem Gebiet ein guter Amateur; in den fünfziger Jahren entwickelte er sich zum Profi; später zu einem der größten politischen Akteure unserer Zeit.

Das heißt nicht, daß er ein hohler Demagoge ist oder war. Ein politischer Kopf, darauf hat Schmidt wiederholt hingewiesen, braucht die Fähigkeit, Probleme zu analysieren, unabhängige Entscheidungen zu treffen und – ein lästiger, aber wichtiger Gesichtspunkt in einer Demokratie – andere zu überzeugen. Er besitzt zumindest eine gute Portion der beiden zuerst genannten Qualitäten;

aber mit seiner Begabung, zu überzeugen und sich mitzuteilen, übertrifft er fast alle Zeitgenossen.

Ob er nun zu Stahlarbeitern in Essen oder Bankiers in New York spricht, mit unterschwellig feindseligen Abgeordneten der britischen Labour Party diskutiert oder vor Philosophen einen Vortrag über Kant hält, er schafft es in kürzester Zeit, daß sie ihm zu Füßen liegen. Bei Wahlreisen kann er, von Versammlung zu Versammlung, innerhalb einer Stunde seinen Ton, sein Tempo und sein Vokabular variieren, wobei er stets eine lokale Besonderheit hinzufügt, um den Leuten das Gefühl zu geben, er warte schon seit Wochen darauf, ausgerechnet zu ihnen zu sprechen. Bei allem Schmidt später gespendeten internationalen Lob als »großer militärischer Stratege« oder »Weltwirtschaftler« wurde diese außergewöhnliche dramatische Begabung oft übersehen oder zumindest unterbewertet. Doch ohne sie kann man bezweifeln, ob er jemals Kanzler geworden oder dann so lange im Amt geblieben wäre.

In den fünfziger Jahren waren bei Schmidt schon mehrere charakteristische Eigenschaften deutlich erkennbar, darunter der große aktive Wortschatz, das Feuer und die Lust an der schlagfertigen Antwort. Schmidt haßt es, eine vorbereitete Rede abzulesen; andererseits schmückt er, wenn er einen Text hat, diesen oft aus – wie viele geplagte Journalisten bezeugen können. Er liebt es, ein Auge auf seine Notizen, das andere auf die Gesichter seiner Zuhörer zu richten und seine Ohren zu spitzen, um sich keinen Zwischenruf entgehen zu lassen. Auf diese Weise kann er sich auf die Stimmung einstellen, hin und wieder scharfe Bemerkungen abfeuern und seine Gedanken im Fluß lassen, ohne seine Textstelle wieder suchen zu müssen.

Schmidts Äußerungen in jener Atomwaffendebatte im Jahre 1958 lassen sein Talent für Wortgefechte bereits ahnen. Man muß ihn reden hören, um seine Freude an der Sprache zu fühlen, um zu erleben, wie er ein Wort umschmeichelt, ein anderes ausspuckt.

Ein weiteres Beispiel aus späteren Jahren, als Helmut Kohl, damals Vorsitzender der CDU-Opposition im Bundestag, Schmidt vorwarf, er wäre ein Gefangener seiner eigenen Partei: Schmidt antwortete in scharfem Ton, mit erhobener Stimme: »Was tönt eigentlich der Herr Kohl mit seiner Sprache über die angebliche babylonische Gefangenschaft anderer?« Verächtlich fuhr er fort: »Dieser Herr Kohl, der seine eigenen Ketten ein bißchen rasselt ...«, und verächtlich flüsternd, »aber sie abzuschütteln zu schwach ist.« Das Fehlen jeder Gestik, als

Schmidt diese Sätze über seine Lippen rollen ließ, erhöhte ihre Wirkung – so als wäre Kohls Vorwurf kaum der Mühe wert, darauf einzugehen. In seiner frühen Zeit im Bundestag gestikulierte Schmidt viel stärker als später. Bilder aus den fünfziger Jahren zeigen ihn über das Rednerpult gebeugt, eine Hand verschwommen, während er seinen Worten Nachdruck verleiht. Später lernte er, mit seiner Energie sparsamer umzugehen, und wenn er schließlich seine Rede mit einer schwungvollen Geste unterstützte, beeindruckte diese um so mehr, als er nur sparsam davon Gebrauch machte.

Vor allem beherrscht er das Fernsehen. In den fünfziger Jahren war das natürlich nicht sehr wichtig, aber in den siebziger Jahren trug dies entscheidend zu seiner Popularität bei, die zumeist der Beliebtheit seiner Partei weit vorauseilte. In seinen Fernsehinterviews ist Schmidt immer der bedachte Staatsmann – er wägt jedes Wort ab, macht oft Pausen und blickt an der Kamera vorbei in die Ferne, als bemühe er sich, eine neue, alles umfassende Übersicht über die Weltlage zu gewinnen. Diese Technik verleiht selbst einer relativ unbedeutenden Sache einen Schein von Wichtigkeit. Sie vermittelt den Eindruck, daß die Dinge unter Kontrolle sind beziehungsweise daß dies, sollte es nicht so sein, in keiner Weise Helmut Schmidt anzulasten ist. Wenn ein Fragesteller versucht, ihn auf glattes Parkett zu locken, entzieht sich Schmidt geschickt. »Ich würde das anders formulieren«, sagt er und bringt sich, weit vom Thema abschweifend, in Sicherheit, indem er seine Antwort mit genügend Fakten und Zahlen anreichert, um kritische Fernsehzuschauer vergessen zu machen, daß er eigentlich etwas ganz anderes gefragt wurde.

Auch sein gutes Aussehen hilft ihm: das feste Kinn, die intensiven grauen Augen, sein plötzliches, leuchtendes, fast ungezähmtes Lächeln. Er ist ein ziemlich kleiner Mann, nur 1,72 groß, aber das kommt im Fernsehen nicht zum Vorschein und scheint seiner Beliebtheit bei den Frauen nie geschadet zu haben. Lange bevor er Kanzler wurde, erklärte ihn eine Hamburger Zeitung zu »Deutschlands sexy Mann Nummer eins«. Nach Meinung von vierzig Prozent der Leserinnen des Blattes besaß er Charme, war klug und sah auch noch gut aus. Zwei Popsänger, auch sie keineswegs ungeübt im Umgang mit der Fernsehkamera, lagen in der Umfrage weit hinter ihm.[1]

Nur ein Mann hat es in den letzten dreißig Jahren geschafft, mit Schmidt als Redner zu konkurrieren. Das ist Franz Josef Strauß.

In mancher Hinsicht sind diese beiden Männer Gegensätze. Schmidt kommt aus dem hohen Norden Deutschlands, Strauß aus dem tiefsten Süden. Schmidt gehört zu einer Partei der Linken, Strauß verkörpert eine rechte Partei, die Christlich-Soziale Union. Strauß, mit seinem Stiernacken und seinen breiten Schultern, fühlt sich in seinem Element, wenn er bei einem lärmenden bayerischen Bierabend mit Parteifreunden anstoßen kann. Schmidt scheint bei den großen SPD-Zusammenkünften gewöhnlich in sich gekehrt, und seine Lieblingsgetränke sind Coca-Cola oder Tee. Strauß hat eine Fülle von Anekdoten auf Lager. Schmidt hat nicht viel Sinn für Humor – am ehesten, so sagt er selbst, für »dumme, satirische Scherze, und die sollte man nicht machen, wenn man ein öffentliches Amt bekleidet«.[2]

Aber es gibt auch Parallelen. Strauß, der drei Jahre älter ist als Schmidt, hat ebenfalls als Artillerist an der Ostfront gekämpft. Wie Schmidt wurde er Verteidigungs- und später Finanzminister. Wie Schmidt benutzte er einen festen regionalen Stützpunkt als Sprungbrett, um nach einem Rückschlag in Bonn erneut in die Bundespolitik einzusteigen.

Strauß war 1962 für Polizeiaktionen gegen das Hamburger Nachrichtenmagazin »Der Spiegel« verantwortlich gemacht worden, das einen Artikel veröffentlicht hatte, in dem angeblich NATO-Geheimnisse verraten wurden. In dem darauf einsetzenden Aufruhr wurde er beschuldigt, den Bundestag getäuscht zu haben; er mußte sein Amt als Verteidigungsminister aufgeben. Er zog sich nach München zurück, nahm ein volkswirtschaftliches Studium an der Universität Innsbruck auf – und kehrte 1966 unverdrossen ins Kabinett nach Bonn zurück. Er wurde nie Kanzler, aber in der Bundestagswahl von 1980 kämpfte er gegen Schmidt um das höchste Regierungsamt.

Wenn Schmidts polemische Reden ihrer Präzision nach wie Maschinengewehrfeuer ablaufen, so wirken die von Strauß eher wie Sprengladungen – er streut breit möglicherweise tödliche Munition, in der Hoffnung, daß zumindest ein Teil sein Ziel finden wird. Lateinische Zitate (Strauß war in klassischen Sprachen ein hervorragender Schüler), Fragmente bayerischer Folklore und scharfe Angriffe auf die »Roten« vermengen sich mit wirtschaftlicher und strategischer Theorie zu einem leuchtenden, wenn auch nicht immer erleuchtenden Feuerwerk.

»Ein bayerisches Kraftwerk, bei dem häufig die Schaltanlage ausfällt.« So wird Strauß von einem Kommentator charakterisiert. Das entspricht weitgehend auch Schmidts Ansicht. Bei der Atomwaffendebatte 1958 sagte Schmidt, Strauß, bereits seit über einem Jahr Verteidigungsminister, verfüge über »ein hervorragendes Gedächtnis, eine rasche Auffassungsgabe, eine nicht unbeträchtliche Bildung, und er ist vital, jawohl. Aber das Wichtigste, meine Damen und Herren: bei all diesen vorzüglichen Eigenschaften ist dieser Mann ausschließlich vom Gefühl, vom Impuls gesteuert ... Ich glaube, der Verteidigungsminister Strauß ist ein gefährlicher Mann, gerade wegen seiner überragenden Fähigkeiten, ein gefährlicher Minister!«

Dieser Kommentar zeigt, daß Schmidt, ungeachtet gewisser Vorbehalte, schon sehr früh große Achtung vor Strauß hatte. In einem Interview im Jahre 1966 ging er noch weiter: »Der einzige, der in jenen Tagen etwas von militärischen Problemen verstand, war Strauß«, sagte er. »Alle anderen Politiker waren relativ schlecht informiert.« Er wiederholte, daß Strauß seiner Meinung nach gefährlich werden könnte, fügte aber hinzu: »Andererseits sehe ich, daß er sich Mühe gibt, sich in den Griff zu kriegen. Und ich muß gestehen, daß mir in all diesen vielen Jahren doch eine gewisse Antenne für den Charme geblieben ist, den er bisweilen hat.«[3]

So wie Schmidt die Meinung vertrat, die Streitkräfte sollten nicht nur von der politischen rechten Mitte beeinflußt werden, so glaubte er auch, man dürfe Strauß nicht als praktisch einzigen parlamentarischen Pandit in Fragen der Strategie wirken lassen. Wäre Strauß ein weniger brillanter Minister gewesen und hätte somit weniger Kritik herausgefordert, wäre Schmidt vielleicht nicht so intensiv in das Studium der strategischen Fragen und ihrer Verflechtung mit der Außenpolitik eingestiegen. Doch schon ein Jahr nach der stürmischen Atomwaffendebatte präsentierte sich ein allem Anschein nach neuer Schmidt vor dem Bundestag. Anders als sonst hielt er sich streng an einen langen, vorbereiteten Text; er war sogar so lang, daß viele Abgeordnete der Regierungsparteien ihn aufforderten, sich ein wenig zu beeilen, oder gähnend den Saal verließen. Die Rede erreichte keineswegs den Bekanntheitsgrad der vorangegangenen, war aber rückblikkend wohl die wichtigere. »Schmidt-Schnauze« war nicht tot, er schlief nur, aber Schmidt, der Stratege, war auf der Bildfläche erschienen.[4]

Während er von Englands Feldmarschall Montgomery bis zum »amerikanischen Professor Kissinger« zahlreiche ausländische Experten zitierte, rief Schmidt zur Schaffung einer entmilitarisierten Zone in Mitteleuropa auf. Ein solcher Schritt, betonte er, impliziere keineswegs, daß die Bundesrepublik die NATO verlassen oder daß die osteuropäischen Staaten den Warschauer Pakt aufkündigen würden. Eine grundlegende Veränderung in der Zusammensetzung der Militärblöcke könne erst viel später im Rahmen eines »kollektiven europäischen Sicherheitssystems« kommen – anläßlich der »politischen Lösung der deutschen Frage«.

Was er im Sinn hatte, so sagte Schmidt, war eine Zone, aus der fremde (das heißt sowjetische und westliche) Truppen abgezogen würden. Nur eine kleine symbolische Zahl würde bleiben, zusammen mit den nationalen Streitkräften der Länder, aus welchen sich die Zone zusammensetzte. Daraus ergäbe sich ein mitteleuropäisches Gleichgewicht von niedrigerer Mannschaftsstärke und somit eine größere Ost-West-Sicherheit.

Welche Länder sollten in die Zone einbezogen werden, und wie wäre ein »Gleichgewicht« zu definieren? Diese zwei Fragen waren eng miteinander verknüpft. Schmidt machte klar, daß er nicht von einer genauen Parität in der Zahl von Truppen, Panzern und Flugzeugen sprach. Alle für die Verteidigungskraft relevanten Faktoren müßten in Rechnung gestellt werden, und dazu gehörten auch Bevölkerungszahlen, die Finanzkraft und die geographischen Eigenheiten des Landes, in dem es zu Kämpfen kommen könnte.

Daraus ging nun wieder klar hervor, daß in einer Zone, die ausschließlich die beiden deutschen Staaten umfaßte, kein echtes Gleichgewicht zu erzielen war. Strategisch gesehen, war die Bundesrepublik allein ein weit wichtigerer Faktor als ihr Nachbar im Osten. Andererseits würde eine Zone, die ganz Westeuropa umfaßte und sich bis zur Westgrenze Rußlands erstreckte, das Gleichgewicht zu stark zugunsten des Ostens verändern. Ohne sich festzulegen, schlug Schmidt vor, daß sich das Gleichgewicht in einem Gebiet herstellen lassen könnte, das auf der einen Seite Westdeutschland und auf der anderen Seite Ostdeutschland, Polen, Ungarn und die Tschechoslowakei einschlösse. Beiläufig erwähnte er, die Polen hätten bereits verlauten lassen, daß sie ein mögliches Gleichgewicht unter Einbeziehung der gleichen Länder, aber ohne Ungarn, für möglich hielten. Ein Punkt, meinte Schmidt, über den weiter zu verhandeln sich wohl lohnen würde.

Sodann ging er auf die Einwände ein, die sich gegen seine Ideen vorbringen ließen. Zugegeben, so gut wie alle nichtdeutschen Streitkräfte der NATO (vor allem die der Vereinigten Staaten) würden hinter die Westgrenze der Bundesrepublik Deutschland abziehen müssen. Aber die Truppen der Sowjetunion würden sich noch viel weiter nach Osten zurückziehen müssen. Es war auch richtig, daß die Russen theoretisch das Abkommen brechen und wieder in die Zone einmarschieren konnten. Aber in diesem Fall hätte die NATO mehr Zeit zu reagieren, als sie jetzt hatte, da sowjetische Truppen an der Grenze zwischen West- und Ostdeutschland standen. Überdies, fügte Schmidt pragmatisch hinzu, konnten die NATO-Truppen auf westdeutschen Straßen wieder schneller nach Osten marschieren, als die Russen das auf polnischen zustande bringen würden.

Schmidt verneinte, daß sein Plan ein pauschales Ausscheren der Vereinigten Staaten aus der Verteidigung Europas zur Folge haben würde. Einige amerikanische Truppen verblieben als Teil einer symbolischen Streitmacht in Westdeutschland, eine größere Zahl würde in andere Teile Europas verlegt werden (obwohl Schmidt eingestand, daß sich »Aufnahme-Probleme« ergeben könnten), und die Sechste US-Flotte würde auch weiterhin im Mittelmeer kreuzen. Schmidt gab zu, daß er die Frage, ob die Russen einverstanden wären, nicht gerade »überoptimistisch« betrachtete. »Wir wissen, daß die schrittweise Räumung der DDR und anderer Staaten im Osten dort drüben zweifellos politische Konsequenzen haben würde und letzten Endes ja auch haben soll. Das ist doch der Sinn dieser Sache.«

Das ist tatsächlich der springende Punkt und obendrein ein entscheidendes Problem, das später die Wiener Truppenreduzierungsgespräche (MBFR), die sich endlos über die siebziger und achtziger Jahre hinschleppten, nachhaltig belastete. Sechs Jahre vor Schmidts Rede hatten Sowjettruppen mitgeholfen, einen Aufstand in Ostdeutschland niederzuschlagen. Drei Jahre zuvor waren ihre Panzer in Ungarn eingebrochen. Im Jahre 1968 sollten sie auf die gleiche Weise in der Tschechoslowakei einfallen. Russische Truppen in Osteuropa hatten mindestens ebenso die Aufgabe, diese Länder besetzt zu halten wie auch zu verteidigen. Was konnte Moskau gewinnen, wenn es seine Truppen aus dem Gebiet so unruhiger und unverläßlicher Nachbarn abzog? Vielleicht konnte es hoffen, Westdeutschland auf diese Weise von seinen westlichen Verbündeten abzukoppeln – aber um welchen Preis? Nach Abzug der Supermächte wäre die deutsche Frage wieder weit offen.

Es war schon spät, als Schmidt seine Rede beendete, und nur wenige Abgeordnete der Regierungsparteien waren noch im Saal. Der Präsident des Bundestages, Eugen Gerstenmaier, der ein Jahr zuvor versucht hatte, Schmidts Tirade gegen die CDU/CSU Einhalt zu gebieten, fand diesmal freundliche Worte für ihn. »Ich könnte mir vorstellen«, erklärte er, »daß auf Grund dieses sorgsam ausgearbeiteten Vortrags in diesem Hause von neuem eine Diskussion beginnen könnte.«

Um seine Ideen zu verbreiten, verließ sich Schmidt nicht nur auf den Bundestag. Er begann sie zu einem Buch auszuarbeiten, an dem er immer, wenn er Zeit hatte, ob in Zügen, in Flugzeugen oder in seiner Wohnung in Bonn, schrieb. Das Resultat war »Verteidigung oder Vergeltung«, erstmals 1961 veröffentlicht und in der deutschsprachigen Welt sofort als bedeutender, wahrscheinlich der bedeutendste Beitrag zum Studium der Ost-West-Strategie gepriesen. Im Jahr darauf erschien die englische Übersetzung in London und New York, und Schmidts Name wurde in beiden Ländern einem weit größeren Kreis von Politikern und Verteidigungsexperten bekannt. Mittlerweile hatte die SPD die Bundestagswahl von 1961 verloren, und Schmidt war nach Hamburg zurückgekehrt. Der neue Stern schien letztlich doch nur ein Komet gewesen zu sein, der, kaum aufgegangen, schon wieder erlosch.

Doch in der westdeutschen Innenpolitik und den Ost-West-Beziehungen kündigten sich viele Veränderungen an. Zum einen verlor die Regierung in Bonn im Inland wie auch im Ausland an Sicherheit. 1963 trat Adenauer als Kanzler schließlich ab, aber in der Regierungskoalition hatte es schon lange zuvor zu knistern und knirschen begonnen. Ihm folgte der weniger ehrfurchtgebietende Erhard; Adenauer hielt sehr wenig von ihm als Regierungschef und ließ kaum eine Gelegenheit vorübergehen, ihn von seinem Alterssitz her niederzumachen.

Willy Brandt, seit langem populär als Regierender Bürgermeister von West-Berlin, war mittlerweile zur Spitze der SPD aufgestiegen. Im Jahre 1964 trat er als neuer, charismatischerer Parteiführer die Nachfolge Erich Ollenhauers an. Doch noch vor der Bundestagswahl 1961 war Brandt der »Kanzlerkandidat« gewesen, der Mann also, den die SPD als Regierungschef haben wollte, wenn die Partei an den Urnen siegen sollte.

Anders als Adenauer zeigte Brandt ein großes Maß an Kraft und

Entschlossenheit, als die Kommunisten im August 1961 die Berliner Mauer bauten. Zwar hatte Brandts Auftreten immer noch nicht gereicht, um der SPD bei den Wahlen im folgenden Monat den Sieg zu bringen, aber es bestand zumindest eine aussichtsreiche Chance, daß seine Führungsstärke in Verbindung mit den Problemen der Regierung die neue Godesberger SPD bei den Bundestagswahlen 1965 zum Sieg führen könnte. Als Brandt sich vor der Wahl nach einem Verteidigungsexperten in seinem Schattenkabinett umsah, fiel seine Wahl automatisch auf Schmidt. Sein internationales Ansehen als Strategiefachmann war ein Bonus für die Partei, auch wenn einige Genossen ihm immer noch seine Teilnahme an den Reserveübungen der Bundeswehr übelnahmen.

Gleichzeitig war eine Entspannungsphase zwischen den Supermächten angebrochen, die zumindest zum Teil das Unbehagen der Bonner Regierung erklärte, die danach trachtete, sich der neuen Lage anzupassen. Schmidt selbst sah dies als die dritte wichtige Phase in den Ost-West-Beziehungen seit 1945. In der ersten, die die Nachkriegsjahre umfaßte, diente die einmalige Position der Atommacht USA als Gegengewicht zu der potentiellen Bedrohung durch die enormen konventionellen, nicht demobilisierten Streitkräfte der Sowjetunion. In der zweiten Phase wurde auch die Sowjetunion eine Atommacht, zerstörte das Gleichgewicht, überschätzte ihre Kräfte und rief mehrere internationale Krisen hervor, die 1962 in ihrer Konfrontation mit den USA um Kuba ihren Höhepunkt fanden. Kuba leitete die dritte Phase ein, in der die beiden Supermächte erkannten, daß sie parallele Interessen hatten. Präsident Kennedys »Friedenssicherungsstrategie« lieferte ein Beispiel für diese Erkenntnis, das Moskauer Abkommen über die teilweise Beendigung der Kernwaffenversuche 1963 ein zweites. Die vom früheren amerikanischen Außenminister John Foster Dulles verfolgte Politik mit dem Ziel, »den Kommunismus zurückzuwerfen«, war durch die der »Eindämmung« ersetzt worden. Die Sowjetunion hatte die Hoffnungen, ihre Einflußnahme in der ganzen Welt weiter auszudehnen, nicht aufgegeben, wohl aber ihre Taktik geändert. Ihr Ziel war, wie der sowjetische Generalsekretär Nikita S. Chruschtschow es ausdrückte, »der Sieg im friedlichen Wettbewerb mit dem Kapitalismus«.

Damit befand sich die Regierung der Bundesrepublik mit ihrer Politik gegenüber dem Osten und insbesondere der DDR in einer mißlichen Lage.

Schon im Jahre 1955 hatte Bonn die sogenannte Hallstein-Doktrin (nach Walter Hallstein, dem damaligen Staatssekretär im Auswärtigen Amt) verkündet, wonach die Bundesrepublik keine diplomatischen Beziehungen zu Staaten unterhalten sollte, die die DDR anerkannten.

Bonn war entschlossen, sein Recht, für alle Deutschen zu sprechen und die Tür zur Wiedervereinigung offenzuhalten, zu verteidigen. Die Hallstein-Doktrin war zumindest folgerichtig, sie paßte in die Ära der Konfrontation. Doch mit dem zwischen den Supermächten einsetzenden Tauwetter reagierten die Westmächte zunehmend mit Verärgerung auf Bonns starre Haltung. Außerdem schienen viele Bundesdeutsche tiefes Unbehagen über eine Situation zu empfinden, die ihnen jeden Kontakt mit ihren nächsten Nachbarn im Osten verwehrte, ob sie sowjetische Satelliten waren oder nicht.

Der CDU-Außenminister Gerhard Schröder faßte 1965 das Problem in wenigen Worten zusammen: »Das überwiegende und allgemeine Interesse an der Erhaltung des Friedens hat heute Vorrang vor dem spezifischen Interesse an der (deutschen) Wiedervereinigung. Es ist richtig, daß nach wie vor Einverständnis über das Ziel (der Wiedervereinigung) besteht; aber es zu erreichen, ist für die deutsche Außenpolitik schwieriger geworden.«[5]

Schröder unternahm verschiedene pragmatische Schritte, in den Beziehungen zum Osten Entspannung zu schaffen. Gerechterweise müßte man ihn einen der Väter der *Ostpolitik* nennen, die die Beziehungen zu Osteuropa und der Sowjetunion verbessern sollte. Aber in Wahrheit war es die SPD, die in der Mitte der sechziger Jahre über die Männer und die Politik verfügte, die der Situation besser angepaßt waren. Einer dieser Männer war Herbert Wehner, der vom Gefühl der Schuld für die Nazigreuel in Osteuropa, vornehmlich Polen, getrieben wurde. Ein anderer war Willy Brandt, der, empört über die Untätigkeit des Westens beim Bau der Berliner Mauer, davon überzeugt war, daß Bonn selbst einen neuen Kurs einschlagen müsse, um die Frage der deutschen Einheit offenzuhalten.

Ein weiterer Vorkämpfer schließlich war Helmut Schmidt, obwohl dies in späteren Zeiten oft vergessen wurde. Zu Beginn der siebziger Jahre war es fast unvermeidlich, daß Brandt als Kanzler und Friedensnobelpreisträger in weiten Kreisen als Architekt der Ostpolitik angesehen wurde. In den Augen der Welt verkörperte er sogar diese Politik – nicht zuletzt dank der dramatischen Geste seines Kniefalls vor der Gedenkstätte für die Opfer des Gettoaufstands in Warschau. Walter Scheel, Brandts Außenminister, hatte einen wichtigen Anteil an der Durchsetzung der Bonner Verträge mit dem Osten. So setzte sich die Bezeichnung Brandt-Scheel-*Ostpolitik* allgemein durch. Schmidt war in diesen Tagen Verteidigungsminister, und nur noch wenige identifizierten ihn – wenn sie es überhaupt je getan hatten – mit Brandts politischem Vorstoß im Osten. Als Schmidt Kanzler wurde, waren die meisten Ostverträge unterschrieben und ratifiziert.

Und doch läßt Schmidts Rede aus dem Jahre 1959 über die Truppenreduzierung in Mitteleuropa deutlich erkennen, daß er schon damals bemüht war, über die Konfrontationsära hinauszudenken. Seine Gedanken waren auch nicht auf den militärischen Bereich beschränkt. Im gleichen Jahr legte er eine theoretische Studie über die Frage vor, wie eine wirtschaftliche und monetäre Union zwischen den beiden deutschen Staaten erreicht werden könnte. Viele Leute kennen Kanzler Schmidt als einen Architekten des (west)europäischen Währungssystems (EMS) aus den späten siebziger Jahren. Nur wenige erinnern sich an die Bemühungen des Hinterbänklers Schmidt, der zwanzig Jahre zuvor etwas Ähnliches für sein geteiltes Land erarbeitet hatte.[6]

Nach Schmidts Vorstellungen sollte der Prozeß mit der Aufhebung aller Lieferungsbeschränkungen für westdeutsche Waren nach Osten und der Errichtung eines gesamtdeutschen Investitionsfonds in Gang gesetzt werden. Zollunion, Einheitlichkeit der Steuergesetzgebung, freie Kapitalbewegungen und die Möglichkeit für Unternehmen, in beiden Teilen Deutschlands zu investieren und sich niederzulassen, sollten den Abschluß bilden. Schmidt war sich darüber klar, daß Deutschlands Nachbarn diesem neuen wirtschaftlichen Giganten in ihrer Mitte mit Mißtrauen begegnen würden, und schlug daher vor, daß die Deutschen eine Art Ausgleich anbieten müßten, zum Beispiel durch Sonderzahlungen, um Investitionen in Ländern zu finanzieren, die nicht so gut gestellt waren wie sie selbst. Ein verrückter Plan? Vielleicht, aber nicht undenkbar im Rahmen der militärischen Ausdünnung in Mitteleuropa, die Schmidt ebenfalls propagierte.

Es ist sehr zweifelhaft, ob Schmidt daran glaubte, daß seine militärischen oder auch monetären Vorschläge schon in ein paar Jahren in die Praxis umgesetzt werden würden. In beiden Fällen warnte er vor den großen Problemen, die sich ihrer Verwirklichung entgegenstellen würden. Aber er blieb bei seiner Meinung, daß neue flexiblere Methoden bei der Behandlung der Ost-West-Fragen nötig wären, und Mitte der sechziger Jahre dachten Brandt und er sehr ähnlich. Große Teile einer Rede über die Ostpolitik und die deutsche Frage, die Schmidt bei einer SPD-Versammlung im Jahre 1966 hielt, hätten aus Brandts Feder stammen können.[7]

Schmidt wies darauf hin, daß nicht nur die Russen eine deutsche Wiedervereinigung ablehnten. Offiziell unterstützten die führenden Politiker der westlichen Demokratien Bonns Bestrebungen, aber sie waren Wählerschaften verpflichtet, die die Dinge oft in einem anderen Licht sahen. »Die Furcht vor den Risiken einer Veränderung des Status quo in Europa ist erheblich größer als der Wunsch, Deutschland wiedervereinigt zu sehen. Mit anderen Worten: Die Politik der Stärke (die eine Veränderung durch Konfrontation erzwingen will) ist endgültig und eindeutig gescheitert.« Andererseits, führte Schmidt aus, hätte die Bundesrepublik weder das Recht noch den Wunsch, die Kernfrage der deutschen Einheit fallenzulassen und zuzusehen, wie allein die Ostdeutschen den Preis für den Zweiten Weltkrieg mit ihrer Versklavung bezahlten. Welchen neuen Kurs sollte Bonn nun steuern?

Wieder unterstrich Schmidt, daß die Erhaltung des Gleichgewichts zwischen Ost und West Vorbedingung für jeden Fortschritt sei, wobei größere Anstrengungen gemacht werden mußten, um die Truppenstärken zu reduzieren. Bonn aber sollte jede Chance wahrnehmen, die sich aus der Entspannungspolitik der Supermächte ergeben könnte, um bei seinen Nachbarn im Osten Vertrauen und Verständnis zu gewinnen. Es sollte keine maximalen Forderungen erheben, nicht kleinlich an Positionen festhalten oder Einvernehmen auf einem Sektor von Zugeständnissen auf einem anderen abhängig machen. Die Hallstein-Doktrin müsse flexibler gehandhabt werden. Bonn könne die Deutsche Demokratische Republik nicht formal anerkennen, sollte aber, von diesem einen Punkt abgesehen, auf jede mögliche Art und Weise versuchen, die Beziehungen zwischen den beiden deutschen Staaten zu verbessern. Der Schlüssel zum Erfolg, betonte Schmidt, lag darin, die Angst vor Deutschland zu verringern. »Wir Deutschen wollen Frieden, Freiheit und Wiedervereinigung. Diese letzten beiden Ziele, Freiheit und Wiedervereinigung, werden uns draußen geglaubt. Das erste Ziel, Frieden, wird uns draußen nicht überall geglaubt ... Vernunft sagt uns, daß die friedliche Wiedervereinigung niemals wie in einem Gerichtsprozeß durch das Urteil eines Richters ausgesprochen werden wird, sondern daß sie die Zustimmung der Weltmächte und aller Nachbarn finden muß.«

Kurz zuvor hatte Schmidt auch vor deutschen Studenten über die deutsche Einheit gesprochen. Dabei zitierte er die Worte, die über dem Holstentor in Lübeck eingemeißelt sind: *Concordia domi foris pax.* Sinngemäß heißt das: »Der Frieden nach außen hängt ab von der Eintracht im Inneren.« Damit meinte Schmidt, daß das deutsche Volk nie die Teilung der Nation überwinden würde, solange es im Inneren durch erbitterte politische Auseinandersetzungen gespalten war. Ein Minimalkonsens zwischen Regierung und Opposition sei notwendig. Dabei hatte er gewiß die stürmischen Parlamentsdebatten der fünfziger Jahre im Sinn. Dachte er auch daran, wieviel er als »Schmidt-Schnauze« dazu beigetragen hatte?

Mitte der sechziger Jahre bemühte sich Schmidt, jene Selbstbeherrschung zu erlangen, deren Fehlen er bei Strauß so kritisierte. Es gelang ihm nicht immer – weder damals noch später. Er sprach viel von »Ausgeglichenheit«, aber seine sporadischen Ausbrüche, selbst während seiner Kanzlerschaft, zeigen, wie schwer es ihm fiel, eine solche Haltung mit seinem temperamentvollen Wesen in Einklang zu bringen.

Im Jahre 1965 schien Schmidt reif für ein öffentliches Amt – und die SPD für die Regierungsmacht. Es war klar, daß Brandt Kanzler werden würde, wenn die SPD im September gewann, doch Schmidt kam auf der Liste kurz hinter ihm. Eine englische Zeitung wagte sogar die Voraussage, daß in zehn Jahren Debré französischer Präsident, Lindsay Präsident der Vereinigten Staaten und Schmidt Kanzler der Bundesrepublik sein würde.[8] Die Prophezeiung ging, was die ersten beiden Namen betraf, arg daneben (vielleicht erinnern sich nur noch wenige, wer Debré und Lindsay waren). Bei Schmidt hatte die Zeitung richtig getippt.

Doch die SPD verlor – auch dieses Mal. Sie gewann 39,3 Prozent der Stimmen, ihr bisher bestes Resultat, aber die CDU/CSU errang 47,6 und die liberale FDP 9,5 Prozent. Ludwig Erhard wurde ein zweites Mal Bundeskanzler, und Brandt, tief entmutigt, schwor, daß er sich nie wieder um das Amt bewerben werde. Er blieb Vorsitzender der Partei, zog sich aber nach Berlin zurück. Der Wahlkampf war schmutzig gewesen, und Brandt schien körperlich und seelisch erschöpft. Anders als im Wahlkampf 1961 hatte es weniger offene Sticheleien über seine illegitime Geburt gegeben, wohl aber Angriffe wegen seiner Vergangenheit als Flüchtling, der die norwegische Staatsbürgerschaft angenommen hatte. »Wo war Brandt 1948? In Sicherheit!« hieß es (fälschlicherweise) auf einem Transparent, das, zwischen zwei Flugzeuge gespannt, am Himmel kreiste, als der Wahltag näherkam. Das war typisch für die Bemühungen einiger rechts stehenden Gruppen, Brandt als Feigling und Verräter zu verunglimpfen, ein noch heimtückischeres Gegenstück zu dem Vorgehen linker Genossen, die Schmidt als früheren Offizier der Wehrmacht ablehnten. Auf solche und ähnliche Weise brach Deutschlands quälende Vergangenheit bei jeder Wahl wieder auf, selbst noch in den frühen achtziger Jahren.

Schmidt reagierte auf die Wahlniederlage mit unbewegter Miene. Einem Journalisten, der ihn interviewte, sagte er, die Wähler hätten nicht genug Zeit gehabt, die tiefsitzenden Vorurteile gegen die SPD abzubauen. Überdies, fügte er tapfer hinzu, sei die Oppositionsrolle nicht so schlecht. Er könne das beurteilen, denn er habe acht Jahre Zeit gehabt, sie kennenzulernen.

Trotz alledem spielte Schmidt mit dem Gedanken, als Innensenator in Hamburg zu bleiben, und Parteifreunde mußten gehörigen Druck auf ihn ausüben, nach Bonn zu kommen. Zu den hartnäckigsten gehörte wie immer Herbert Wehner, der sich bemühte, die SPD nach Brandts Rückzug und Enttäuschung wieder auf Vordermann zu bringen. Aus demselben Grund überredete Wehner Karl Schiller, Schmidts früheren Chef in Hamburg, sein Amt als Senator für Wirtschaft in Berlin aufzugeben und die Reihen der SPD im Bundestag zu stärken.

Bereitete Wehner Schmidt darauf vor, die Zügel zu ergreifen, wenn Brandt sich wirklich weigern sollte, abermals für das Amt des Kanzlers zu kandidieren; oder wenn er gar als Parteivorsitzender zurücktrat? Gewiß, als Brandt 1960 zum ersten Mal zum Kanzlerkandidaten ernannt wurde, gehörte Wehner zu den Skeptikern, und er scheint seine Zweifel nie ganz abgelegt zu haben. Andererseits war Wehner auch kein hundertprozentiger Schmidt-Anhänger. Er war einer von denen, die Schmidts militärische Vergangenheit mit scheelen Augen betrachteten. Über Jahrzehnte hin waren die Beziehungen zwischen diesen drei prominenten Sozialdemokraten nie frei von Reibungen, wobei sowohl Respekt als auch Rivalität, Herzenswärme wie Vorsicht eine Rolle spielten. Ende der siebziger Jahre scherzte ein führender SPD-Abgeordneter, daß die Partei mit ihrer regierenden Troika, bestehend aus Kanzler Schmidt, dem Vorsitzenden Brandt und dem Fraktionsvorsitzenden Wehner, die stabilste Führung der Welt besaß. »Es würde Schmidt nicht im Traum einfallen, aus dem Amt zu scheiden, solange Brandt und Wehner auf ihren Posten bleiben«, meinte er. »Aber Brandt wird nie vor Schmidt und Wehner zurücktreten und ›Onkel Herbert‹ nie vor Schmidt und Brandt seinen Abschied nehmen. Schachmatt!«

Wehners ganzes Streben bestand darin, zu erleben, daß die SPD die Regierungsverantwortung übernahm und behielt. Sein Ziel war nicht Macht um der Macht willen; ihm lag daran, soziale Reformen durchzusetzen und auf eine neue Haltung gegenüber dem Osten zu drängen. Das war für ihn weit wichtiger als jegliches Karrieredenken oder persönliche Gefühle für diesen oder jenen Parteifreund. Die einzig maßgebende Frage war, ob der Partei gedient wäre oder nicht. Die Pflichttreue dieses »alten Feuer und Zorn speienden Vulkans« war um nichts geringer als die des Exoffiziers Schmidt.

Im Mai 1966 erlitt Schmidt einen weiteren Schlag, der ihn noch härter traf als die Niederlage bei den Bundestagswahlen acht Monate zuvor. Er kandidierte für den Vorsitz der SPD in Hamburg und verlor knapp. Es war kaum zu glauben! Hatte die Partei die Dienste vergessen, die er der Stadt geleistet hatte, vor allem bei der Flutkatastrophe? Mehr noch: Die Partei wählte Paul Nevermann zu ihrem Spitzenmann, den gleichen Nevermann, der als Bürgermeister im Ausland gewesen war, als die Katastrophe begann, und bei dessen Rückkehr Schmidt das Kommando geführt hatte.

Wahrscheinlich hatte die Niederlage persönliche Gründe. Vielleicht wollte der Hamburger Landesverband auch einen Mann an der Spitze haben, der jederzeit der Stadt zur Verfügung stehen würde. Jedenfalls gab eine Rede Wehners (der ebenfalls in Hamburg seinen Wahlkreis hatte) den Ausschlag. Wehner zeigte Hochachtung vor Schmidts Vitalität, meinte aber, es sei zu anstrengend, politische Arbeit sowohl in Hamburg wie auch in Bonn zu leisten. Schmidt erklärte später mit stoischer Miene, daß man »aus seinen Niederlagen lernen und neue Kraft aus ihnen schöpfen« müsse, aber im Sommer 1966 befand er sich auf einem der schlimmsten Tiefpunkte seiner Laufbahn. Er konnte nicht wissen, daß nur noch wenige Monate die SPD von der Regierungsmacht in Bonn trennten, die sie siebzehn Jahre lang angestrebt hatte.

4.
Fraktionsvorsitzender im Bundestag

Seit seinem Sieg bei den Bundestagswahlen im Jahre 1965 war Kanzler Erhard nur wenig Erfolg beschieden gewesen. Einflußreiche Rivalen in der CDU/CSU hatten seine Autorität untergraben, und die liberale FDP, der Juniorpartner in der Regierungskoalition, wurde ständig nervöser. Aber vor allem Erhards Unvermögen, mit den zunehmenden wirtschaftlichen und finanziellen Problemen fertig zu werden, führte zu seinem Sturz. Es klingt paradox, aber der »Vater des Wirtschaftswunders« schien unfähig, eine neue Strategie zu entwickeln, die aufkommende Rezession abzuwehren.

An der harten Realität der siebziger und achtziger Jahre gemessen, sehen die wirtschaftlichen Probleme des Jahres 1966 harmlos aus. Auf die Bundesdeutschen aber, die an Jahre kräftigen und stetigen wirtschaftlichen Wachstums und stabile Preise gewöhnt waren, wirkten die Anzeichen alarmierend.

Die Industrieproduktion verlangsamte sich drastisch, insbesondere die von Stahl und Kohle, und die Inflationsrate (3,5 Prozent) war die höchste in den vergangenen fünfzehn Jahren. Schrumpfende Auftragspolster verhießen nichts Gutes. Im Jahre 1967 verringerte sich zum ersten Mal das reale Bruttosozialprodukt, und die Zahl der Arbeitslosen verdreifachte sich auf nahezu 500 000, mehr als zwei Prozent der Arbeitskräfte.

Erhard hielt nichts von staatlichen Förderprogrammen, um die Wirtschaft anzukurbeln. Sein Instinkt und seine Erfahrung während des Wiederaufbaus in den Nachkriegsjahren sagten ihm, daß nicht der Staat, sondern nur die Kraft des freien Marktes einen dauerhaften wirtschaftlichen Aufschwung schaffen konnte. Er mag bereit gewesen sein, der Privatindustrie Investitionshilfen anzubieten, aber die Regierung hatte keine Mittel, um das zu finanzieren. Ein Loch im Staatshaushalt war nur mit Mühe gestopft worden, und im Herbst wurde bereits ein größeres Loch im Etat 1967 sichtbar, was zum Teil daran lag, daß sich das Wirtschaftswachstum verlangsamte und demzufolge die Schätzungen über das Steueraufkommen nach unten revidiert werden mußten. Das Grundgesetz aber forderte ein ausgeglichenes Budget und machte es der Regierung schwer, Geld zu leihen, um einen Fehlbetrag zu decken.

Dieses Problem des Haushaltsdefizits in engem Zusammenhang mit der wirtschaftlichen Flaute führte schließlich den Sturz der Regierung herbei. Erhard schlug Steuererhöhungen vor, um das sichtbar werdende Loch zu stopfen, aber die FDP forderte Kürzungen des Etats – unter anderem in der Verteidigung. Am 27. Oktober traten die vier FDP-Minister aus Erhards Kabinett aus, und die Partei ging in die Opposition. Damit blieben der CDU/CSU im Bundestag nur mehr 245 Sitze gegen mögliche 251, wenn SPD und FDP gemeinsam stimmten. Ende November trat Erhard zurück.

Sechzehn Jahre später sollte die FDP eine andere Koalition verlassen; wieder lag die Wirtschaft im argen, wieder gab es Streit um den Haushalt, und wieder forderte die FDP Ausgabenkürzungen. Doch 1982 war die SPD der Koalitionspartner, und der stürzende Kanzler hieß Helmut Schmidt.

Welche Gefühle Schmidt auch an dem Tag empfunden hat, als er aus dem Amt scheiden mußte, überrascht kann er nicht gewesen sein. Schon 1966 hegte Schmidt tiefes Mißtrauen gegen die Liberalen, die sich 1962 wegen Strauß und der »Spiegel«-Affäre aus Adenauers Koalition zurückgezogen und schließlich Erhard gestürzt hatten. Er zweifelte nicht daran, daß die FDP für die SPD kein zuverlässigerer Partner sein würde, als sie es für die CDU gewesen war, und er tat sein Bestes, um eine Mehrzahl der SPD-Parlamentarier davon zu überzeugen.

Das war nicht leicht. Nachdem Erhards Koalition auseinandergebrochen war, boten sich drei Möglichkeiten an. Einmal konnte die FDP eine weitere Koalition mit der CDU/CSU unter dem neugewählten Kanzlerkandidaten Kurt Georg Kiesinger eingehen. Zwischen den beiden Parteien wurden Koalitionsgespräche geführt, die sich jedoch nicht als erfolgreich erwiesen.

Die zweite Möglichkeit: Die FDP könnte mit der SPD zusammengehen, obwohl die beiden Parteien nur eine hauchdünne Mehrheit im Bundestag haben würden. Dies war ein gefährlicher Kurs, der aber starke Fürsprecher hatte, unter ihnen Willy Brandt, der eine erfolgreiche SPD-FDP-Koalition in Berlin angeführt hatte. Ende 1966 war Brandt ohne Schwierigkeit wieder zum Vorsitzenden der SPD gewählt worden und hatte sich von seiner Niedergeschlagenheit nach der Bundestagswahl von 1965 erholt. Es war nicht das letzte Mal, daß Freunde und Gegner über Brandts Erneuerungskraft staunten, nachdem man ihn politisch schon fast abgeschrieben hatte.

Schließlich könnte die SPD ja auch eine »große Koalition« mit der CDU/CSU eingehen. Vor allem Wehner hatte seit langem darauf hingearbeitet. Er teilte nicht nur Schmidts Meinung über die FDP, er war auch davon überzeugt, daß es einer starken parlamentarischen Mehrheit bedurfte, um größere innen- und außenpolitische Reformen durchzuziehen. Er glaubte, daß die SPD die Bedenken, die viele Bundesdeutsche immer noch gegen sie hegten, nur ausräumen könnte, wenn sie eine Zeitlang die Macht mit der CDU teilte. Mit anderen Worten, die Große Koalition wurde für die SPD zur goldenen Brükke zur Übernahme der Regierungsverantwortung.

Die Wehner-Schmidt-Linie setzte sich schließlich durch, aber quer durch das gesamte politische Spektrum machte sich tiefes Unbehagen bemerkbar. Einige traditionelle CDU/CSU-Wähler konnten den Gedanken an eine Koalition mit den Sozialdemokraten nicht ertragen und liefen zu der weit rechts angesiedelten Nationaldemokratischen Partei (NPD) über. Ihr Überlaufen, aber auch die durch die Rezession ausgelösten Ängste trugen in mehreren Regionalwahlen in der zweiten Hälfte der sechziger Jahre zu einem plötzlichen, aber vorübergehenden Auftrieb für die NPD mit bei.

Auf der Linken war die Reaktion noch schärfer. Mitglieder der SPD zogen mit Spruchbändern durch deutsche Städte, auf denen sie Wehners Rücktritt forderten und sich einem Bündnis mit der »bankrotten CDU« widersetzten. Besonders junge Leute fühlten sich verraten und trugen dazu bei, die Reihen der Teilnehmer an den Studentenunruhen der späten sechziger Jahre zu füllen. Aber auch ältere Leute, die sich an die erbitterten Auseinandersetzungen zwischen Adenauer und Schumacher erinnerten, staunten nicht schlecht über die ungewöhnliche Zusammensetzung des Kabinetts, das am 1. Dezember 1966 vereidigt wurde.

Der Kanzler war Kurt Georg Kiesinger, Ministerpräsident von Baden-Württemberg und früheres (wenngleich nicht aktives) Mitglied der NSDAP. Vizekanzler und Außenminister war Willy Brandt, der Deutschland wegen der Nazis verlassen hatte. Finanzminister war Franz Josef Strauß, »die Kröte, die wir schlucken mußten, sollte die Koalition überhaupt zustande kommen«, so die SPD. Strauß war nicht nur ein erfahrener Minister, sondern auch der Vorsitzende der CSU, den man kaum übergehen konnte. Wirtschaftsminister wurde Karl Schiller, der darauf brannte, mehr Ordnung und Planung in ein Ressort einzubringen, in dem bis dahin der doktrinäre Glaube an die »heilsame Kraft der freien Marktwirtschaft« vorgeherrscht hatte. Justizminister war Gustav Heinemann, der aus Adenauers Kabinett ausgeschieden war, weil er die westdeutsche Wiederbewaffnung ablehnte, und sich der SPD angeschlossen hatte. Minister für gesamtdeutsche Fragen wurde Herbert Wehner, der Architekt der Koalition, unermüdlich bestrebt, sie zusammenzuhalten, ob inner- oder außerhalb des Kabinetts.

Schmidt hatte keinen Kabinettsposten, doch hätte er vielleicht das Außenministerium übernehmen können, wenn er darauf gedrängt hätte. Im Lauf der Koalitionsverhandlungen hatte Brandt geäußert, er bestehe nicht darauf, Außenminister zu werden. Als Vizekanzler und Vorsitzender der SPD würde er viel Arbeit haben, glaubte er, so daß er sich auch mit einem relativ unbedeutenden Ministerium wie etwa dem Forschungsministerium zufriedengegeben hätte. Rückblickend scheint dies Angebot erstaunlich. Trotz mancher Rückschläge steckte Brandt in den folgenden drei Jahren in seine außenpolitische Arbeit großes Engagement und offensichtliche Begeisterung. Daß er so schnell bereit gewesen wäre, beiseite zu treten, mutet sonderbar an. Brandts Genossen, einschließlich Schmidt, redeten ihm diese Idee wieder aus; der Parteivorsitzende, darauf bestanden sie, müsse auch das höchste Ministeramt bekleiden.

Schmidt wäre zweifellos in der Lage gewesen, das Verteidigungsministerium zu übernehmen, aber um das Koalitionsgleichgewicht in der Verteilung der Ministersitze zu wahren, ging dieses Amt an Gerhard Schröder von der CDU, den früheren Außenminister. Dann bot man Schmidt das Verkehrsministerium an, aber er lehnte ab. Seine Tage als Verkehrsexperte waren vorüber; außerdem wollte er überhaupt nicht mehr als Spezialist auftreten. Die Position, die er wirklich anstrebte und die er auch bekam, war die des Vorsitzenden der SPD-

Fraktion im Bundestag. Schon nach der Wahl von 1965 war er stellvertretender Fraktionschef geworden. Als die große Koalition ihre Arbeit aufnahm, wurde er amtierender Fraktionsvorsitzender, als Ersatz für seinen hochverehrten, vielbewunderten Freund und Mentor Fritz Erler, der Krebs hatte. Nach Erlers Tod im Februar 1967 übernahm Schmidt nun auch offiziell die Führung der Fraktion – und behielt sie bis zur Bundestagswahl im September 1969.

Diese Jahre an der Fraktionsspitze der SPD erwiesen sich als die fruchtbarsten in Schmidts Laufbahn. Sie bereiteten ihn mindestens ebensogut, wenn nicht besser, auf seine zukünftige Kanzlerschaft vor, als jeder Ministerposten es hätte tun können. Er war weitgehend sein eigener Herr, und gutgelaunt betonte er: »Es gibt nur einen Fraktionsführer in der Partei, aber zwanzig Minister im Kabinett.« Er hatte sich mit jedem Thema zu beschäftigen, das vor den Bundestag kam, von Wirtschafts- bis Verteidigungsfragen, von Gesetzesreformen bis zur Arbeitslosenunterstützung. Und natürlich gab ihm sein Amt reichlich Gelegenheit, seine Redekunst zu entfalten und weiter zu verfeinern. Alle diese Elemente – die Unabhängigkeit, der politische Spielraum und die Redegewandtheit – kamen in seiner ersten großen Rede im Bundestag zum Vorschein, nachdem die große Koalition die Regierungsgeschäfte übernommen hatte.[1] Sehr bald stellte sich heraus, daß dieser Fraktionsführer Schmidt nicht nur ein scharfer Kritiker der FDP-Opposition war, sondern auch ein für die Regierung unbequemer Mann.

Provoziert durch einen ironischen Zwischenruf des liberalen Fraktionsführers Erich Mende, den er nicht sonderlich schätzte, begann er die FDP mit Hohn zu überschütten:

»Wir haben siebzehn Jahre lang vergeblich die Festung der Bundesregierung belagert«, wandte sich Schmidt an die FDP, »jetzt hat man uns die Tore öffnen müssen. Sie waren während dieser siebzehn Jahre teilweise draußen, teilweise drin, dann wieder draußen, dann wieder drin, und jetzt sind Sie gerade mal wieder draußen«.

»Wir haben teilweise mit belagert«, rief der FDP-Abgeordnete Mischnick, betroffen von dem Vorwurf, seine Partei habe sich nicht ehrenhaft verhalten.

»Ja, es war nie so ganz klar, auf welcher Seite Sie wirklich standen«, gab Schmidt zurück, wobei er sich auf Differenzen innerhalb der FDP bezog. »Ihre Kollegen waren einesteils bei der Besatzung und andernteils bei der Belagerung.« Auf den Bänken der Regierungsparteien brach Applaus und Gelächter aus, und Schmidt fügte hinzu: »Aber ich will das nicht fortsetzen. Herr Mende hat mich nur provoziert ...«

Vielen in der CDU/CSU verging das Lachen schon bald. Schmidt fuhr mit seinen Ausführungen fort, die auf eine Erweiterung, zum Teil auch auf Kritik der Regierungserklärung hinausliefen, die Kanzler Kiesinger bereits vor dem Bundestag abgegeben hatte. Schmidt machte deutlich, daß die SPD sich in Kiesingers Erklärungen mehr Klarheit über die Ostpolitik gewünscht hätte; überdies bedauerte sie, daß zuwenig über die Verteidigungspolitik und die zukünftige Rolle der Bundeswehr gesagt worden sei. Er drängte auf schnelles Handeln, um die wirtschaftlichen Probleme in den Griff zu bekommen, die, »wie Kanzler Kiesinger richtig bemerkt hat«, Versäumnissen (der vorigen Regierung) anzulasten seien. In der laufenden Legislaturperiode müßten gesetzliche, finanzielle und andere Reformen durchgesetzt werden. Die Große Koalition, merkte Schmidt für alle jene an, die seine Ausführung nicht vollständig begriffen hatten, bedeute nicht das Ende der parlamentarischen Kontrolle der Regierung. Sie bedeute nicht einmal, daß man es ausschließlich den neunundvierzig Abgeordneten der FDP überlassen würde, diese Kontrolle auszuüben. »Wir werden die Regierung darauf festlegen, allgemeine politische Richtlinien einzuhalten, nicht nur die Regierung als Ganzes, sondern jeden einzelnen Minister auf seinem Gebiet. Vor allem erwarten wir Resultate von unseren eigenen Ministern.« Die meisten Anwesenden verstanden, daß mit »wir« vor allem Helmut Schmidt gemeint war.

Im Hinblick auf den Konjunkturrückgang wies Schmidt, wie jeder Sozialdemokrat, auf die Notwendigkeit hin, der arbeitenden Bevölkerung das Vertrauen wiederzugeben, daß ihre Arbeitsplätze sicher waren. Er betonte aber auch, daß die Arbeitgeber wieder Vertrauen in die Wirtschaftspolitik gewinnen müßten, damit Investitionen angekurbelt und neue Arbeitsplätze geschaffen werden konnten.

Schmidt war nicht der einzige SPD-Politiker, der diese unparteiische Einstellung gegenüber Unternehmertum und Arbeitnehmerschaft praktizierte, aber über die Jahre hin baute er ungewöhnlich enge Beziehungen zu beiden Seiten auf. In seinen Tagen als Kanzler war es nichts Ungewöhnliches, daß Schmidt von Geschäftsleuten und Industriellen gelobt wurde, die nicht die Absicht hatten, seine Partei zu wählen. Der ironische Kommentar von Schmidts Kritikern in der SPD lautete: »Er ist der beste CDU-Kanzler, den wir je hatten.«

Andererseits genoß Schmidt breite Unterstützung seitens der Gewerkschaften und zählte mehrere Gewerkschaftsführer zu seinen Freunden. Zumindest gewann er einen Teil dieser Unterstützung in der Zeit der Großen Koalition, als Schmidt um mehr Mitbestimmung der Arbeitnehmer bei Entscheidungen der Geschäftsführung kämpfte. Ein SPD-Arbeitskreis unter seiner Leitung arbeitete eine Vorlage über die Erweiterung der Mitbestimmung aus, wie sie in der Montanindustrie praktiziert wurde. Nach vielen Arbeitsstunden brachten er und die SPD ihre Vorschläge vor den Bundestag, wo die CDU/CSU und FDP sie in seltener Einmütigkeit ablehnten.

Selbst in einem Land, in dem die konservativen Parteien (unter Adenauer) das Sozialversicherungssystem aufgebaut hatten und in dem viele Sozialdemokraten akzeptierten, daß Unternehmen Gewinne machen müßten, war Schmidts politische Position ungewöhnlich schwer zu definieren. Ein Teil seiner Aktivität schien der »Linken«, ein Teil der »Rechten« zuzuordnen zu sein.

Lange bevor die große Koalition an die Macht kam, sagte Schmidt, seiner Ansicht nach gehöre er wahrscheinlich zur »Linken«, denn er trete für »Fortschritt durch soziale Demokratie« ein, doch fände er in Wahrheit Ausdrücke wie »links« und »rechts« nicht hilfreich. »Laßt uns in der politischen Auseinandersetzung nicht mit verschwommenen, diffus gewordenen Begriffen und Begriffsnamen arbeiten, sondern konkret und greifbar sagen, was wir wollen, wie, wann, unter welchen Bedingungen, warum wir es wollen, zu wessen Nutzen, auf wessen Kosten, unter Inkaufnahme welcher Nebeneffekte oder Nachteile. Und ebenso umgekehrt, was wir nicht wollen.«[2]

Das ist die Stimme eines Mannes, der jedes »Blabla« haßt und jeden erbarmungslos angreift, der so etwas von sich gibt. Das zeigte sich in der SPD-Fraktion, nachdem Schmidt den Vorsitz übernommen hatte. Die Abgeordneten, die von einem Thema abschweiften, wurden schnell wieder zurückgeholt; jene, die redeten, aber – wie es schien – nichts zu sagen hatten, wurden höflich ersucht, den Mund zu halten. »Viele Leute meinen, die Demokratie sei eine Sache endloser Debatten«, erklärte Schmidt. »Für mich besteht die Demokratie aus Debatte mit anschließender Entscheidung aufgrund dieser Debatte.« Er verletzte viele Gefühle und baute auf diese Weise viele Animositäten gegen sich auf. Aber es gibt immer noch Stimmen in der SPD, die meinen, die Bundestagsfraktion wäre nie besser geführt worden als unter Schmidt. Wenn eine gründliche Debatte wirklich notwendig war, sagen sie, versuchte Schmidt nie, sie zu beherrschen oder vorzeitig abzuwürgen.

Eine Kernfrage zu Schmidts Zeiten war die Diskussion um ein Gesetz, das der Regierung im Falle eines nationalen Notstands Sondervollmachten einräumte. Im Prinzip schien eine solche Notstandsgesetzgebung notwendig und sinnvoll. Als Überbleibsel aus der Besatzungszeit hatten die drei westlichen Verbündeten – die Vereinigten Staaten, Großbritannien und Frankreich – immer noch das gesetzlich verbriefte Recht, die Kontrolle über die Bundesrepublik zu übernehmen, wenn eine schwerwiegende Naturkatastrophe eintrat oder die »demokratische Grundordnung« bedroht war. Unter anderem waren die Verbündeten ermächtigt, Telefongespräche abzuhören und persönliche Briefe zu öffnen. Nun ging es darum, diese Rechte, durch parlamentarische Sicherungen begrenzt, auf die Bonner Regierung zu übertragen.

Das wurde 1968 durchgesetzt, aber nicht ohne wütende Proteste und leidenschaftliche Diskussionen im ganzen Land, so auch in der SPD-Fraktion. Manche hatten das Gefühl, daß das Gesetzeswerk, so viele Sicherungen auch eingebaut sein mochten, an die Mittel erinnerte, mit denen Hitler an die Macht gekommen war. Andere vertraten die Meinung, dies sei zumindest der falsche Zeitpunkt für eine solche Gesetzesvorlage. Im Jahre 1968 war die Protestbewegung der Studenten auf dem Höhepunkt; sie war zum einen gegen die Vereinigten Staaten und den Vietnamkrieg, zum anderen gegen das Erziehungssystem und drittens, wie es schien, gegen die demokratische Ordnung überhaupt gerichtet. Obwohl die Regierung nachdrücklich darauf hinwies, daß die Gesetze schon lange vor den Unruhen vorgelegen hätten, sah man die Verabschiedung der Notstandsgesetze als Reaktion auf den Aufstand der Studenten an.

Diese und weitere Befürchtungen traten im Verlauf der viele Wochen dauernden Debatte innerhalb der SPD-Fraktion zutage. Man schlug detaillierte Änderungen im Gesetzestext vor, man feilschte um Kompromisse. Schmidt argumentierte und schmeichelte, kämpfte um manche Änderungen, warnte vor anderen und entfachte die Debatte von neuem, sobald er das Gefühl hatte, daß wichtige Punkte übersehen worden waren. Er konnte nicht jeden zu seinen Ansichten bekehren, das wußte er, aber er war entschlossen zu erreichen, daß kein Abgeordneter der SPD seine Stimme ohne die Überzeugung abgab, der Frage sei ausreichend Zeit und Mühe gewidmet worden. Tatsächlich wurden die Notstandsgesetze ohne Schwierigkeiten mit den Gegenstimmen von nur dreiundfünfzig SPD-Abgeordneten verabschiedet (unter ihnen Kurt Gscheidle und Hans Matthöfer, die später in ein Kabinett Schmidt eintraten).

Die SPD zu führen war schon keine leichte Aufgabe; sie mit der CDU/CSU zu koordinieren war ein weiteres Hindernis. Viele SPD-Abgeordnete hatten von Anfang an beträchtliche Bedenken gegenüber der Großen Koalition, obwohl sie Wehners und Schmidts Argumente dafür widerstrebend akzeptierten. Doch mit der Zeit wuchsen die Vorbehalte. Kiesingers Popularität nahm zu, und in einer Reihe von Regionalwahlen schnitt seine Partei gut ab. Die SPD verlor an Boden, und viele Abgeordnete fragten sich, ob sie bei der nächsten Bundestagswahl für die Große Koalition mit ihren Sitzen bezahlen müßten. Die parlamentarische Zusammenarbeit mit der CDU/CSU hätte leicht Schaden nehmen und die Regierung schwächen können.

Schmidt erkannte die Gefahr und führte daher ein äußerst strenges Regiment über die SPD-Fraktion. Gleichzeitig gelang es ihm, ein ausgezeichnetes Arbeitsverhältnis mit dem Vorsitzenden der CDU/CSU-Fraktion, Rainer Candidus Barzel, herzustellen. Die enge Zusammenarbeit zwischen den »Koalitionsbrüdern«, wie man sie nannte, half der Regierungsallianz über manche Schwierigkeit hinweg. Aber als reiner Segen galt sie weder bei den Koalitionspartnern noch beim Kanzler. Als jemand Kiesinger gegenüber äußerte, die beiden Fraktionsvorsitzenden seien sehr fähige Leute, stimmte der Kanzler mit säuerlicher Miene zu: »Zu allem fähig.«[3]

Von Anfang an hatte Schmidt dem Kanzler gegenüber öffentlich den Zeigefinger erhoben, darauf hingewiesen, was zu tun sei, und die Regierung ermahnt, an Tempo zuzulegen. Als die ersten Monate verstrichen und nur langsame Fortschritte zu verzeichnen waren, wurde Schmidt immer ungeduldiger. Er und Barzel hielten die parlamentarische Gefolgschaft zusammen; jetzt müßte »König Silberzunge« (wie beide Fraktionschefs Kiesinger nannten) Befehl zum Vormarsch geben. Der Großen Koalition blieben weniger als drei Jahre, um zu zeigen, was sie konnte, und das letzte Jahr würde vermutlich im Zeichen des Wahlkampfs stehen.

Kiesinger empfand auch Barzel gegenüber ein gewisses Unbehagen, ein Gefühl, das viele in der CDU/CSU teilten. Barzel war schon Kiesingers Rivale bei den Bemühungen gewesen, Erhards Nachfolge als Kanzler anzutreten. Zu einem früheren Zeitpunkt hatte Barzel erfolglos versucht, Vorsitzender der CDU zu werden. Er war ein glänzender Organisator, ein kluger Redner, der seine Ausführungen mit einer Prise Ironie zu würzen verstand, und er war erst Anfang Vierzig. Trotz vieler Rückschläge schien Barzel dazu bestimmt, nach Kiesingers Abgang an die Spitze vorzustoßen.

Aber es kam anders. Durch einen Mißtrauensantrag versuchte Barzel 1972, Willy Brandt als Kanzler zu stürzen. Er verfehlte knapp sein Ziel und gab 1973 den Vorsitz der CDU-Fraktion ab, den er weniger als zwei Jahre innegehabt hatte. Vielleicht hatte es sich zu seinem Nachteil ausgewirkt, daß er immer schon ehrgeizig war und so seinen Rivalen in der CDU/CSU die Chance gegeben hatte, sich gegen ihn zu verbünden, bevor sie selbst aneinandergeraten konnten. Vielleicht war dies auch teilweise der Grund, warum Barzel und Schmidt oft besser miteinander auszukommen schienen als mit den Kollegen der eigenen Fraktion. Einer respektierte des anderen politische Begabung und Professionalität. Beide nahmen für sich in Anspruch, daß allein sie die Koalition in Gang hielten. Aber sie waren keine Konkurrenten innerhalb einer Partei.

Die Achtung, die sie füreinander empfanden, überlebte das Bündnis ihrer Parteien. Als Schmidts linksliberale Regierung 1982 stürzte, war Barzel der einzige in der CDU/CSU, der auf seinen ehemaligen Koalitionspartner zutrat und ihm sein Bedauern zu verstehen gab. Schon viel früher hatte Schmidt folgendes über seine Zusammenarbeit mit Barzel gesagt: »Keiner hat versucht, den anderen hinters Licht oder aufs Glatteis zu führen oder durch einen Trick in Nachteil zu bringen. Häufig genug hat es Auseinandersetzungen gegeben, und häufig genug war es schwer, Kompromisse zu finden. Im Gegensatz zu vielem, was über ihn gesagt oder in Umlauf gebracht wird, habe ich in Barzel einen Mann kennengelernt, der fair ist und zu seinem Wort steht.«[4]

Das Schmidt-Barzel-Gespann war einer der unerwarteten Erfolge der Großen Koalition. Einen zweiten erzielten, zumindest zu Anfang, die beiden ungleichen Brüder im Finanz- und Wirtschaftsministerium. Nur wenige hatten damit gerechnet, daß Finanzminister Strauß von der CSU, der konservative Verfechter der freien Marktwirtschaft, gut mit dem SPD-Wirtschaftsminister Schiller, dem Professor und Planer, auskommen würde. Aber die beiden machten den Eindruck, als ob sie seit Jahren trefflich zusammengearbeitet hätten; sie fanden nichts dabei, in aller Öffentlichkeit miteinander zu scherzen, stießen sich gegenseitig in die Rippen und versicherten, einen gemeinsamen Kurs zu steuern. In der Öffentlichkeit hießen sie nach Wilhelm Busch »Plisch und Plum«, und das schien ihnen Spaß zu machen.

Im ersten halben Jahr dieser Regierungszeit wurde das Haushaltsloch gestopft und ein mit Sonderkrediten finanziertes Investitionsprogramm der Regierung verabschiedet, um der Rezession entgegenzuwirken. Schiller begründete die »konzertierte Aktion«: Gespräche, bei denen Gewerkschaftsfunktionäre und Arbeitgeber, aber auch Vertreter der Regierung und der Bundesbank gemeinsam über wirtschaftliche Möglichkeiten berieten und Meinungsverschiedenheiten beizulegen versuchten. Vor allem wurde das »Gesetz zur Förderung der Stabilität und des Wachstums der Wirtschaft« verabschiedet. Diese Grundlage für längerfristige Finanzplanung sollte eine bessere Koordination der Maßnahmen ermöglichen und den Verantwortlichen mehr Instrumente in die Hand geben, Hochs und Tiefs plötzlicher Konjunkturschwankungen zu bekämpfen.

Bei ihrem Amtsantritt hatte die Koalitionsregierung versprochen, die Wirtschaft wieder in Gang zu bringen, und das tat sie auch. Schon 1969 wuchs das Bruttosozialprodukt um nahezu acht Prozent, die Inflationsrate lag unter zwei Prozent, und die Zahl der Arbeitslosen sank auf weniger als 200 000 (weniger als ein Prozent der Erwerbstätigen). Die goldenen fünfziger Jahre schienen wiedergekommen zu sein, und in der Tat waren sie noch glänzender, denn die Handelsbilanz wies bereits 1968 einen Rekordüberschuß auf.

In gewisser Weise war die Koalition erfolgreicher, als ihr guttat. Die positive Handelsbilanz und die niedrige Inflationsrate erzeugten schon 1968 zunehmenden Druck, die D-Mark aufzuwerten. Die Regierung bemühte sich, dagegen anzukämpfen, indem sie ihrerseits die Exporte mit einer Steuer belegte, andererseits Importe subventionierte (eine aus der Sicht der achtziger Jahre kaum glaubliche Maßnahme). Aber es nützte nichts. Im Frühjahr 1969 verstärkte sich der Druck von neuem und führte zu schweren Differenzen innerhalb der Koalition. Schiller trat energisch für eine Aufwertung ein, um den inflationären Druck abzubauen, der durch Devisenzuflüsse aus dem Ausland erzeugt wurde. Aus prinzipiellen und taktischen Gründen wehrten sich Strauß und die CDU heftig dagegen. Es widerstrebte ihnen, auf das System der festen Wechselkurse störend einzuwirken (wie sie es sahen), das der Welt seit dem Ende des Zweiten Weltkrieges so gute Dienste geleistet hatte. Das war die Zeit vor dem Wechselkurs-Floating (der freischwebenden Wechselkurse), und die D–Mark war bisher nur einmal, nämlich 1961, aufgewertet worden. Überdies nahmen die Unionsparteien an, eine Aufwertung käme bei den deutschen Exporteuren schlecht an, und es wäre daher unklug, sie so knapp vor den Bundestagswahlen im Herbst vorzunehmen. Wie sich dann erwies, kam die Aufwertung erst einen Monat nach dem Wahltag.

Die wachsenden Differenzen über Wirtschafts- und Währungsfragen waren nur zwei Streitpunkte, die die Koalitionsparteien auseinandertrieben. Die Invasion der Tschechoslowakei durch die Staaten des Warschauer Paktes im Jahre 1968 hatte die bisher einmütige Haltung der Koalition zur Ostpolitik ins Wanken gebracht. Brandt und die SPD wollten ihre aktiven Bemühungen fortsetzen, neue Verbindungen zum Osten herzustellen, während Kiesinger und die CDU die Vorgänge in der Tschechoslowakei als ernste Mahnung ansahen, in Zukunft mit Vorsicht vorzugehen. Die Studentenunruhen in der Bundesrepublik überzeugten Brandt mehr als alles andere, daß die Große Koalition ihre beste Zeit hinter sich hatte. Der Unmut in der Jugend trat in den meisten Ländern des Westens zutage (und zum Teil auch im Osten), also nicht nur in der Bundesrepublik. Aber Brandt glaubte, daß eine zweite Amtsperiode einer CDU/CSU-SPD-Regierung ohne eine starke parlamentarische Opposition einen noch ernsteren Aufstand der Jugend und weitere Erfolge der extremen Rechten in der Bundesrepublik auslösen könnte. Dem wollte er vorbeugen. Auch rechnete er sich gute Chancen für die SPD aus, wenn es der Partei gelang, zumindest einen Teil der idealistischen jungen Menschen, die auf die Straße gegangen waren, auf ihre Seite zu ziehen. Dazu kam, daß der joviale, aber entschlossene Rheinländer Walter Scheel 1968 die Nachfolge Erich Mendes als Vorsitzender der FDP angetreten hatte. Diese Entwicklung würde die Liberalen nach Brandts Auffassung möglicherweise zu einem verläßlicheren Partner machen.

Dieser Ansicht pflichteten weite Kreise in der SPD bei. Sie gewann noch an Anziehungskraft, als die FDP gemeinsam mit der SPD den Sozialdemokraten Gustav Heinemann zum Bundespräsidenten wählte und nicht den Kandidaten der CDU/CSU, Gerhard Schröder. Aber Wehner und Schmidt gehörten zu denen in der SPD, die weiter starke Zweifel hegten.

Zum Teil war dies ein rein rechnerisches Problem. Niemand glaubte, daß die SPD bei der Wahl die Mehrheit der Sitze im Bundestag gewinnen und somit allein regieren könnte. Es war nicht einmal sicher, ob die FDP imstande sein würde, die Fünf-Prozent-Hürde zu nehmen. Aber selbst wenn es die FDP schaffte, in den Bundestag zu kommen, war ein großer Erfolg unwahrscheinlich. Somit würde eine SPD-FDP-Regierung nur über eine knappe Mehrheit verfügen, was ihre Manövrierfähigkeit einengte und auf jeden Fall ständig absolute Verläßlichkeit von fast jedem einzelnen Abgeordneten der Koalition erforderte. Schmidt und Wehner waren nicht sicher, ob sich das garantieren ließ.

Diese Zweifel waren nicht grundlos, wie die Ereignisse zeigten. In der Septemberwahl erhielt die FDP nur 5,8 Prozent der Stimmen, die SPD 42,7 Prozent und die CDU/CSU 46,1 Prozent. Mit einem geradezu tollkühnen Mut kamen Brandt und Scheel überein, ein Regierungsbündnis mit nur 254 Bundestagssitzen gegenüber 242 der CDU/CSU zu schließen. Brandt wurde mit 251 Stimmen zum Kanzler gewählt, nur zwei mehr, als für die absolute Mehrheit erforderlich gewesen wären. In den nächsten zwei Jahren schwand sein knapper Vorsprung durch Parteiaustritte, was im November 1972 vorzeitige Bundestagswahlen nötig machte. Erst dann erzielten Brandt und Scheel eine solide parlamentarische Mehrheit. Wie leicht hätte es auch anders kommen können, wenn Brandt 1969 nicht zum Kanzler gewählt worden und das sozialliberale Bündnis schon bei der Geburt gestorben wäre!

Von der technischen, aber entscheidenden Frage der parlamentarischen Stärke abgesehen, beurteilte Schmidt die Große Koalition positiver als Brandt. Auf manchen Gebieten war sie nur langsam vorangekommen und hatte nicht alles gehalten, was sie ihren Wählern versprochen hatte. Ein Projekt war völlig auf der Strecke geblieben: die Wahlrechtsreform, die die CDU/CSU nachdrücklich angestrebt und die Schmidt mit einem Teil der SPD anfangs vorsichtig unterstützt hatte. Es ging darum, ein Wahlsystem nach englischem Muster – gemäß dem Prinzip: Der Gewinner gewinnt alles – statt des deutschen Verhältniswahlrechts einzuführen. Die Verfechter dieses neuen Systems führten ins Feld, daß es labile Koalitionen ausschließen würde – was praktisch hieß, daß die ärgerniserregende FDP (»mal rein, mal raus«) von der Bildfläche verschwinden würde. Aber 1968 legte die SPD das Thema zu den Akten. Zum einen zeigten Untersuchungen, daß die CDU/CSU vermutlich mehr Nutzen aus den Änderungen ziehen würde als die Sozialdemokraten. Zum anderen schien die FDP sich immer deutlicher als Koalitionspartner für die SPD anzubieten. Der Gedanke, sie zu beseitigen, verlor daher an Reiz.

Davon abgesehen gab Schmidt zu, daß das CDU/CSU-SPD-Bündnis eine Menge nützliche Arbeit geleistet hatte: wirtschaftliche, finanzielle und gesetzliche Reformen, die Notstandsgesetze und so weiter. Er konnte kaum anders urteilen, hatten doch er und Barzel so viel Zeit und Kraft aufgewendet, um das Regierungsprogramm über alle Hürden zu jagen. Als Außenminister war Brandt trotz aller Anstrengungen weniger erfolgreich gewesen. Seiner Ansicht nach hatte Kiesinger, der großes Interesse an Außenpolitik zeigte, sich oft in seine ministeriellen Angelegenheiten eingemischt. Ein- oder zweimal dachte Brandt sogar an Rücktritt, hielt aber durch, weil er nicht derjenige sein wollte, der die Große Koalition platzen ließ.[5] Das war Sache der Wähler!

Da war noch ein weiterer Meinungsunterschied zwischen Schmidt und Brandt, der später schärfere Züge annehmen sollte. Schmidt war sehr skeptisch, daß die SPD ihre Popularität durch eine Öffnung gegenüber der rebellierenden Jugend stärken konnte. Gewiß, die Partei mußte sich entwickeln, mußte Selbstkritik üben; aber Schmidt fürchtete, daß sie traditionelle Wählerschichten, vornehmlich in den Gewerkschaften, vergrämen würde, sollte sie ihre politischen Konturen auf der Suche nach neuen Stimmen verwischen.

Es hieße, die Dinge zu sehr zu vereinfachen, wollte man in Schmidt nur einen Macher und in Brandt nur einen Träumer sehen. Aber Brandt hatte immer schon etwas von einem Vorsitzenden Mao an sich, jenem Mao, der sein Volk aufforderte, es solle »tausend Blumen blühen und tausend Gedankenkreise in Wettstreit miteinander treten lassen«. In seiner Rede beim Empfang des Friedensnobelpreises erklärte Brandt 1971: »Ich sage dies meinen jungen Freunden und anderen, die es hören wollen: Es gibt mehrere Wahrheiten, nicht nur die eine, alle anderen ausschließende Wahrheit. Deshalb glaube ich an die Vielfalt und also an den Zweifel. Er ist produktiv. Er stellt das Bestehende in Frage.« Als philosophischen Gedankengang mag Helmut Schmidt diese Aussage noch gelten lassen; doch sicher hielt er sie für eine gefährliche Einstellung für einen, der politische Verantwortung trug. Jedenfalls vertrat Schmidt die siebziger Jahre hindurch bis in die frühen achtziger die Meinung, daß Brandt in der SPD die Zügel zu locker schleifen ließ. Nicht zuletzt glaubte Schmidt in bezug auf die Atomwaffenstrategie der NATO, daß er als Kanzler bei seiner Partei zuwenig feste und beständige Unterstützung fand. Die SPD wurde zwischen Regierungsverantwortung auf der einen Seite und Sympathie für die außerparlamentarische, antiatomare Friedensbewegung andererseits hin- und hergerissen. Wie so oft stand Brandt in der Mitte. Die Samen dieses Problems waren bereits gelegt, bevor die SPD-FDP-Koalition erstmals an die Macht kam.

Im Jahr 1969 ließ Schmidt seine Option offen, welche Koalition nach den Wahlen die wünschenswerteste sein könnte. Es wäre auch unklug gewesen, bei der CDU/CSU den Eindruck entstehen zu lassen, die SPD verfüge über keinen brauchbaren alternativen Partner. Sollte die Große Koalition abermals zustande kommen, müßte zuerst hart über die zukünftige Politik und die Verteilung hoher Positionen (wovon auch Schmidt betroffen wäre) gefeilscht werden. Je länger die SPD die Tür für ein Zusammengehen mit der FDP offenzulassen schien, desto mehr Druck konnte sie auf die CDU/CSU ausüben.

Als Brandt nach der Wahl mit seltener Entschlußfreudigkeit auf die Koalition mit der FDP losstürmte, teilten weder Schmidt noch Wehner das Hochgefühl vieler Parteifreunde. Als sie jedoch sahen, daß der Kurs festgelegt war, taten sie, was sie konnten, um ihn zu halten.

In den Tagen vor der Abstimmung im Bundestag, die Brandt zum Kanzler machen sollte, sorgte Schmidt mit drastischen Maßnahmen dafür, daß die SPD-Fraktion vollzählig war. Er erklärte den Abgeordneten ohne Umschweife, daß ihre Karriere auf dem Spiel stünde, wenn sie, aus welchen Gründen auch immer, nicht zur Stimmabgabe erschienen. Der Abstand zwischen Sieg und Niederlage war zu knapp, als daß man auch das kleinste vermeidbare Risiko eingehen durfte. Mittlerweile tat »Bruder« Barzel so ziemlich das gleiche, um die Runde der oppositionellen CDU/CSU-Parlamentarier zusammenzuhalten. Wie sich später ergab, blieb von 496 Abgeordneten nur einer zu Hause: ein ernstlich erkranktes CDU-Mitglied. Noch nie war die parlamentarische Präsenz bei einer Kanzlerwahl so hoch gewesen.

Das nahezu volle Haus spiegelte nicht nur die disziplinarischen Fähigkeiten der jeweiligen Fraktionsvorsitzenden. Die meisten Deutschen inner- und außerhalb des Bundestags hatten das Gefühl, daß der 21. Oktober 1969 – ob in positivem oder auch negativem Sinn –

ein historischer Tag sei, sollte Brandt gewählt werden. Seit Hermann Müller im Jahre 1930 hatte es keinen sozialdemokratischen Kanzler mehr gegeben, und seit 1949 war die CDU/CSU nie ohne Regierungsmacht gewesen. Das allein genügte schon, um vom Anbruch einer »neuen Ära« zu sprechen. Brandt selbst aber war der Gegenstand außerordentlicher hochgespannter Hoffnungen und Befürchtungen. Seine Anhänger sahen in ihm vornehmlich die Personifizierung ihres Wunsches nach innenpolitischer Reform, obwohl es keine Übereinkunft darüber gab, was das Wort »Reform« alles einschloß. Einige erblickten darin einen schrittweise ablaufenden Prozeß gesellschaftlicher Verbesserungen durch Gesetze innerhalb des bestehenden Systems. Andere wiederum, vor allem unter den Jüngeren, hofften, das könnte nicht nur ein »Wind des Wechsels« sein, sondern ein Sturm, der das ganze System selbst änderte. Brandt wäre imstande, die erste Gruppe weitgehend zufriedenzustellen – zu weit, könnte man im Hinblick auf die zunehmenden Haushaltsschwierigkeiten einwenden. Die zweite aber mußte er wohl enttäuschen.

Brandts Gegner waren in Sorge über die Innenpolitik, aber ihre größte Furcht galt der Außenpolitik. War es nicht denkbar, daß Brandt, frei vom zügelnden Einfluß der CDU/CSU, die Ostpolitik zu schnell und zu weit vorantrieb und damit in zunehmendem Maß Risiken einging – nicht nur für Westdeutschland, sondern für den ganzen Westen? Diese Sorge war nicht nur auf die Menschen in der Bundesrepublik beschränkt. Die Vereinigten Staaten, England und Frankreich, sie alle teilten diese Bedenken, obwohl sie natürlich eher untereinander darüber sprachen als mit den Deutschen.

Trotz allem, was für ihn persönlich und politisch auf dem Spiel stand, ließ Brandt im Plenum des Bundestages kaum persönliche Bewegung erkennen, als sein knapper Sieg verkündet wurde. Erst später, als seine Parteifreunde ihm auf die Schulter klopften und die Hände schüttelten, wurden seine Augen feucht. Aber gewiß unterschätzte er nicht, was er erreicht hatte. »Jetzt hat Hitler endgültig den Krieg verloren«, sagte er zu einem Journalisten.

Die ersten Tage von Brandts Triumph waren keine glücklichen Tage für Schmidt. Es ging um mehr als »saure Trauben«. Vielleicht fühlte Schmidt, daß er selbst ein tatkräftigerer Kanzler geworden wäre – obwohl er später beteuerte, daß er das Amt nie angestrebt hatte. Jetzt stand ein nur wenige Jahre älterer Mann an der Spitze – möglicherweise für lange Zeit.

Dennoch erkannte Schmidt, daß Brandt eine Politikerpersönlichkeit von ungewöhnlichen, wenn auch widersprüchlichen Qualitäten war. Bis in die achtziger Jahre wiederholte Schmidt immer wieder, wie gut seiner Ansicht nach Brandt als Regierender Bürgermeister 1961 die Krise um den Mauerbau gemeistert hatte. Mit wachsender Bewunderung hatte Schmidt eine Live-Sendung im Rundfunk gehört, in der Brandt Tausende zu allem entschlossene Berliner beruhigte, die vor dem Rathaus zusammengelaufen waren. Dieses Erlebnis hinterließ bei Schmidt einen unauslöschlichen Eindruck. Es bewies, was Brandt alles aus dem Ärmel schütteln konnte, wenn er gefordert war. Andererseits konnte Schmidt vor seinen zunehmenden Differenzen mit dem Vorsitzenden der SPD nicht die Augen verschließen, insbesondere in Fragen der Parteipolitik.[6]

Das unmittelbare Problem für Schmidt lag darin, daß Brandt ihm das Verteidigungsministerium anbot, das er nicht haben wollte, aber auch nicht ohne weiteres zurückweisen konnte. Auf den ersten Blick befremdet sein Widerstreben. War er nicht für dieses Amt prädestiniert? Selbst seine politischen Gegner gaben zu, daß er ungewöhnlich gut dafür gerüstet war. Für ihn sprachen sein Dienst in der Wehrmacht und als Reserveoffizier in der Bundeswehr. Für ihn sprachen seine Publikationen. Er hatte soeben einen vielbeachteten Folgeband zu dem 1961 erschienenen »Verteidigung oder Vergeltung« mit dem Titel »Strategie des Gleichgewichts« abgeschlossen. Und man erinnerte sich seiner häufigen scharfen Anfragen und Anträge zu militärischen Angelegenheiten im Bundestag, die ihm gleicherweise Respekt und Unwillen verschiedener Verteidigungsminister eingebracht hatten.

Aber Schmidt hatte keine Lust, sich weiter zu spezialisieren. Als Fraktionsvorsitzender war er sowohl führender Kopf als auch ein vielseitiger Politiker gewesen. Das wäre er gern geblieben. Das Außenministerium hätte ihm Abwechslung geboten, und sein letztes Buch zeigte deutlich, welch weiten Weg er vom Spezialisten in militärischen Fragen zu einem Strategen der Außenpolitik zurückgelegt hatte. Doch wegen der Koalitionsvereinbarungen ging das Auswärtige Amt an den FDP-Vorsitzenden und Vizekanzler Scheel.

Schmidt brauchte fast zwei Wochen, um sich zu entscheiden: Dann nahm er Brandts Angebot an und überließ die parlamentarische Führung Herbert Wehner. Für Wehner war dies der Beginn einer dreizehnjährigen Amtszeit, in deren Verlauf er seine Ansicht über die

Unzuverlässigkeit der FDP zum Teil korrigierte. Er stellte fest, daß er mit Wolfgang Mischnick, dem Fraktionsvorsitzenden der FDP, gut zusammenarbeiten konnte, und zusammen erwiesen sie sich als zumindest ebenso unentbehrlich für die »kleine Koalition«, wie Schmidt und Barzel es für die »große« gewesen waren. Darum war es für Wehner ein harter persönlicher, aber auch politischer Schlag, daß auch Mischnick 1982 das Ausscheren der FDP vorantrieb und so mithalf, das Ende der Koalition mit der SPD herbeizuführen.

Als Schmidt sein Amt als Fraktionschef an Wehner abgab, überreichte er ihm einen großen Blumenstrauß; es gelang ihm sogar, ein kurzes Lächeln hervorzubringen. Ihm wurde die Auszeichnung zuteil, der erste sozialdemokratische Verteidigungsminister in Deutschland seit Gustav Noske in der Weimarer Republik der zwanziger Jahre zu sein, aber er trat sein neues Amt mit bleiernen Gliedern an.

5.
Im Kabinett

Schmidt machte sich keine Illusionen über das, was ihn erwartete. Schon 1966 hatte er das Verteidigungsministerium »mörderisch« genannt, ein Ressort, das die Schwächen jener, die es leiteten, schonungslos preisgab. Später bemerkte er, daß es zu einem Schleudersitz für einen glücklosen Amtsinhaber werden konnte. Schmidts Nachfolger auf diesem Posten, Georg Leber, mußte zurücktreten, und Lebers Nachfolger, Hans Apel, war nahe daran, seinem Beispiel zu folgen.

Selbst zu Schmidts Zeiten hatte das ausgedehnte Ministerium auf der Hardthöhe einen Personalbestand von mehr als fünftausend Mitarbeitern, einen Jahresetat von etwa zwanzig Milliarden D-Mark, und es trug Verantwortung für 650 000 Menschen. Anders ausgedrückt, es war so groß wie die größten Industrieunternehmen des Landes. Doch es litt unter politischen und sozialen Problemen, von denen die meisten Industriellen zu ihrem Glück nicht betroffen waren. Dies war zum Teil noch das Erbe der heftigen Auseinandersetzungen um die Aufrüstung in den fünfziger Jahren. Die Notwendigkeit der Bundeswehr war nur widerwillig akzeptiert worden. Die Soldaten wurden »Bürger in Uniform« genannt, aber sie fühlten sich oft mehr als Ausgestoßene und legten Zivilkleidung an, sobald sie dienstfrei hatten. Es bestand allgemeine Wehrpflicht, die bei vielen jungen Deutschen Schrecken oder gar Zorn hervorrief, da sie wertvolle Zeit verloren, die sie lieber für das Erlernen eines Berufs verwenden wollten.

Schmidt erkannte die Notwendigkeit einer Veränderung, aber gleichzeitig hatte er auch klare Vorstellungen, welche Art von Führung und Teamarbeit dafür erforderlich war. In seinen vier Jahren als Innensenator in Hamburg hatte er die bittere Lektion gelernt: Wenn du die Bürokraten nicht in den Griff bekommst, bekommen sie dich in den Griff.

Das Streben öffentlicher Verwaltungen sei auf Beständigkeit gerichtet, schrieb er grimmig in einem Aufsatz über Politik.[1] Für den Staat sei das im Prinzip gar nicht schlecht – aber es könnte Verderben bedeuten für einen unerfahrenen Minister mit vielen Plänen, der sich der Mittel nicht bewußt war, die Beamte zur Erhaltung des Status quo einsetzen würden. »Wir haben das noch nie so gemacht«, würden sie bei jedem Drängen, einen neuen Kurs einzuschlagen, nörgeln und außerordentlich komplexe juristische Bedenken vorbringen. Ein Minister verfügte nur selten über das nötige Fachwissen, um abschätzen zu können, ob ihre Einwände wohlbegründet waren. Wich er aber vor den »Experten« zurück, war er verloren. Ein Minister mochte eine hohe analytische Begabung haben und die beste politische Lösung eines Problems kennen, aber wenn er seine Verwaltung nicht in den Griff bekommen konnte, ging er unter.

Nach dem Einzug auf der Hardthöhe ging Schmidt daran, die Bürokraten auf zwei verschiedene Arten zu überlisten. Er ließ bekanntgeben, daß er direkt an ihn gerichtete Vorschläge und Kritik der Bundeswehr begrüßen würde, und verbrachte fast neun Wochen damit, durch das Land zu reisen und sich Klagen aus erster Hand anzuhören. Dabei lernte er eine ganze Menge, und Offiziere und einfache Soldaten konnten Dampf ablassen über Probleme, die schon seit Jahren schmorten. In dem einen oder anderen Fall ließen sie ein wenig zuviel Dampf ab, und Schmidt mußte zusehen, daß der Deckel wieder fest aufgesetzt wurde.

Schmidt bildete dann ein kleines Team ideenreicher Leute, denen er vertrauen konnte und die zum größten Teil von außerhalb kamen. Zum ersten, aber durchaus nicht zum letzten Mal kursierte in Bonn das Wort von »Schmidts Hamburger Mafia«. Einer dieser Männer war Willi Berkhan; er wurde Parlamentarischer Staatssekretär, verantwortlich für die Zusammenarbeit mit dem Bundestag (und später Bundeswehrbeauftragter). Ein anderer war Johannes Birckholz aus Schmidts früherer Behörde für Inneres in Hamburg. Und ein dritter, für relativ kurze Zeit, war Theo Sommer, stellvertretender und späterer Chefredakteur der Hamburger Wochenzeitung »Die Zeit«. Unter Sommers Anleitung wurde der Verteidigungsbericht für 1970

(»Weißbuch«) erarbeitet, wohl die lesbarste und verständlichste Übersicht, die das Ministerium je hervorgebracht hat.

Ein führendes Mitglied des Teams war der Nicht-Hamburger Ernst Mommsen, ein ranghoher Industrieller aus dem Thyssen-Konzern, den Schmidt beauftragte, die Beschaffung militärischer Ausrüstung neu zu organisieren und darauf zu achten, daß die Bundeswehr einen besseren Gegenwert für ihr Geld bekam. Die Bestellung eines »Stahlbarons von der Ruhr« veranlaßte einige Sozialdemokraten, die Stirn zu runzeln, aber das störte Schmidt nicht. Ihm lag daran, die zuverlässigsten und tüchtigsten Mitarbeiter zusammenzuholen. Politische Einstellung spielte kaum eine Rolle. Als Kanzler sollte Schmidt später einen Christdemokraten zu seinem höchsten außenpolitischen Berater machen, und eine Zeitlang beschäftigte er einen Mann als Regierungssprecher, der gewiß kein Sozialdemokrat war. Er heuerte sogar ein ranghohes Mitglied der Christlich-Sozialen Union an, den er mit der Untersuchung über die Fehler bei der Terroristenfahndung beauftragte. Bestellungen wie diese könnte man als Beweis für eine parteiungebundene Behandlung einer Sache von großer nationaler Bedeutung werten. Dennoch war Schmidts Bereitschaft, auf der Suche nach Spitzenberatern über die SPD hinauszuschauen, ein weiterer Faktor, der über Jahre hin zu zunehmenden Reibereien mit seiner Partei führte.

Dieser innere Kreis (zu dem auch der Generalinspekteur der Bundeswehr, Ulrich de Maizière, gehörte) war Schmidts wichtigstes Instrument, mit dem er seine Politik nicht nur entwarf, sondern auch in die Tat umsetzte. Er verbrachte viele Stunden damit, Probleme zu erörtern und, wenn möglich, Übereinstimmung zu erzielen. Schmidt hatte viele eigene Ideen, und schließlich war er der Chef, aber er forderte von den anderen Mitgliedern seiner Mannschaft ständig neue Einfälle und Argumente. Theo Sommer wunderte sich anfangs über die Zeit und Mühe, die Schmidt in eine Diskussion steckte, bevor er eine Entscheidung traf. Viele Beamte des Ministeriums, die eine Art politischen Westernhelden erwartet hatten, der seine Direktiven aus der Hüfte schoß, waren nicht weniger überrascht.

Das entsprach nun kaum dem Image des »Alleswissers Schmidt«, der seine Kollegen im Kabinett (und sogar Präsidenten der Vereinigten Staaten) durch scheinbare intellektuelle Arroganz reizte. Doch der SPD-interne Streit über die Notstandsgesetze hatte bereits gezeigt, daß sich Schmidt, sofern die Sache ihm das wert schien, auf umfassende Debatten einließ, selbst wenn sie sich über Wochen hinzogen.

Diese Art behielt er auch später als Regierungschef bei. Ein neues Mitglied der Kanzlermannschaft erfuhr nach einigen Wochen von einem dienstälteren Kollegen, daß Schmidt mit ihm zufrieden sei – bis auf eines: »Sie argumentieren zu wenig. Der Kanzler weiß, was er denkt, aber er möchte auch hören, was Sie denken.« Einige Zeit später rief Schmidt den neuen Mann am frühen Abend zu sich; bis lange nach Mitternacht diskutierten sie über ein Problem aus allen möglichen Blickwinkeln und ließen auch kleinste Einzelheiten nicht außer acht. Nicht wenige Mitarbeiter Schmidts machten ähnliche Erfahrungen, zugleich anregend und erschöpfend.

Der nur scheinbare Widerspruch zwischen den beiden Schmidts, dem intellektuell-arroganten und dem wißbegierigen, ist leicht zu erklären. Wenn er das Gefühl hat, daß sein Gesprächspartner nur Unsinn redet, zeigt er das sehr rasch. Und das tut er noch gnadenloser, wenn der Betreffende eine hohe Position hat und daher sozusagen verpflichtet ist, vernünftig zu reden. Geduld war nie Helmut Schmidts Stärke; wenn er aber das Gefühl hat, etwas Neues und Sinnvolles zu erfahren, ist er nicht nur interessiert, sondern hört gespannt zu. Er ist nicht zufrieden, bevor er nicht das letzte Quentchen Information herausgeholt hat. Diese intellektuelle Wißbegierde und seine Leidenschaft für Details, gekoppelt mit außergewöhnlichem Fleiß, haben ihm geholfen, an die Spitze zu gelangen. Wäre es ihm leichter gefallen, im privaten Kreis seine Zunge im Zaum zu halten (ohne deshalb seine Redekunst in der Öffentlichkeit zu schmälern), wäre sein Aufstieg leichter gewesen und sein Aufenthalt auf dem Gipfel bequemer.

Etwa tausend Tage lang war Schmidt Verteidigungsminister – Zeit genug, um viele Reformen in die Wege zu leiten, aber nicht Zeit genug, um alle zu Ende zu führen. Er verkürzte die Wehrdienstzeit von achtzehn auf fünfzehn Monate und reorganisierte das Ausbildungs- und Berufsbildungssystem der Bundeswehr. Als er das Amt übernahm, herrschte ein empfindlicher Mangel an Unteroffizieren, dem sogenannten »Rückgrat der Truppe«. Indem er den UvDs (Unteroffizieren vom Dienst) mehr Möglichkeiten gab, einen zivilen Beruf zu erlernen, machte er die Bundeswehr attraktiver und wurde durch eine wachsende Zahl von Freiwilligen belohnt. Andererseits wurde eine breit angelegte, von Schmidt kurz nach seinem Amtsantritt in Auftrag gegebene Untersuchung über eine strukturelle Vorbereitung der Streitkräfte auf die Anforderungen der siebziger Jahre erst bei seinem Ausscheiden aus dem Verteidigungsministerium wirksam. Um die Bundeswehr verjüngen zu helfen, versetzte Schmidt viele ranghohe Offiziere in den vorzeitigen Ruhestand und suchte sich eine bessere Übersicht über bevorstehende Beförderungen zu verschaffen. In einer außergewöhnlichen Anordnung mit dem Ziel, das Image der Bundeswehr der Zeit anzupassen, erklärte er sich einverstanden, daß Soldaten lange Haare und Bart tragen durften. Diese Verfügung verschaffte ihm beim Aachener Karneval den »Orden wider den tierischen Ernst« für seine »German Hair Force« und scharfe Kritik von den traditionellen Verfechtern eines militärischen Haarschnitts. »Mich«, entgegnete Schmidt, »interessiert nur, was ein Mann im Schädel hat, aber nicht, ob er darauf lange oder kurze Haare trägt.«

Auf gefährlicheres Terrain begab er sich, als er 1971 bekanntgab, daß im folgenden Jahr als Übung für eine Mobilisierung Privatautos in die Manöverübungen einbezogen werden sollten. Es waren nur zwei Sätze in einer langen Rede in Kiel, aber sogleich ging ein Aufschrei der Empörung durch das ganze Land.[2] In der deutschen Politik gilt die goldene Regel, daß man den Menschen so ziemlich jedes Opfer abverlangen kann, wenn man sie auf die richtige Art darum bittet; legt man aber nur einen Finger auf ihre Autos – ihre »gelackten Lieblinge«, wie eine Zeitung sie damals nannte –, spielt man mit dem Feuer. Das Verteidigungsministerium in Bonn zeigte sich zunächst überrascht über Schmidts Ausführungen und die heftige Reaktion der Öffentlichkeit. Erst zwei Tage später erschien der Minister im Fernsehen und wollte wissen, was die Aufregung sollte. Weniger als vierhundert Lastwagen von Firmen würden gebraucht werden, nicht Millionen Autos, wie die Leute zu fürchten schienen. Wie sich später herausstellte, nahmen nur 160 Lastwagen an den Manövern teil, und Schmidts Popularität erlitt keinen Schaden. Er hatte Glück gehabt.

Mehr Sorgen als alle Kritik an bärtigen Soldaten und requirierten Fahrzeugen machte Schmidt die Höhe seines Verteidigungsetats. Finanzminister Alex Möller, der gegen die wachsende Inflation ankämpfte, bemühte sich monatelang, die Ausgaben seiner reformwütigen Kabinettskollegen zu bremsen. Nachdem es ihm nicht gelungen war, die Etatkürzungen, die er für unbedingt nötig hielt, durchzusetzen, trat er schließlich im Mai 1971 zurück. Schmidt gehörte zu denen, die sich dem Vorwurf aussetzten, um jeden Pfennig zu kämpfen und so zu Möllers Sturz beigetragen zu haben. Schmidt betont, er habe nicht als einziger im Kabinett mit Möller, den er als alten Freund bezeichnet, Meinungsverschiedenheiten gehabt.[3] Tatsächlich bemühte sich der Finanzminister, alle zum Sparen anzuhalten, aber es ließ sich nicht vermeiden, daß die Verteidigung, die das zweitgrößte Stück aus dem Haushaltskuchen erhielt, ziemlich hoch auf der Liste stand.

Zahlen beweisen, daß Schmidt sowohl vor als auch nach Möller mit einigem Erfolg um Mittel kämpfte. In seinen drei Jahren als Verteidigungsminister stieg sein Etat 1970 um 2,6, 1971 um 10,3 und 1972 um 13,5 Prozent, doch der Anteil am gesamten Bundeshaushalt in dieser Periode blieb mit etwa 22 Prozent gleich hoch. Schmidt bekam mehr, aber das galt auch für die anderen Minister.

Die Zunahme der Verteidigungsausgaben rührte von Schmidts Kampagne für eine interne Bundeswehrreform her. Einige Neuerungen hätten verschoben werden können, wenn auch zu Lasten größerer Probleme zu einem späteren Zeitpunkt. Doch ein Teil der Ausgaben wurde für Verpflichtungen gegenüber der NATO benötigt, und dazu gehörten auch die Sonderzahlungen, die zur Sicherung der Stationierung amerikanischer Truppen in Europa beitrugen. In diesem Punkt, so sagte Schmidt, dürfe es keine falsche Sparsamkeit geben. Nie zuvor hatte der Westen bessere Chancen für ergebnisreiche Verhandlungen mit dem kommunistischen Osten gehabt. Wenn aber die NATO einseitig ihre Verteidigungsposition schwächte, dann würde man, dessen war Schmidt sicher, diese Chancen verpassen.

Die sogenannte Brandt-Scheel-Ostpolitik machte rasche Fortschritte – im Jahre 1970 wurden Verträge mit Polen und der Sowjetunion unterzeichnet –, aber dies geschah nicht ohne Rückhalt. Die Bundesrepublik war in der Lage, ihre nach dem Osten gerichteten Initiativen mit einiger Zuversicht voranzutreiben, weil sie die offizielle Unterstützung ihrer westlichen Alliierten hinter sich hatten – wie groß auch die individuellen Sorgen dieser Alliierten sein mochten, wohin diese Entwicklung führen könnte. Besonders klar trat diese Abhängigkeit in der Berlin-Frage zutage. Bonn wünschte eine Lösung, die die Lage West-Berlins sicherstellen und den Schikanen ein Ende machen würde, denen Reisende auf den Transitstrecken durch die DDR häufig ausgesetzt waren. Doch eine Regelung der Berlin-Frage konnte nur von den vier Siegermächten getroffen werden, die

die Hoheit über die Stadt besaßen. Bonn machte den Russen seinen Standpunkt in bezug auf Berlin klar. Doch um ein formales Berlin-Abkommen mit Moskau zu schließen, hing die Bundesregierung vom guten Willen und Verhandlungsgeschick der Vereinigten Staaten, Englands und Frankreichs ab, die die westdeutschen Interessen vertraten.

Auch die Aussichten auf einen Ost-West-Truppenabbau schienen sich zu bessern. Bei einem Treffen in Island im Juni 1968 hatte die NATO ihr »Signal von Reykjavik« an die Warschauer-Pakt-Staaten gerichtet und Gespräche über eine beiderseitige und ausgewogene Truppenreduzierung (MBFR) vorgeschlagen. Die Invasion der Tschechoslowakei durch die Sowjetunion und andere kommunistische Staaten zwei Monate später hatte zur Folge, daß diese Gespräche für eine Zeit auf Eis gelegt wurden. Im Mai 1970 wiederholte die NATO in Rom ihre Aufforderung, und im Juni gab der Osten eine, wie Schmidt es formulierte, »weniger unkonziliante und entgegenkommendere Antwort, als zu erwarten gewesen wäre«. Mehr als zehn Jahre nach Schmidts erster Bundestagsrede, in der er einen »ausgewogenen« Truppenabbau vorgeschlagen und zu definieren versucht hatte, was ein solcher »Ausgleich« einschließen würde, schienen die Gespräche endlich in Gang zu kommen. Erfolgreiche MBFR-Verhandlungen würden die Sicherheit erhöhen und den Druck auf den Verteidigungshaushalt mindern. Schmidt war 1970 kaum optimistisch genug gestimmt, um zu glauben, daß diese Einsparungen noch während seiner Amtszeit als Verteidigungsminister wirksam würden, aber er war sicher, daß sie früher oder später kommen mußten, wenn der Westen seine Nerven behielt.

Eine mögliche Gefährdung dieses Prozesses drohte von den Vereinigten Staaten, die immer noch in der Agonie des Vietnamkriegs lagen. Innenpolitisch stand Präsident Richard Nixon unter wachsendem Druck, die militärische Präsenz der Vereinigten Staaten in Europa einzuschränken. Der Druck kam zum Teil von denen, die mehr Mittel für Vietnam abzweigen wollten, zum Teil auch von jenen, die jedes militärische Engagement der USA im Ausland immer energischer ablehnten.

Schmidt sprach unverblümt aus, welche Folgen dieser Trend seiner Meinung nach haben könnte. In einem Artikel in der angesehenen amerikanischen Zeitschrift »Foreign Affairs« (und folglich an die Adresse von Senatoren und anderen einflußreichen Persönlichkeiten

Washingtons gerichtet) wies er warnend darauf hin, daß ein vorzeitiger Rückzug der amerikanischen Truppen aus Europa die Verteidigungsstrategie der NATO in einen Scherbenhaufen verwandeln würde. Auch könnte ein solcher Schritt das Vertrauen der europäischen Öffentlichkeit nachhaltig erschüttern.

Schmidt erwähnte auch, was eine 1970 vorgenommene Meinungsumfrage ergeben hatte: Zwei Drittel der Bundesdeutschen und fast achtzig Prozent der Angehörigen der Bundeswehr waren der Ansicht, daß ein kommunistischer Angriff nicht zurückgeschlagen werden konnte, wenn die Amerikaner sich zurückzogen. »Ein amerikanischer Abzug könnte sehr wohl zu einem psychologischen Erdrutsch führen und ein mutloses verzweifeltes Europa in seine erste umfassende Neuorientierung nach dem Ende des Zweiten Weltkriegs treiben«, schrieb Schmidt. Er räumte ein, es sei kein ehernes Gesetz, daß die amerikanische Truppenstärke in Europa niemals verändert werden dürfe; Verhandlungen mit dem Osten über Reduzierungen könnten sich in Kürze anbahnen. Aber er meinte auch: »Es könnte wohl sein, daß sie nie greifbare politische Wirklichkeit werden, wenn der Westen seine Karten wegwirft, bevor er sich an den Konferenztisch setzt oder bevor er Vereinbarungen über einen wechselseitigen Truppenabbau getroffen hat.«

Schmidt war sich darüber klar, daß Warnungen allein nicht genügten. Die europäischen Mitglieder der NATO (seit kurzem in der sogenannten EUROGROUP zusammengefaßt) mußten ein Signal setzen, daß sie bereit waren, einen größeren Teil der Verteidigungslast zu tragen. Mit allen Mitteln bearbeitete er seine europäischen Kollegen, und im Dezember 1970 wurde das European Defense Improvement Program (EDIP) unterzeichnet, in dem die Europäer sich darauf einigten, in den nächsten fünf Jahren zusätzlich eine Milliarde Dollar aufzubringen, um ihre eigenen Streitkräfte zu modernisieren und die Infrastruktur der NATO auszubauen – Kasernen, Luftschutzbunker und so weiter. Die Bundesrepublik verpflichtete sich zur Zahlung von 1,7 Milliarden D-Mark – fast die Hälfte des Gesamtbetrages. Damit waren Washingtons Sorgen zwar nicht zerstreut, aber doch gemildert. Nixon erklärte prompt, daß die Vereinigten Staaten angesichts der europäischen Verteidigungsbemühungen keine Truppen einseitig abziehen würden. Schmidt war nicht der einzige europäische Staatsmann, der die Gefahren erkannte und auf einen größeren Beitrag der Europäer drängte. Das EDIP war nur ein

Teil dieses Beitrags. Doch der Nachdruck, mit dem er seine Sache vertrat, dazu die Verpflichtung, daß Bonn einen so großen Zuschuß leisten würde, erwiesen sich als entscheidend.

In der Serie von Ost-West-Verhandlungen der frühen siebziger Jahre gab es eine noch kompliziertere Verkettung. Bonn konnte keinem Vertrag zustimmen, der seine Beziehungen zu der DDR regelte, solange die vier Siegermächte kein befriedigendes Berlin-Abkommen erreicht hatten. Moskau war nicht gerade versessen darauf, in Berlin Konzessionen zu machen. Damit würde es sich nur Probleme mit seinen ostdeutschen Verbündeten einhandeln. Aber der Kreml wollte eine Europäische Sicherheitskonferenz, hatte sogar seit Jahren schon darauf gedrängt. Die Amerikaner waren entschlossen, keiner Sicherheitskonferenz zuzustimmen, die ihrer Meinung nach der russischen Propaganda zugute kommen könnte, sofern nicht vorher ein Berlin-Abkommen erzielt wurde.

Am Ende kam alles zustande: ein Berlin-Abkommen im September 1971, ein Grundlagenvertrag zwischen BRD und DDR im Dezember 1972 und die Schlußakte der KSZE, der Konferenz für Sicherheit und Zusammenarbeit in Europa in Helsinki im August 1975. Von nicht geringerer Bedeutung war, daß die Vereinigten Staaten und die Sowjetunion im Mai 1972 ein erstes Abkommen unterzeichneten, in dem sie ihre interkontinentalen strategischen Waffenarsenale einfroren und die Möglichkeiten für eine zweite Vereinbarung sondierten. Selbstverständlich war ein Ende des Rüstungswettlaufs bei den Langstreckenraketen an sich zu begrüßen, aber es warf auch ernste Probleme für Westeuropa auf, die erst 1977 auch allgemein eingesehen wurden, als Schmidt, mittlerweile Kanzler, öffentlich auf eine Lösung drängte.

Diese Episode und die daraus entstehende Verstimmung zwischen dem Kanzler und Präsident Carter gehören in ein späteres Kapitel. Zu Beginn der siebziger Jahre war Verteidigungsminister Schmidt bei der US-Regierung ein hochgeschätzter Gesprächspartner. Der amerikanische Botschafter in Bonn, Kenneth Rush, pries öffentlich Schmidts »unschätzbaren Beitrag zur Stärkung der amerikanisch-europäischen Beziehungen«. Ohne ihn, erklärte Rush, wären die zusätzlichen Leistungen der Europäer für die NATO bedeutend geringer ausgefallen.[4]

Während Rush im Januar 1972 dieses Lob aussprach, lag Schmidt mit einer mysteriösen Krankheit im Krankenhaus. Anfangs war nur die Rede von einem Virus, der ihn im Verlauf einer Asienreise Ende 1971 infiziert haben mochte. Engen Mitarbeitern aber war schon vorher aufgefallen, daß sich sein Gesundheitszustand verschlechtert hatte. Er begann plötzlich müde auszusehen und war außerordentlich reizbar. Einmal brach er nach einer Konferenz fast zusammen, aber Freunde konnten ihn rechtzeitig stützen. An sich konnte das alles nicht überraschen. Er arbeitete mindestens sechzehn Stunden am Tag, saß mit geradezu fanatischem Eifer bis in die frühen Morgenstunden über seinen Papieren. Selbst im Bundeswehrkrankenhaus in Koblenz ließ er sich Akten auf einem Beistelltisch ans Bett rollen. Aber das war nicht alles. Seine Gesichtsfarbe wurde grau, und seine Augen traten stark hervor, was gewiß nicht nur durch Erschöpfung zu erklären war. Brandt war nur einer von vielen, die sich fragten, wie lange Schmidt noch die physische Kraft haben würde, sein Amt als Verteidigungsminister auszuüben.

Im Februar ging Schmidt wieder an die Arbeit und tat das Gerede einer ernsten Erkrankung mit einer wegwerfenden Handbewegung ab. Aber im April lag er wieder im Krankenhaus. Diesmal kam die Wahrheit ans Licht. Es war eine ernste Virusinfektion gewesen, aber sie hatte ursprünglich nur das Hauptproblem verdeckt: Die Ärzte stellten eine Überfunktion der Schilddrüse fest.

In der Öffentlichkeit spekulierte man darüber, ob die Schilddrüsenüberfunktion, ein Leiden, das psychische Ursachen haben kann, von Schmidts Kummer mit seinem Amt verursacht worden sein konnte. Tatsache ist, daß weder das Lob aus dem Ausland noch die Beliebtheit im eigenen Land Schmidt mit dem Verteidigungsressort zu versöhnen vermochte. Ohne im geringsten gleichgültig zu werden, schien er das Fehlen innerer Begeisterung sogar mit doppelter Anstrengung wettmachen zu wollen. Waren alle diese langen Nächte im Ministerium, objektiv gesehen, wirklich nötig? Den Schilderungen einiger Freunde, die ihn beobachteten, ist zu entnehmen, daß Schmidt damals Tolstois Marschall Davoust geglichen zu haben scheint, der sich das Leben schwer machte, um eine Rechtfertigung für seine angeborene Schwermut zu finden: »Wie kann ich an die schönen Dinge des Lebens denken, wenn ich, wie ihr sehen könnt, in einer schmutzigen Hütte auf einem Faß sitze und hart arbeite?«

Auf seinem Krankenbett muß Schmidt Anfang 1972 das Gefühl gehabt haben, daß seine politische Karriere dem Ende nahe sein könnte. Aber schon wenige Monate später trat in seinem Leben eine erstaunliche Wende ein – wie schon einmal, im Jahre 1966, als er plötzlich aus der Opposition geholt und das Amt des Fraktionschefs übernommen hatte. Schmidts Schilddrüsenleiden sprach endlich auf die Behandlung an, obwohl er seitdem täglich seine Medizin nehmen muß, und bei einer Kabinettsumbildung wurde er zum »Superminister« für die Ressorts Finanzen und Wirtschaft bestellt. Es war ein Posten, den viele damals als den eines »designierten Kanzlers« interpretierten.

Als die SPD-FDP-Koalition ans Ruder kam, hatte es kein Superministerium gegeben. Karl Schiller behielt das Wirtschaftsministerium, das er schon seit 1966 in der großen Koalition erfolgreich geführt hatte, und Alex Möller, auch er Sozialdemokrat, folgte Franz Josef Strauß als Finanzminister. Optimismus lag in der Luft. Das Bruttosozialprodukt wuchs 1969 um nahezu (inflationsbereinigte) acht Prozent, die Arbeitslosigkeit war auf einem niedrigen Stand, die Industrieproduktion und Auftragslage nahmen einen bemerkenswerten Aufschwung. Selbst die Aufwertung der D-Mark um 8,5 Prozent im Oktober vermochte die gehobene Stimmung der Koalitionsparteien nicht zu dämpfen. Angesichts des gesicherten Wirtschaftswachstums schien es vernünftig, nun auch ein Programm der sozialen Reformen energisch anzufassen.

Doch Möller (früher Direktor einer Versicherungsgesellschaft) war ein vorsichtiger Mann. Von Anfang an versprach er eine »solide« Finanzpolitik und meinte damit, daß er entschlossen war, gegen die Inflation anzukämpfen und nicht zuzulassen, daß der Staat allzusehr von Krediten lebte. Im ersten Jahr leitete die Regierung mehrere Maßnahmen gegen eine Überhitzung der Konjunktur ein, und die Inflationsrate blieb 1970 bei 3,3 Prozent (gegen 1,9 Prozent im Jahr zuvor). Aber Möller wurde immer besorgter. Schätzungen ließen erkennen, daß das Steueraufkommen niedriger ausfallen würde als erwartet, doch seine Kollegen in der Regierung legten immer kostspieligere Reformpläne vor. Dauernd ersuchte Möller den Kanzler um Unterstützung, die ihm aber nur in bescheidenem Maß gewährt wurde. Ein verärgerter Schmidt ging zweifellos zu weit, als er zu einem späteren Zeitpunkt sagte, es falle Brandt schwer, einen Unterschied zwischen Millionen und Milliarden zu machen, aber es ist nicht zu leugnen, daß Finanzfragen nicht Brandts Stärke waren. Überdies war Brandt zu der Zeit, da Möller mit diesen Schwierigkeiten rang, intensiv mit der Ostpolitik beschäftigt.

Trotzdem hätte Möller seine Stellung möglicherweise gehalten, aber während er zu Hause einen linken Haken einsteckte, wurde ihm aus dem Ausland ein Kinnhaken verpaßt. Das internationale Währungssystem geriet in eine seiner periodisch wiederkehrenden Krisen und bedrohte die Bundesrepublik (nebst anderen Staaten) mit einem neuen starken Zustrom von Spekulationsgeld, der die Inflation in die Höhe treiben konnte.

Während mehr und mehr Leute den fallenden Dollar aufgaben und zu »harten« Währungen griffen, wurde der Druck zur Aufwertung auf die D-Mark unerträglich. Die Folge war, daß die Deutschen im Mai 1971 beschlossen, den Wechselkurs der D-Mark vorübergehend freizugeben, damit sie sich auf ihren eigenen Kurs einpendeln konnte. Dieses »Floating« verschaffte den deutschen Währungshütern eine Atempause, aber Möller bestand darauf, daß diese von energischen Sparmaßnahmen der Regierung begleitet werden müsse. Solange der Staat bei den Ausgaben nicht Zurückhaltung übe, würden auch die Arbeitgeber bei den Preisen und die Gewerkschaften bei den Lohnforderungen ungeniert zulangen. Das war sein Argument. Es gelang ihm nicht, die Mehrheit seiner Kollegen im Kabinett zu überzeugen, worauf er zurücktrat.

Auch Möllers Nachfolger Karl Schiller erhielt ein Jahr später durch eine Währungskrise den entscheidenden Schlag. Nur war Schiller schon angeschlagen, als er getroffen wurde. Er hatte Möllers Finanzministerium zusätzlich zu seinem eigenen Wirtschaftsministerium übernommen. Das verschaffte ihm den ruhmvollen Titel eines »Superministers«, brachte ihn aber gleichzeitig in eine sehr schwierige Lage. Er mußte einerseits für ein anhaltendes Wirtschaftswachstum sorgen, andererseits aber alles tun, um das Haushaltsdefizit der Regierung zu verringern. Zwei an sich nicht unvereinbare Aufgaben, die für einen einzelnen aber sehr schwer unter einen Hut zu bringen waren.

Zu einem späteren Zeitpunkt gab Brandt zu, daß er einen Fehler gemacht hatte, als er Schiller beide Ämter übertrug, aber es ist leicht zu verstehen, was ihn zu dieser Entscheidung bewogen hatte. Als Regierender Bürgermeister von Berlin hatte Brandt in den frühen sechziger Jahren Schiller, seinen Wirtschaftssenator, gemocht und bewundert. Später brillierte Schiller dann als Wirtschaftsminister der Großen Koalition, und 1969 spielte seine Redekunst beim Wahlkampf der SPD eine entscheidende Rolle. Manche Leute sprachen sogar von einer »Schiller«-Wahl. Es sah allmählich so aus, als ob es nichts gäbe, was dieser brillante, adrette Professor der Volkswirtschaft nicht schaffen könnte. Kein Wunder also, daß Brandt nach Möllers Rücktritt die Überzeugung gewann, daß er das lästige und undurchschaubare Gebiet Wirtschaft und Finanzen vertrauensvoll komplett in Schillers Hände legen könnte. Niemand im Kabinett stellte Schillers technisches Können in Frage, aber einige betrachteten seine Machtfülle mit Argwohn, neideten sie ihm sogar, und die meisten lehnten seine Besserwisserei ab. Gleichzeitig verlor Schiller auch viele Sympathien in der SPD, als er sich gegen Vorschläge zu einer Steuerreform aussprach, die ihm zu linkslastig erschienen.

In der ersten Hälfte des Jahres 1972 verschlechterte sich die Lage erheblich. Brandt überstand nur knapp das Mißtrauensvotum im Bundestag, die Ostpolitik war durch ein parlamentarisches Patt bedroht, vorzeitige Neuwahlen schienen unausweichlich. Gerade jetzt warf Schiller, um ein neuerliches und noch größeres Haushaltsdefizit zu vermeiden, eine lange Liste von Ausgabenkürzungen auf den Kabinettstisch. Schillers Analyse war sicher richtig, aber die Wahl des Zeitpunktes und die schroffe Art, in der er sie präsentierte, verprellten seine Kollegen. Zu besonders heftigen Zusammenstößen kam es mit Helmut Schmidt, der abermals aufgefordert wurde, den Verteidigungsetat zusammenzustreichen.

Eine Konfrontation zwischen Schiller und Schmidt erschien fast unvermeidlich – selbst wenn man von der Frage der Verteidigungsausgaben absieht. Beide Männer waren clevere »Allround-Politiker« – Schiller kraft seines Doppelministeriums, Schmidt aufgrund seiner Erfahrung und seines Naturells. Kein anderes Regierungsmitglied konnte sich mit ihnen messen. Beide hatten scharfe Zungen. Schmidt hatte noch mit seiner Schilddrüse zu tun, was seiner Laune nicht gerade guttat. Mag sein, daß zurückgestauter Groll aus den alten Tagen des Hamburger Wirtschaftssenats, in denen Schiller eine führende und Schmidt eine subalterne Stellung eingenommen hatte, auch eine Rolle spielte.

In dieser für die SPD-FDP-Koalition entscheidenden Zeit herrschte in den Kabinettsitzungen ein düsteres und häufig eisiges Klima. Ein Teilnehmer berichtete später, daß der Konflikt zwischen Schmidt und Schiller manchmal zu einer so unerfreulichen Atmosphäre führte, daß Brandt einfach aufstand, den Raum verließ und es seinen Ministern überließ, diese Differenzen auszufechten. Ein anderer Beobachter beschreibt die beiden als Primadonnen, fügte aber hinzu, daß Schmidt, selbst nach Schillers Abgang, oft von einer Aggressivität war, die schon an Grobheit grenzte. Wenn er schlecht gelaunt war, konnte Schmidt sich in einer Weise erregen und seine Gesprächspartner wütend attackieren, daß nicht alle Kollegen wohlwollend seinen angegriffenen Gesundheitszustand als Entschuldigung gelten lassen wollten.

Dennoch hatte Schiller, als er stürzte, nicht nur Schmidt, sondern das ganze Kabinett gegen sich. Seine Warnungen vor steigenden Defiziten waren bekanntgeworden und hatten der Opposition reichliche Munition für ihren Vorwahlkampf geliefert. Die Wahlen wurden dann schließlich für November festgesetzt. Schiller war sich der mißlichen Folgen seines Schritts wohl bewußt, doch in seiner Rücktrittserklärung sagte er, er sei nicht bereit gewesen, aus wahltaktischen Gründen die dringenden finanziellen Probleme zu verschweigen. Wie Möller hatte auch er das Gefühl, von Brandt nicht genügend unterstützt worden zu sein.

Der entscheidende Schlag kam im Juni. Wieder gab es eine internationale Finanzkrise, und erneut strömten inflationäre Geldmengen in die Bundesrepublik. Diesmal schlug die Bundesbank vor, Kapitalkontrollen einzuführen, und ihr Präsident, Karl Klasen, nahm an einer Kabinettsitzung in Bonn teil, auf der er die Gründe für seine Empfehlung darlegte. Schiller sprach sich energisch dagegen aus; solche Kontrollen funktionierten nie richtig, meinte er, und ihre Einführung hätte für andere Länder eine gefährliche Signalwirkung. Er drohte zurückzutreten, sollte Klasens Vorschlag angenommen werden. Es wurde abgestimmt, und Schiller fand bei keinem seiner Kollegen Unterstützung. Der Gedanke drängt sich auf, daß Schillers Parteifreunde auf eine Gelegenheit gewartet hatten, ihn loszuwerden, auch wenn sein Rücktritt so knapp vor Neuwahlen dem Image der Koalition nicht eben förderlich sein würde.

Schiller gab seine Rücktrittserklärung erst Anfang Juli ab, als Schmidt gerade der Türkei einen offiziellen Besuch abstattete. Ihn erreichte ein dringender, nichts näher erläuternder Anruf von Brandt, und er flog nach Bonn zurück, wo Gespräche über eine Kabinettsumbildung zwischen FDP und SPD bereits in vollem Gang waren.

Über das, was dann geschah, gehen die Meinungen auseinander. Einige deutsche Journalisten berichteten damals, Schmidt habe drei mögliche Lösungen vorgeschlagen, und zumindest einer der Journalisten steht auch zehn Jahre später noch zu dieser Version. Demnach bot Schmidt als erste Möglichkeit an, ihm das Wirtschaftsressort und Hans-Dietrich Genscher, FDP-Innenminister, das Finanzministerium statt des Innenressorts zu übertragen – womit das Superministerium geteilt gewesen wäre. Anderenfalls könnte er, Schmidt, das Wirtschafts- und das Finanzministerium übernehmen. Wenn auch dieser Vorschlag keinen Beifall finde, würde er sowohl das Wirtschafts- als auch das Verteidigungsministerium übernehmen, während Genscher das Finanz- und das Innenressort erhalten sollte. Es ist kaum anzunehmen, daß ein Mitglied der SPD dieser letzten Variante zugestimmt hätte. Genscher wäre dadurch unverhältnismäßig mächtig geworden, und im Kabinett hätte das Gewicht der FDP zugenommen – einer FDP, die unter anderem mit Scheel schon das Außenministerium für sich gepachtet hatte. Sicher ist aber, daß dies einer der Vorschläge war, die in den Koalitionsgesprächen erörtert wurden, allerdings vor Schmidts Rückkehr aus der Türkei.

Schmidt sagt, er habe niemandem Lösungen vorgeschlagen.[5] Er erinnert sich, daß er in Bonn ankam, zu Brandt ging, der ihm das Superministerium anbot, und nur wenige Stunden Zeit hatte zu entscheiden, ob er annehmen wollte oder nicht. Schließlich stimmte er zu. Gleichzeitig schlug eine andere Mitteilung von ihm wie eine Bombe ein. In einem privaten Gespräch mit Brandt erklärte Schmidt, er würde den neuen Job nur für etwa vier Monate bis zu den Wahlen übernehmen: Dann scheide er aus der Regierung aus und gebe auch sein Mandat als Bundestagsabgeordneter zurück. Er warf Brandt vor, die SPD in eine »Nenni-Partei« zu verwandeln – eine Anspielung auf die italienischen Sozialisten, die nie eine klare Stellung bezogen und nicht imstande waren, breite Unterstützung bei der Arbeiterschaft zu finden. Er, Schmidt, habe keine Lust, unter diesen Umständen sein Amt unter einer Regierung Brandt weiterhin auszuüben. Nach der Bundestagswahl, sagte Schmidt, wolle er sich um eine leitende Position in der Wirtschaft bewerben. »Das hätte ich bestimmt geschafft. Ich hatte jede Menge Erfahrung und genoß einen ausgezeichneten Ruf.«

Aber dazu sollte es nicht kommen. Die SPD-FDP-Koalition gewann die Novemberwahlen überzeugend. Zum ersten Mal waren die Sozialdemokraten die größte Fraktion im Bundestag; sie erhielten 45,8 Prozent der Stimmen gegen 44,9 Prozent der CDU/CSU. Die Liberalen stiegen von 5,8 auf 8,4 Prozent an.

Das Superministerium wurde danach aufgeteilt. Hans Friderichs von der FDP übernahm das Wirtschafts- und Schmidt das Finanzministerium, wobei er mehrere Referate aus dem früheren Wirtschaftsministerium mitnahm, einschließlich des wichtigen internationalen Währungsbereichs. Warum blieb Schmidt, nachdem er Brandt gesagt hatte, daß er gehen würde?

»Das war eine Tragödie«, sagt Schmidt. Er erinnert sich, daß Brandt nach der Wahl trotz seines persönlichen Erfolges einen seiner periodischen Anfälle von Depression zusätzlich zu einer bösen Halsentzündung bekam. Er nahm nur selten an den Koalitionsgesprächen über die Bildung einer neuen Regierung teil, beantwortete häufig nicht das Telefon. Eine Weile war er im Krankenhaus. Schmidt sagt, daß durch Brandts Krankheit die Last der Verhandlungen mit der FDP vornehmlich auf den Schultern zweier Männer ruhte – auf Herbert Wehners und seinen.

Er glaubte, nicht fortgehen zu können, wie es seine Absicht gewesen war, um das Führungsteam der SPD in einem so entscheidenden Augenblick nicht noch mehr zu schwächen. Allmählich erholte sich Brandt wieder und blieb für weitere achtzehn Monate Kanzler. Doch die Aufteilung der Ministersitze, einschließlich der Teilung des Superministeriums, wurde zum großen Teil während seiner Abwesenheit festgelegt.

Sah Schmidt plötzlich eine Chance, Brandt als Kanzler abzulösen, eine Position zu erreichen, an der Schmidt nach Ansicht vieler Leute sehr interessiert war? Oder nahm sein Groll gegen Brandt noch weiter zu, weil er es als seine Pflicht ansah, gerade zu einer Zeit in der Politik zu bleiben, da er entschlossen war, eine neue Aufgabe zu übernehmen? Wie auch immer: Schmidts Entscheidung, in einem erweiterten Finanzministerium zu bleiben, sollte große Auswirkungen auf die Bundesrepublik und ganz Europa haben. Als er sein Amt antrat, verstand er noch nicht allzuviel von Weltwährungsfragen.

»Ich hätte mir 1972 nicht zugetraut, ein Europäisches Währungssystem aus der Taufe zu heben, was ich später als Bundeskanzler getan habe«, gestand er einige Jahre danach. »Aber man lernt in jedem Amt, durch die Herausforderungen und die Partner, mit denen man zu tun hat. Ich bin im Grunde sehr lernbegierig.«[6]

Schmidt war nicht der einzige, der in die Lehre gehen mußte. In diesen Tagen begaben sich alle, die mit Währungsfragen zu tun hatten, voller Unbehagen auf unerforschtes Gebiet. Die Öffentlichkeit sah internationale Währungskrisen mit der verwirrenden Unregelmäßigkeit von Vulkanausbrüchen kommen und gehen. Die westlichen Politiker konnten sich auf keine Diagnose einigen, geschweige denn auf eine Kur. Das System fester (aber gelegentlich angepaßter) Wechselkurse, wie es 1944 in Bretton Woods in den Vereinigten Staaten beschlossen worden war, schien in den letzten Zügen zu liegen. Seit 1945 war es von einer Periode von noch nie dagewesenem Wirtschaftswachstum und steigendem Lebensstandard begleitet worden, hatte beide vielleicht sogar gesichert. Was konnte dieses System ersetzen und mit welchen Folgen?

Schmidt tastete sich also in den Jahren 1972 und 1973 wie andere auch vorsichtig vor. Aber er hatte in der Regierung schon die dramatischen Auswirkungen internationaler Währungsturbulenzen erlebt, die mitschuldig waren am Sturz seiner beiden Vorgänger im Finanzministerium. Er sah auch den rasanten Preisanstieg in praktisch allen Ländern. Er hatte den starken Verdacht, daß beides, die Währungsunruhe und die Inflation, zum großen Teil auf das Fehlen jeglicher Haushalts- und Zahlungsbilanzdisziplin der Vereinigten Staaten zurückzuführen war. Dieser Verdacht wandelte sich allmählich zur festen Überzeugung, und sie war bis in die achtziger Jahre einer der Gründe für seine scharfe Kritik an der Politik der Vereinigten Staaten. Sie erklärt auch seine Bemühungen, in Europa eine Zone größerer Währungsstabilität zu schaffen.

Das System der festen Wechselkurse basierte auf dem frei konvertierbaren US-Dollar; Währungsmaßstab war das Gold ($ 35 je Unze Feingold). Genaugenommen besagte das, daß die Amerikaner keine größeren Zahlungsbilanzdefizite entstehen lassen sollten, als sie mit ihrem Goldschatz in Ford Knox decken konnten. Solange dieser Zustand anhielt, war der Dollar im wahrsten Sinne des Wortes Gold wert. Selbst wenn die Vereinigten Staaten eine Zeitlang tief in die roten Zahlen schlittern sollten, würde das nicht viel ausmachen, solange die Besitzer von Dollars der Politik der Amerikaner vertrauen konnten, die Dinge wieder ins Lot zu bringen. So war also die eigentliche Grundlage des Systems nicht nur das Gold, sondern das Vertrauen in die Wirtschaftskraft der Vereinigten Staaten und in den Sachverstand ihrer führenden Politiker.

Mit den Jahren vergrößerte sich das US-Haushaltsdefizit, und die Dollarinhaber begannen zu zweifeln, ob die Vereinigten Staaten imstande sein würden, ihre Angelegenheiten in Ordnung zu bringen.

Der Vietnamkrieg und das wachsende amerikanische Haushaltsdefizit erhöhten diese Zweifel. Die Vereinigten Staaten schienen den Krieg zu finanzieren, indem sie Dollars druckten, die weder durch die Produktion von Gütern und Dienstleistungen noch mit genügend Gold gedeckt waren. Vielen Nicht-Amerikanern wollte es scheinen, als hätte Präsident Nixon im August 1971 genau das zugegeben, als er die Konvertibilität des Dollars in Gold »suspendierte«. Tatsache ist, daß die Konvertibilität nie wieder hergestellt wurde.

Schon vor, aber auch nach diesen Maßnahmen Nixons trachteten die Leute, ihre Dollar loszuwerden und auf Währungen umzusteigen, zu denen sie mehr Vertrauen hatten. Dank der Tatsache, daß die Bundesrepublik verhältnismäßig erfolgreich die Inflation im Griff hatte und einen Außenhandelsüberschuß aufweisen konnte, war die D-Mark natürlich ein beliebtes Ziel. Manchmal wurde aus dem Ruhm eine panische Flucht, die einen heftigen Aufwärtsdruck auf die deutsche Währung auslöste.

Im System der festen Wechselkurse konnte die Deutsche Bundesbank, wie andere Notenbanken auch, vornehmlich unter drei Möglichkeiten wählen – die eine so unerfreulich wie die andere. Sie konnte der Regierung empfehlen, die D-Mark aufzuwerten, was die deutschen Exporte ins Ausland verteuern würde; sie konnte Devisenkontrollen vorschlagen (wie Klasen das mit Erfolg am Ende der Schiller-Zeit praktizierte); oder sie konnte einfach den D-Mark-Dollar-Kurs stützen, indem sie die amerikanische Währung, die von den Spekulanten abgestoßen wurde, in riesigen Mengen aufkaufte. In den letzten Jahren des Systems der festen Wechselkurse tat die Bundesbank dies nur allzuoft. Ihre Währungsreserven (in der Hauptsache Dollar) stiegen von 26 Milliarden D-Mark im Jahre 1969 auf 49 Milliarden D-Mark im Jahre 1970 und erreichten mit 91 Milliarden Dollar 1973 einen (vorübergehenden) Höhepunkt.

Dieser massive Devisenzufluß drohte die Inflationsrate in die Höhe zu treiben, indem er die Geldversorgung im Inland anschwellen ließ und die Kontrolle der Bundesbank über Liquidität und Kredite aushöhlte. Solch eine importierte Inflation würde nun in weiterer Folge höhere Lohnforderungen und schließlich noch höhere Preise bewirken.

Es gab auch noch einen weiterreichenden politischen Faktor. Einerseits hatte Verteidigungsminister Schmidt Haushaltsmittel gefordert – nicht zuletzt um zusätzliche Verpflichtungen gegenüber der

NATO zu erfüllen und um eine fortdauernde militärische Präsenz der Vereinigten Staaten in Europa zu gewährleisten. Auf der anderen Seite, und vor dem Hintergrund der Dollarkrise, hatte Finanzminister Möller versucht, die Regierungsausgaben, einschließlich der von Schmidt geforderten, zu kürzen. Die Probleme beider Minister waren somit durch den gleichen Faktor erschwert: das Außenhandels- und das Haushaltsdefizit der Vereinigten Staaten. Zu Beginn der siebziger Jahre wollte diese Verkettung zwischen Wirtschaft, Finanzen und Verteidigung vielen Leuten nicht einleuchten; später war sie deutlicher erkennbar. Schmidt formulierte zehn Jahre später: »Besonders die engsten Verbündeten der Vereinigten Staaten sind den Auswirkungen der amerikanischen Wirtschaftspolitik ausgesetzt. Doch die Stärke und der Zusammenhalt der westlichen Allianz hängt von der wirtschaftlichen Effizienz und der gesellschaftlichen Stabilität dieser Verbündeten ab ... So ist also Wirtschaftspolitik gleichzeitig Sicherheitspolitik.«[7]

Natürlich sahen die Amerikaner den Zusammenbruch der festen Wechselkurse aus einem anderen Blickwinkel. Sie glaubten zunehmend, daß das System die Vereinigten Staaten zu einseitig belastete und daß die Kritik von Alliierten und Partnern unaufrichtig war. Wenn Ländern mit Überschuß das Außenhandelsdefizit der Vereinigten Staaten nicht behagte, so wurde argumentiert, sollten sie doch ihre Währungen aufwerten und auf diese Weise mithelfen, das Gleichgewicht wiederherzustellen. Wenn sie das nicht taten, bedeutete dies, daß sie es eigentlich vorzogen, mit Überschüssen zu leben – und die Amerikaner in den entsprechenden roten Zahlen steckenzulassen.

Angesichts des Vietnamkriegs und des Haushaltsdefizits argumentierten mehrere aufeinanderfolgende US-Regierungen, daß sie einen hohen Preis zahlten, um der kommunistischen Expansion Einhalt zu gebieten. Sie meinten, daß diese gerechte Sache und ihre finanziellen Lasten mehr Verständnis bei den europäischen Alliierten verdiente, die selbst am Rande des kommunistischen Imperiums lebten. Überdies vertrat der Durchschnittsamerikaner den Standpunkt, daß das Haushaltsdefizit nur die Vereinigten Staaten etwas anging. Verständlicherweise war es für sie schwer, eine Verbindung zwischen Washingtons Haushaltsschwierigkeiten und Europas wirtschaftlichen Problemen auszumachen. Auch zehn Jahre später war es für sie nicht leichter, als das Haushaltsdefizit der Vereinigten Staaten wesentlich größer war, die Zinsen ungeahnte Höhen erreichten und die Europäer, insbesondere Schmidt, die Schuld für die Rezession zum großen Teil den Vereinigten Staaten zuschoben.

Der spätere französische Staatspräsident Valéry Giscard d'Estaing teilte in vieler Hinsicht Schmidts Ansichten über die Politik der Vereinigten Staaten. Er und Schmidt waren zur gleichen Zeit Finanzminister, und die berufliche Hochachtung, die sie füreinander empfanden, entwickelte sich zu persönlicher Freundschaft. Sie waren beide zur Zeit der letzten qualvollen Zuckungen dieses Systems der festen Wechselkurse im Amt. Beide waren, von unterschiedlich starken Zweifeln befallen, im März 1973 am Übergang zu einem allgemeinen Währungsfloating beteiligt. Monate später erlebten beide den Schock der ersten Ölkrise. Und dann, im Mai 1974, im Abstand von nur wenigen Tagen, wurde Schmidt Kanzler und Giscard Präsident.

So begann eine Partnerschaft (Kritiker sprachen von einer Achse), die bis in das nächste Jahrzehnt einen großen Einfluß auf die Europäische Gemeinschaft und die Beziehungen zu den Vereinigten Staaten ausübte. Das soll nun nicht heißen, daß die beiden in allen Fragen automatisch übereinstimmten.

Schmidt mußte Giscard des öfteren dazu überreden, seine harte Einstellung zu mildern, insbesondere gegenüber den Vereinigten Staaten und Großbritannien. Auch ist mit ziemlicher Sicherheit anzunehmen, daß Schmidt, als er erwähnte, von »Partnern im Amt« gelernt zu haben, vor allem Giscard meinte.

Einer festen französischen Tradition folgend, lehnte Giscard eine größere Wechselkursflexibilität ab; er war davon überzeugt, dies würde die wirtschaftlichen Probleme verschlimmern und die Währungsprobleme nicht lösen. Daher bemühte er sich als Finanzminister, das System der festen Wechselkurse zu erhalten, und stimmte am Ende dem Floating nur sehr widerstrebend zu. Auch Schmidt hatte seine Bedenken, sah aber als Pragmatiker keine überzeugende Alternative. Während einer weiteren Dollarkrise Anfang 1973 hatte sich die Bundesbank genötigt gesehen, in nur wenigen Tagen amerikanische Dollars im Wert von fast 20 Milliarden D-Mark aufzukaufen. Das konnte so nicht weitergehen.

Das Floating gegenüber dem Dollar erwies sich als die einzig praktikable Möglichkeit, obgleich mehrere europäische Länder, darunter Frankreich und die Bundesrepublik, gleichzeitig versuchten, ihre Währungen relativ stabil gegeneinander zu halten. Dann kam die Ölkrise und brachte tiefgreifende Veränderungen in der Außenhandelsbilanz und den Kapitalbewegungen, Veränderungen, die das System der festen Wechselkurse zerstört hätten, wäre es nicht bereits ausrangiert gewesen. Noch 1975 betonte Schmidt, daß »dieses System flexibler Wechselkurse, kurzfristig gesehen, ausgezeichnet funktioniert hat«. Aber er fügte warnend hinzu: »Es ist allerdings möglich, daß es uns auch jetzt noch Schaden zufügt, den wir aber noch nicht klar erkennen können.«

Mit der Zeit begann Schmidt, das Floating als eine Etappe in einer schicksalhaften Kette von Ereignissen anzusehen, die von der Dollarkrise der sechziger Jahre bis zu der schweren, weltweiten Rezession der frühen achtziger Jahre reichte. Er glaubte nicht, daß die Vereinigten Staaten die Alleinschuldigen waren, aber er vertrat die Meinung, daß die Fehler der Vereinigten Staaten einen Prozeß in Gang gesetzt hatten, den viele andere Länder durch ihre eigenen Irrtümer verschlimmerten.

Die Regierungen nützten das Floaten, um eine Finanz- und Währungsdisziplin aufzugeben, die schon in den letzten turbulenten Jahren der festen Wechselkurse ins Schleudern geraten war. Dann reagierten sie auf den Anstieg der Ölpreise in den Jahren 1973 und 1974, indem sie »Geld druckten« und auf diese Weise versuchten, einen Ausweg aus dem Durcheinander zu finden. Die Folge waren eine zweistellige Inflationsrate und immer länger werdende Schlangen von Arbeitslosen.

Die Bundesrepublik machte weniger Fehler als ein Großteil ihrer Partner. Die katastrophale Inflation der Weimarer Zeit hatte die Deutschen mehr als jedes andere Volk gelehrt, auf steigende Preise zu achten. Sie hatten eine unabhängige Bundesbank, die auf Stabilität des Geldwertes bedacht war, und verhältnismäßig verantwortungsbewußte Gewerkschaften. Und sie hatten das Glück, in Schmidt einen Regierungschef zu haben, der als Finanzminister Erfahrungen gesammelt hatte und entschlossen war, sich gegenüber übertriebenen Forderungen nach Staatsausgaben zu behaupten.

Schon zu Beginn der SPD-FDP-Koalition war Schmidt zu der Überzeugung gelangt, daß die sozialen Reformen im Inland zu rasch vorangetrieben wurden und daß die Kosten schärfer kontrolliert werden sollten. Im Juli 1971, zwei Monate nach Möllers Rücktritt, gab er eine entsprechende Erklärung ab; gleichzeitig hielt er seiner Partei einige unangenehme wirtschaftliche Tatsachen unter die Nase.[8]

Schmidt erinnerte daran, daß die Koalition im ersten Jahr unter vielen anderen Dingen Pensionen, Wohnungs- und Familienbeihilfen erhöht, die staatlichen Zuschüsse zur Sozialversicherung der Angestellten aufgestockt und mehr Geld für Erziehung und Forschung aufgewendet hatte. Er gab zu, daß vieles davon erstrebenswert war, obwohl die SPD sich vor jenen Leuten hüten solle, die den Staat in einen Selbstbedienungsladen verwandeln wollten. Doch durch das Tempo, mit dem die Reformen durchgezogen worden waren, habe der Staat die Grenzen der finanziellen Belastbarkeit erreicht. Bis auf weiteres sollte sich die Regierung auf Maßnahmen beschränken, die keine zusätzlichen Kosten verursachten, wie etwa die Verbesserung des Betriebsverfassungsgesetzes.

Auf weitere Sicht, verkündete Schmidt, könne die Koalition mehrere Reformen durchführen, die Geld kosteten, aber nur in einem Umfang, der mit der Zunahme der Staatseinnahmen Schritt halte. Diese Einnahmen hingen vornehmlich vom Wirtschaftswachstum ab; dieses wieder würde von der Produktivität und den Investitionen bestimmt. Mit anderen Worten: Weder die Regierung noch die Bürger des Landes könnten ihren Kuchen gleichzeitig essen und behalten. Wenn alle mehr haben wollten, müsse der Kuchen zuerst größer gemacht werden.

All dies hätte genausogut aus Möllers oder Schillers Mund kommen können und liegt durchaus auf der Linie dessen, was Schmidt, als er Kanzler war, seinem Land immer wieder nachdrücklich vor Augen zu führen trachtete. Im folgenden Jahr aber, 1972, änderte Schmidt ein wenig seinen Ton. Er wies die Behauptungen der CDU/CSU-Koalition, wonach der Aufwand der öffentlichen Hand zu hoch sei und die Geldentwertung vorantreibe, energisch zurück. Im Gegenteil, erklärte er, die Opposition würde, wenn sie an die Macht käme, eine deflationäre Politik treiben und eine wesentlich höhere Arbeitslosenzahl in Kauf nehmen, nur um die Inflationsrate ein wenig zu senken.

Schmidts Äußerung. daß das deutsche Volk fünf Prozent Preissteigerung besser ertragen könne als fünf Prozent Arbeitslosigkeit, blieb lange an ihm haften. Diese Worte scheinen in merkwürdigem Gegensatz zu seiner beharrlichen Beteuerung als Kanzler, die Inflation sei eine Hauptursache der Arbeitslosigkeit, zu stehen.

Der Widerspruch in dieser Äußerung läßt sich zum großen Teil damit erklären, daß das zweite Halbjahr 1972 vom Bundestagswahlkampf beherrscht war. Die zunehmende Zustimmung der Öffentlichkeit zur Ostpolitik und Brandts Beliebtheit gab den Koalitionspartnern starken Auftrieb. Selbst Leute, die der Koalition reserviert gegenüberstanden, hielten den – gescheiterten – Versuch der CDU/CSU, Brandt durch ein Mißtrauensvotum zu Fall zu bringen, für unfair.

Andererseits lieferten Schillers Rücktritt und seine unheilverkündenden Warnungen im Zusammenhang mit dem Haushaltsdefizit der Opposition wertvolle Munition. Hier vor allem war die Regierung verwundbar. So geriet Schmidt als neuer Superminister unter starkes Feuer, das vor allem von seinem alten Gegner, Exfinanzminister Strauß, kam. Ihm wurde vorgeworfen, er untergrabe verantwortungslos die Preisstabilität des Landes. Schmidt zahlte mit gleicher Münze zurück, und im Lärm und Rauch des Wahlkampfgetümmels war schwer herauszufinden, wie die Dinge wirklich lagen.

In Wahrheit betrieb Schmidt, was er in der Öffentlichkeit auch sagen mochte, eine Sparpolitik, wie Möller und Schiller sie propagiert hatten. Kaum hatte er sein Amt angetreten, führte er die meisten Etatkürzungen durch, für die Schiller vergeblich gekämpft hatte, und das mit einer Unbeschwertheit, die seinen Vorgänger verständlicherweise verärgerte.

Nach der Wahl und zum Teil nach neuen großen Dollarzuflüssen proklamierte Schmidt zwei »Stabilitätsprogramme«, wobei er Brennstoff- und andere Steuern erhöhte und die öffentliche Kreditaufnahme einschränkte. Brandts Regierungserklärung vom Jahre 1973 war in einer wesentlich gemäßigteren Tonart gehalten als die vom Oktober 1969. »Reformgerede, hinter dem sich nur Gehaltsforderungen tarnen, taugt wenig«, sagte Brandt, und das waren Worte, die auch von Schmidt hätten stammen können.

Und dann, im Herbst, kam die Ölkrise. Sie beendete nicht alle teuren Reformpläne, sondern verstärkte eine schon vorhandene Ernüchterung und beschleunigte Brandts Sturz als Kanzler. Um Treibstoff zu sparen, verhängte die Regierung ein Fahrverbot an Sonntagen und verfügte Geschwindigkeitsbeschränkungen. Plötzlich bot sich den Bundesbürgern der unheimliche Anblick leerer Autobahnen. Ihre schnellen Wagen schienen überflüssig geworden zu sein, und das Gefühl, wirtschaftlich verwundbar zu sein, beängstigte sie wie schon seit drei Jahrzehnten nicht mehr. Die Menschen verlangten nach einem starken Mann, einem Pragmatiker, der imstande war, Krisen zu meistern, und diese Erwartungen konnte Brandt aus vielerlei Gründen nicht erfüllen.

Brandts Regierungsstil war schon immer mehr von einer »Stop-and-go«-Politik statt von stetiger Machtausübung geprägt gewesen. Auf Perioden nahezu fieberhafter Aktivität, in denen der Kanzler ständig im Blickpunkt der Öffentlichkeit stand, folgten lange Zeiträume, in denen er unsichtbar schien. Dieser Stil paßte in die ersten Jahre der Koalition mit ihren dramatischen plötzlichen Durchbrüchen in der Außenpolitik, aber in einer Zeit anhaltender wirtschaftlicher Bedrohung wirkte er beunruhigend.

Mehrere öffentliche Erklärungen Brandts zu dieser Zeit verschlimmerten die Lage noch. Er versuchte darauf zu bestehen, daß die Angestellten im öffentlichen Dienst Lohnerhöhungen von weniger als zehn Prozent bekommen sollten, da die Energie- und Wirtschaftskrise Opfer von jedem forderten. Aber die öffentlich Bediensteten streikten und bekamen dann ihre zweistellige Erhöhung. Brandt sagte auch, daß die Europäische Gemeinschaft nichts wert sei, wenn sie sich nicht schnellstens auf eine gemeinsame Energiepolitik einige. Doch die Gemeinschaft einigte sich nicht – damals und auch später nicht.

Es war nicht fair, den Kanzler allein für diese Rückschläge verantwortlich zu machen. Aber mit seinen voreiligen Reden verstärkte er noch das Gefühl der Hilflosigkeit in der Bevölkerung. Brandt schien sich dessen bewußt zu sein und dachte an Rücktritt, als die öffentlich Bediensteten seinen Appell ignorierten. Auf wenigstens einer Versammlung dieser Zeit bot er das Bild eines einsamen und geschlagenen Mannes – er verhaspelte sich, sein Gesicht war von tiefen Furchen durchzogen, das Haar stand ihm vom Wind zerzaust wirr um den Kopf.

Auch sah er sich wachsender Kritik seiner Parteifreunde ausgesetzt. Bei einem Besuch in Moskau kam von Herbert Wehner, dem die Ostpolitik über die Unterzeichnung der Verträge hinaus nicht schnell genug voranging, ein kaum verhüllter Angriff gegen Brandt. Der Kanzler, der sich auf einer Reise in die Vereinigten Staaten befand, brach seinen Aufenthalt ab und flog nach Bonn zurück, um die Scherben aufzulesen. Mittlerweile steuerten die seit langem bestehenden Differenzen mit Schmidt wieder einem entscheidenden Höhepunkt zu.

Schmidt übte öffentlich nicht direkte Kritik am Kanzler. Aber selbst bei politisch unbedarften Lesern mußte ein Artikel, den er im Dezember 1973 zu Brandts sechzigstem Geburtstag schrieb, Betroffenheit auslösen.[9] »Die Kollegen im Kabinett und die Genossen in der Parteiführung wissen, daß sein Schweigen zunächst nur dem Willen zum Zuhören entspringt«, schrieb Schmidt. »Sein Zögern bedeutet, daß eine Sache noch nicht zur Entscheidung herangereift ist.« Schmidt merkte auch an, daß es trotz Brandts Toleranz gegenüber Andersdenkenden nicht immer leicht war, mit ihm zu arbeiten. Weder in der Regierung noch in der Partei, noch im Bundestag war die Zusammenarbeit »frei von Spannungen und Friktionen. Wir sind alle nicht dazu geschaffen, es uns gegenseitig leicht zu machen. Die regierende Sozialdemokratie ist keine Kanzlerpartei geworden, Gott sei Dank!« Nie hatte Schmidt wahrer gesprochen.

Im März 1974, nach SPD-Verlusten bei Wahlen in Hamburg, erreichte Schmidts Unzufriedenheit ihren Höhepunkt. In einem Fernsehinterview warf er der Partei vor, eine zu lasche Haltung gegenüber den Hunderttausenden von neuen Mitgliedern einzunehmen, die in den letzten paar Jahren eingetreten waren. Einige Tage später, bei einem privaten Treffen führender SPD-Politiker, an dem auch Brandt und Wehner teilnahmen, wurde Schmidt noch deutlicher. Nach seiner Meinung war der Wahlsieg von 1972 ein Glücksfall. Die gefühlsbetonte Atmosphäre rund um die Ostpolitik und das gescheiterte Mißtrauensvotum gegen Brandt hatten einen unter der Oberfläche liegenden Trend verdeckt, der deutlich gegen die SPD gerichtet war.

Den Menschen im Land sei speiübel beim Anblick von untereinander zerstrittenen Sozialdemokraten, sagte Schmidt. Die Partei habe allen möglichen Randgruppen erlaubt, den politischen Ton anzugeben, und damit de facto die politische Mitte verlassen. Fünfzehn Jahre lang hätte die SPD dafür gekämpft, bei breiteren Wählerschichten Verständnis und Unterstützung für ihre zeitgemäße Politik zu finden. Jetzt gab sie kampflos ein gutes Stück des Terrains preis, das sie erobert hatte. Schließlich warnte Schmidt ernsthaft davor, zu handeln, »als ob wir alles so weitermachen wollten wie bisher, als ob wir doch die Größten seien, und bloß die Wähler hätten's nicht gemerkt ... Dieses kann nur noch zusätzlich ein paar Leute bestärken darin, daß sie recht daran getan haben, diesmal die CDU zu wählen.«[10]

So erfuhr die Öffentlichkeit von einem großen Teil der Gegensätze zwischen Schmidt und Brandt; innerhalb der SPD waren sie offenkundig. Im März aber zog Schmidt auch persönliche Konsequenzen, die damals nicht allgemein bekannt wurden. Er erinnert sich, Brandt mitgeteilt zu haben, daß er als Finanzminister bis zum Ende der Legislaturperiode 1976 bleiben, dann aber aus der Regierung austreten würde. Er dachte nicht mehr daran, eine unpolitische Stellung in der Privatindustrie anzunehmen, wie das 1972 seine Absicht gewesen war; nun wollte er mindestens vier Jahre als Abgeordneter im Bundestag sitzen.[11] Vielleicht hoffte er seinen alten Traumjob von Wehner zurückzubekommen, der Ende 1976 mit siebzig sieben Jahre Fraktionschef der SPD war und möglicherweise bereit wäre, sein Amt abzugeben.

Schmidt war nicht nur über den Zustand der SPD unglücklich. Er hatte eine Rede gehalten, in der er in bewegten Worten vor den wirtschaftlichen Konsequenzen der Ölkrise warnte, die Ende 1973 die Welt aufgeschreckt hatte. Schmidt erinnert sich, daß Brandt ihn anwies, keine so alarmierenden Erklärungen mehr in der Öffentlichkeit abzugeben. Widerwillig erklärte Schmidt sich einverstanden; daß er nun nicht mehr mit dem Nachdruck, der ihm geboten schien, seine Meinung sagen konnte, verbitterte ihn.

Weniger als zwei Monate später, am 6. Mai, gab Brandt seinen Rücktritt als Regierungschef bekannt. Ein DDR-Agent namens Günter Guillaume war im Kanzleramt entdeckt worden, und Brandt übernahm die »Verantwortung für Nachlässigkeit« in dieser Affäre. Guillaume hatte seit 1970 im Kanzleramt gearbeitet, war oft mit Brandt auf Reisen gewesen, begleitete ihn sogar bei seinem Urlaub in Norwegen, wo er Zugang zu streng geheimem NATO-Material gehabt hatte. Brandts Rücktritt rief auch außerhalb Deutschlands Bestürzung hervor, und die meisten Menschen sahen in der Spionageaffäre den Grund für diesen Schritt. Auch bestand die Gefahr, daß peinliche Einzelheiten aus Brandts Privatleben ans Licht kommen und seinem Ansehen als Kanzler schaden könnten. Außerhalb der Bundesrepublik wurde diesem Umstand weniger Bedeutung zugemessen, obwohl Brandt, als er aus dem Amt schied, öffentlich darauf anspielte.

Doch für viele Leute, die des Kanzlers schwindende Fortüne in den letzten Jahren aus der Nähe beobachten konnten, kam der Rücktritt nicht überraschend. Brandt war schon vor der Guillaume-Affäre zunehmend isoliert und demoralisiert gewesen. Bemerkenswert ist, wie gut er sich erholte, nachdem er die Regierung verlassen hatte. Er behielt den Vorsitz der SPD, und sein internationales Prestige als führender Kopf der Nord-Süd-Gruppe, die sich mit Problemen der Dritten Welt auseinandersetzte, wuchs.

Brandts Mißgeschick und seine Depressionen warfen auch ein völlig neues Licht auf eine weitverbreitete Geschichte: Demnach hatte Wehner den Kanzler zum Rücktritt gezwungen und an seiner Stelle »seinen Kronprinzen« Schmidt installiert. Als er viele Jahre später gefragt wurde, was er von dieser Version hielt, antwortete Schmidt: »Nichts.« Es war die einzige Frage in einem langen Interview, auf die er nur mit einem Wort antwortete.

Weder Wehner noch sonst jemand hätte Brandt zum Gehen zwingen können, wenn er kampffreudig und zum Bleiben entschlossen gewesen wäre. Aber als Wehner von Guillaume erfuhr und die Gefahr eines sich ausweitenden Skandals deutlich vor Augen sah, kam er zu dem Schluß, daß rasch eine Entscheidung getroffen werden müsse, so oder so. Seine erste Sorge galt wie immer der SPD. Sie befand sich jetzt in einem angeschlagenen Zustand, der sich zwangsläufig noch verschlechtern mußte, wenn Brandt weiterwurstelte, weder einen sauberen Richtungswechsel vollzog noch entschiedene Anstrengungen unternahm, um diesen neuen Angriff auf seine Autorität zurückzuweisen.

Bei einem Zusammentreffen mit Brandt am 4. Mai in Bad Münstereifel stellte Wehner nachdrücklich dar, was seiner Meinung nach auf dem Spiel stand, und legte Brandt nahe, sich innerhalb von vierundzwanzig Stunden zu entscheiden. Wehner betonte, er würde jede Entscheidung Brandts akzeptieren, aber dieser deutete Wehners Worte – zweifellos zu Recht – als alles andere als den Wunsch, daß er im Amt bleiben möge. Am nächsten Tag teilte er einigen älteren Parteifreunden mit, er habe beschlossen, zurückzutreten, und schlug Helmut Schmidt als seinen Nachfolger vor. Man kann sich leicht ausmalen, mit wieviel Bitterkeit und Verdruß Brandt diese Mitteilung gemacht haben muß. Schmidt gehörte zu denen in der Runde, die die Gründe für Brandts Rücktrittsabsichten für nicht ausreichend hielten und vergeblich versuchten, ihn umzustimmen. Schmidt überschüttete ihn sogar mit Schmähungen, deren er sich dann schämte, wie er bei einer späteren Gelegenheit zugab. »Aber ich war wütend. Nach meiner Ansicht hatte er den Karren in den Dreck gefahren und überließ es jetzt anderen, ihn wieder herauszuholen.«[12]

Alle wußten, daß Schmidt der unbestrittene Nachfolger war, der Mann, der genügend Energie und Erfahrung hatte, um die Situation zu retten – wenn das überhaupt noch jemand konnte. Er war der rechte Mann am rechten Ort zur rechten Zeit, wie er das vor dreizehn Jahren gewesen war, als Hamburg von der Flutkatastrophe heimgesucht wurde. Aber er war keineswegs »Wehners Kronprinz«. Wehner verurteilte die Art, wie Schmidt immer aggressiver auch öffentlich die Schwächen der Partei bloßgestellt und kritisiert hatte. Bei einer Flasche Wein hatte Wehner, kurz bevor die Affäre Guillaume platzte, Brandt sogar in diesem Punkt (aber sonst wohl in keinem) zugestimmt. Aber was Wehner auch über Schmidts Stil dachte, einem großen Teil seiner Vorwürfe konnte er nur beipflichten. Brandt ließ spürbar nach, die Partei brauchte Schmidt – und auch Wehner brauchte ihn.

Am Vormittag des 16. Mai wählte der Bundestag Schmidt mit 267 gegen 225 Stimmen zum Kanzler. Schmidt hatte einmal gesagt, er wäre bei einem Abtreten Brandts gewiß schon zu alt, um das Ruder zu übernehmen. Jetzt aber, im Alter von fünfundfünfzig Jahren und vier Monaten, war er der jüngste Kanzler, den es je in der Bundesrepublik gegeben hatte. Während die Stimmen ausgezählt wurden, saß er, anscheinend in Papiere vertieft, auf seinem Platz, und nur sehr scharfe Beobachter konnten sehen, daß seine Hände ein wenig zitterten. Der Helmut Schmidt, der daheim, in der Schule und beim Militär Disziplin und Selbstbeherrschung gelernt hatte, stellte beides unter Beweis, als er nun den Gipfel seiner politischen Laufbahn erreichte. Nachdem er den Amtseid geleistet hatte, ging er die paar Schritte zum Stuhl des Kanzlers – vor kurzer Zeit erst von Brandt geräumt – und ließ sich fast zerstreut darauf nieder, so als ob er schon seit Jahren darauf gesessen hätte.

Zwischenakt: Nur ein Macher?

»Ich habe das nicht angestrebt«, sagte Schmidt in einem Interview, als er längst Kanzler war. »Zufälle haben es so gefügt. Ich habe mich nicht verweigert, ich habe mich auch früher Anforderungen nicht verweigert.

Ich habe nie die Absicht gehabt, jemals Wirtschafts- und Finanzminister zu spielen, ich habe mich 1969 vierzehn Tage lang gesträubt, Verteidigungsminister zu werden. Ich war voll zufrieden mit meiner Rolle im Bundestag. Die hätte ich genausogut auch bis zum heutigen Tag ausüben mögen, ich fühle mich im Parlament sehr wohl, sauwohl.«[1]

Schmidt ließ regelmäßig ähnliche Bemerkungen fallen, wonach ihm seine Karriere praktisch »passiert« sei. Für den Bundestag habe er kandidiert, sagte er, nachdem ihm dieser Schritt von Freunden nahegelegt worden sei; er habe begonnen, sich mit Fragen der Verteidigung zu beschäftigen, weil sonst keiner in der SPD dazu bereit gewesen sei; er habe die Ministerposten, die man ihm gab, eigentlich nie angestrebt und sei sozusagen in das Kanzleramt hineingerutscht. In privatem Gespräch gab er sogar zu, daß er Angst habe, das höchste Amt anzunehmen, denn er wisse nur zu gut, wie es seinen vier Vorgängern ergangen war – Adenauer, der zu lange blieb, Erhard, der zum Teil durch Intrigen gestürzt wurde, Kiesinger, dessen Koalition auseinanderbrach, und dann Brandt ...

Das ist gewiß nur ein Teil des Gesamtbildes. Seit seiner Schulzeit zeigte Schmidt Energie und Zielstrebigkeit, Eigenschaften, die man häufig bei Menschen von eher kleinem Wuchs findet. Er wollte sich beweisen, und wenn er die Chance hatte, ging er oft als Sieger hervor. Meistens mußte er aber das Gefühl gehabt haben, daß er in eine Sackgasse geraten war, daß das Leben ihn betrogen hatte.

Zuerst mußte er wegen des Krieges die Hoffnung aufgeben, Architekt zu werden; dann kamen die Jahre in der Oppositionseinöde, die ihn von Bonn nach Hamburg zurücktrieben; dann trat er in die Regierung ein – eine Regierung unter Brandt, der nur wenige Jahre älter war. Schmidts eigene Kommentare lassen seine Verärgerung über die Art erkennen, wie Brandt sowohl die Regierung als auch die Partei führte. So klar er auch die Risiken hoher Ämter erkannte, so muß Schmidt doch das Gefühl gehabt haben, daß er es besser machen konnte. Es kann nicht überraschen, daß Schmidt unter häufig wiederkehrenden Phasen von Gemütsstörungen litt, die vielleicht zum Teil seine Zornausbrüche, seine Gesundheitsprobleme und seine Absicht erklären, ganz aus der Politik auszuscheiden, bevor es für eine erfolgreiche Karriere anderswo zu spät war.

Schmidt ist nicht der Mann, der »Aufgaben, die mir gestellt wurden«, zurückweist. Ehrgeiz – durch Tüchtigkeit gefestigter Ehrgeiz – war durchaus reichlich vorhanden. Aber das weitverbreitete Bild Schmidts als skrupelloser Macher, der nur daran denkt, an die Macht zu kommen und sie auch zu behalten, ist ebensowenig eine treffende Charakterisierung.

Als Schmidt an jenem unseligen Maitag des Jahres 1974 versuchte, Brandt von seinen Rücktrittsplänen abzubringen, tat er das mit einer Eindringlichkeit, die allen Anwesenden aufrichtig erschien. Sicherlich zweifelte er an Brandts Fähigkeiten, aber er meinte, daß kein Kanzler aus den Gründen aus dem Amt scheiden sollte, die Brandt anführte. Als Regierungschef war Schmidt selbst mehr als einmal nahe daran zurückzutreten und drohte es auch öffentlich für den Fall an, daß die SPD ihm in seiner Verteidigungs- und Sicherheitspolitik die Gefolgschaft versagte. Er kämpfte erbittert, um das Auseinanderbrechen der Koalition abzuwenden, das dann zu seinem Sturz führte. Doch in den darauffolgenden Monaten akzeptierte er nicht nur seine Rolle als Exkanzler; er machte sie sich fast mit Erleichterung zu eigen. Nach erfüllter Pflicht konnte er sich jetzt auf andere Dinge konzentrieren, für die er bisher nur wenig Zeit gefunden hatte. Dies war eine Überraschung für alle, die prophezeit hatten, es würde Schmidt schwerfallen, ohne Macht zu leben.

Viele Mitglieder der SPD (vor allem die jüngeren) warfen Schmidt vor, ein Managertyp zu sein, ein Mann also, der sich ihrer Meinung nach zwar durch große Tatkraft auszeichnete, ohne jedoch für Ideen einzutreten, mit anderen Worten: ein Scheuklappen tragender Pragmatiker. Schmidts Auftreten in der Öffentlichkeit schien dieses Urteil zu bestätigen. Als Kanzler nannte er sich »der leitende Angestellte der Bundesrepublik« und verglich die Wahlen mit Aktionärsversammlungen.

Andererseits gibt es auch genug Beweise, daß Schmidt mindestens ebenso »ein Intellektueller« ist wie seine Kritiker und ernsthaft über den Verantwortungsbereich und die Grenzen der politischen Macht nachdachte. Er sprach häufig über die Rolle von Kirche und Staat und unterschied sorgfältig zwischen »Grundrechten«, die der Staat mit allen Mitteln zu verteidigen hatte, und »Grundwerten«, die zu diktieren er nicht einmal versuchen sollte. Über die Jahre hin vertrat er diesen Standpunkt immer wieder in verschiedenen Reden und Interviews. Weil aber dieses Thema keinen besonderen Neuigkeitswert besaß und auch nicht ohne weiteres zum Bild eines Machers paßte, wurde es weitgehend übersehen.

Zur Zeit seiner Kanzlerschaft hielt Schmidt auf einem Kongreß über Immanuel Kant einen Vortrag.[2] Wer diese Veranstaltung überhaupt wahrnahm, wunderte sich darüber, womit Schmidt, auf den von allen Seiten praxisbezogene Probleme einstürmten, sich beschäftigte. Aber der Kanzler sah darin keinen Widerspruch. Er selbst war kein kreativer Philosoph und behauptete auch nicht, es zu sein, aber er hatte schon lange in Kants Werken wertvolle Richtlinien für das politische Handeln gesehen. Das bezog sich besonders auf Kants Schrift »Zum ewigen Frieden«, die Schmidt wegen ihrer Logik und ihres Realitätssinnes bewunderte; Werte, die nach seiner Feststellung in den Auseinandersetzungen zwischen Ost und West um Sicherheitsfragen fehlten.

Für Kant, führte Schmidt in seiner Rede aus, »besteht Friedenspolitik also nicht in einer Beteuerung des bloßen Friedenswillens und schon gar nicht in der Hoffnung auf ein Zeitalter der internationalen Verbrüderung. Er plädiert vielmehr für eine aktive Politik kontinuierlicher, wechselseitiger Annäherung der Staaten untereinander. Er plädiert für einen kontrollierten Umgang mit den Konflikten zwischen den Staaten und für eine beständige Arbeit an ihrer Regelung im allseitigen Interesse.« Schmidt erinnerte daran, daß Kant die Notwendigkeit betonte, ein Gleichgewicht der Macht herzustellen, das dazu beitragen sollte, die internationale Sicherheit zu bewahren. Der Kanzler fügte hinzu: »Gleichgewicht ist eine notwendige Bedingung für den Frieden, aber keine hinreichende Bedingung. Es muß hinzukommen die Friedensgesinnung, der Wille zur Mäßigung dem anderen gegenüber, der Wille, aufeinander zuzugehen, der Wille, miteinander zu reden und dabei auch zuzuhören, wenn der andere spricht. Hinzukommen muß der Wille, die Interessen des anderen zu verstehen, darüber hinaus seine Interessen zu respektieren, es muß der Wille und die Fähigkeit zum Kompromiß hinzukommen, es muß hinzukommen der Wille zur Kooperation.«

Schmidt bemühte sich, diese Prinzipien zur Richtschnur seiner Außen- und Sicherheitspolitik zu machen. Aber es gab da auch einen anderen nicht so leicht faßbaren Punkt in Kants Philosophie, und auch der beeinflußte ihn: die Erkenntnis, daß sittliches Verhalten von der Fähigkeit und Bereitschaft, Vernunft walten zu lassen, begleitet sein muß. »Der Politiker«, sagte Schmidt, »wird nicht schon dadurch gerechtfertigt, daß er die richtigen, die moralisch begründeten Zwekke oder Ziele verfolgt. Das ist bestenfalls ein Teil seiner Legitimation. Seinem politischen Handeln muß eine kritische Analyse der Situation, der Zusammenhänge vorausgehen. Wenn er das unterläßt, dann kann das Handeln des Politikers überhaupt moralisch nicht begründet, nicht legitimiert werden. Irrtümer, die ihm unterlaufen, in der Beurteilung der Situation oder Fehler in der vernunftsgemäßen Auswahl der Mittel, zu denen er greift, können sehr tragische Folgen haben. Sie können ebenso schlimm sein wie die Folgen falscher moralischer Grundsätze. Beides kann den Politiker disqualifizieren.«

Das ist eine Lektion, die Schmidt nicht nur bei Kant lernte. Als junger Mann war er auf die »Selbstbetrachtungen« des römischen Kaisers Marc Aurel gestoßen. Schmidt war tief beeindruckt, hielt das Buch stets greifbar und las es in den folgenden Jahren immer wieder. Seine besondere Bewunderung riefen die Kommentare zu Pflicht und Ruhm hervor – und die These, wonach ein führender Politiker nicht nur für seine guten Absichten verantwortlich ist, sondern vor allem für die Folgen seiner Handlungen oder Unterlassungen.[3] Das Buch trug auch dazu bei, Schmidts Einstellung zum politischen Geschäft zu formen. Angesichts dieses Hintergrundes kann es nicht überraschen, daß er so wenig mit dem sendungsbewußten Jimmy Carter auskam, einem Präsidenten mit hohen moralischen Zielsetzungen, jedoch bescheidenen praktischen Erfahrungen.

Neben alldem gibt es noch einen anderen Grund, warum die Bezeichnung eines »leitenden Angestellten« unpassend ist. Sie erweckt die Vorstellung, Schmidt könne fast automatisch die seiner Linie entsprechenden Vorstellungen rasch in die Tat umsetzen. Aber dem ist nicht so. Zwar hat ein deutscher Bundeskanzler in unseren Tagen mehr Macht als seine Vorgänger in der Weimarer Zeit, aber er ist in seiner Amtsführung immer noch starken Zwängen unterworfen.

Der Bundesrat ist nicht bloß ein Debattier-Club. Er ist die Vertretung der einzelnen Länder in Bonn, und ihm sind alle Gesetzesvorlagen der Bundesregierung zur Stellungnahme vorzulegen; er hat das Recht, gegen bestimmte Vorlagen (vor allem zum Thema Steuergesetzgebung) ein Veto zu erheben. Während Schmidts Kanzlerschaft hatten die Unionsparteien, die im Bundestag die Opposition stellten, im Bundesrat die Mehrheit, weil sie bei den Landtagswahlen besser abschnitten als die SPD-FDP-Koalition. Damit wurde es für die Regierung zu einer umständlichen und zeitraubenden Prozedur, ihre Gesetze durch das Parlament verabschieden zu lassen. Selbst wenn ein Gesetz von beiden Häusern angenommen wird, sind immer noch Korrekturen oder auch eine Ablehnung möglich. Wenn das Bundesverfassungsgericht entscheidet, daß ein Gesetz mit den Bestimmungen des Grundgesetzes nicht vereinbar ist, muß die Regierung noch einmal von vorn anfangen. Das passierte der Koalitionsregierung Schmidt nicht nur in einem Fall.

Jeder Bundeskanzler, selbst Adenauer, mußte sich mit den Problemen einer Koalitionsregierung auseinandersetzen. Aber Schmidt war noch übler dran, weil er seine Partei nur selten uneingeschränkt hinter sich hatte. In seiner Spätphase hatte Brandt mit ähnlichen Schwierigkeiten zu kämpfen, aber anfangs erleichterten ihm die Ostpolitik und die Welle von sozialen Reformen, dazu die der Disziplin förderliche knappe Mehrheit im Bundestag das Leben. Für Schmidt gab es eine solche Schonfrist nicht.

Natürlich waren die Einschränkungen, denen Schmidt sich unterworfen sah, innerhalb der Bundesrepublik weit offenkundiger als im Ausland. Die meisten Nicht-Deutschen sahen einfach nur einen Mann von großen Fähigkeiten und außerordentlicher Willenskraft, eben einen »Eisernen Kanzler«, der das »stärkste Land in Europa« regierte. Schon seit langem war es ein Gemeinplatz, von der Bundesrepublik als »wirtschaftlichem Riesen und politischem Zwerg« zu sprechen. Mit Schmidt an der Spitze, so meinten jetzt viele Leute, wäre der Zwerg gewachsen, um der wirtschaftlichen Macht des Landes ebenbürtig zu sein.

Dieses Urteil hatte etwas für sich, auch wenn es übertrieben war. Wirtschaftlich gesehen, erlebte die Bundesrepublik nach dem Krieg einen gewaltigen Aufschwung und produziert immer noch einen gesunden Handelsbilanzüberschuß. Aber bei ihrer Energieversorgung und ihren Rohstoffen ist die Bundesrepublik in hohem Maß von Importen abhängig und hat stets ein Defizit in »unsichtbaren« Leistungen (verursacht zum Beispiel von dem Geld, das deutsche Touristen im Ausland lassen, und den Beträgen, die Gastarbeiter in ihre Heimatländer überweisen). Obwohl sie über die stärksten Verteidigungskräfte in Westeuropa verfügt, besitzt sie im Gegensatz zu Großbritannien und Frankreich keine eigenen Atomwaffen. Sie ist die eine Hälfte einer geteilten Nation und hat eine lange gemeinsame Grenze mit dem kommunistischen Imperium. Als Schmidt an die Macht kam, war ihr politischer Handlungsspielraum größer als vor zehn Jahren, aber immer noch lastete die Nazivergangenheit auf ihr.

Schmidt sah das alles ganz deutlich, obwohl selbst er Bonns Chancen, die gewünschten Reformen in der Europäischen Gemeinschaft durchzusetzen, anfangs überschätzte. Er erkannte die Grenzen, die ihm zu Hause und im Ausland gesetzt waren, und vielleicht war das zum Teil der Grund seiner persönlichen Befürchtungen, als er das Kanzleramt antrat. Doch aus der Selbstsicherheit, die er zur Schau stellte, als er das neue Amt übernahm, war nicht zu schließen, daß er irgendwelche Zweifel hegte.

6.
Kanzler – Die frühen Jahre

Die Hitze war unerträglich. In den Anlagen des Luxushotels lagen die Gäste neben dem Schwimmbecken, um sich zu bräunen, oder nippten im Schatten der Palmen an eisgekühlten Getränken. Die Fahrer der schwarzen Limousinen, die nahe der Einfahrt geparkt waren, hatten sich in eine nahegelegene Bar zurückgezogen. Der einzige Mensch, der noch Leben zeigte, schritt hinter einem offenen Fenster in einem oberen Stockwerk des Hotels auf und ab. Er schien ununterbrochen zu reden, obwohl seine Worte nicht zu den schläfrig herumsitzenden und -liegenden Hotelgästen hinabdrangen. Hin und wieder hob er mahnend einen Finger. Anfangs trug er eine Jacke; erst später zeigte er sich in Hemdsärmeln, seine einzige Konzession an die hohen Temperaturen. Der Uneingeweihte erfuhr, daß es sich bei dem Mann um Helmut Schmidt, den Kanzler der Bundesrepublik Deutschland, handele und man Grund zu der Annahme habe, daß irgendwo im verdunkelten Raum hinter ihm der italienische Ministerpräsident Mariano Rumor sitze. Es sah nicht so aus, als ob Rumor Gelegenheit hatte, mehr als Zwischenbemerkungen zu machen.

Seine erste Italienreise als Kanzler machte Schmidt im August 1974. Die Italiener wollten ein klaffendes Loch in ihrer Zahlungsbilanz stopfen. Sie erwarteten Hilfe von der Europäischen Gemeinschaft, aber sie wollten auch einen bilateralen Kredit von den Deutschen. Den Deutschen schien es prächtig zu gehen, und die Italiener waren gute Kunden für ihre Waren. »Hauptsächlich schnelle Autos und Sekt«, kommentierte ein deutscher Regierungsbeamter. Es lag daher im Interesse der Deutschen, den Italienern zu helfen.

Das war jedenfalls der Kern der italienischen Argumente, aber eine Zeitlang sah es so aus, als ob sie in Bonn damit keinen Eindruck machten. Die deutsche Regierung erklärte wiederholt, daß an einen bilateralen Kredit nicht zu denken sei. Die Italiener zeigten sich nicht entmutigt. Sie schlugen ein Treffen auf höchster Ebene in Bellagio vor, einem schönen Ferienort an der Gabelung des Comer Sees in Italien. Eine solche Umgebung mußte einfach harte Herzen erweichen und geballte Fäuste öffnen. »*Sono Arrivati I Marchi*!« (»Die D-Mark sind da!«) verkündete freudig eine italienische Zeitung, als der deutsche Kanzler in Bellagio eintraf.

Schließlich bekamen die Italiener das Geld. Sie mußten sich von Schmidt eine Predigt über die Tugenden wirtschaftlicher und finanzieller Disziplin anhören, was ihnen aber die Sache zweifellos wert war. Sie erhielten ein auf zwei Jahre befristetes Zwei-Milliarden-Dollar-Darlehen von der Bundesbank, garantiert durch einen Teil der Goldreserven der italienischen Notenbank. Die Deutschen erklärten wiederholt, daß es sich dabei um eine reine Notenbankoperation handelte und nicht um einen bilateralen Kredit, aber in beiden Ländern nahm die Öffentlichkeit diesen feinen Unterschied kaum zur Kenntnis. Auch Schmidt schien davon nicht überzeugt zu sein. Zähneknirschend stimmte er zu, weil er glaubte, Italien könne sonst aus der Gemeinschaft ausscheiden, aber er schwor, daß die Bundesrepublik nie wieder bei einem bilateralen Handel dieser Art mitmachen würde. Die Darlehensnehmer, fürchtete er, würden, noch während sie das Geld einstrichen, Deutschland seine Zahlungsfähigkeit verübeln. Dies wiederum könnte eine latente antideutsche Stimmung aufwallen lassen. In Zukunft sollte jede Hilfe in Europa im multilateralen Rahmen geleistet werden, auch wenn – wie mit einiger Sicherheit zu erwarten war – die Deutschen immer den größten Teil zahlen müßten.

Nur wenige Wochen nach dem Abkommen mit Italien mußte Schmidt eine andere europäische Lektion hinnehmen. Die Regierung in Bonn unternahm einen Schritt, der die Partner der Bundesrepublik schockierte: Sie lehnte eine von den Landwirtschaftsministern aller neun Mitgliedstaaten in Brüssel eben beschlossene Erhöhung der Agrarpreise in der Europäischen Gemeinschaft um fünf Prozent ab. Die Deutschen wiesen darauf hin, daß schon jetzt große Überschüsse vorhanden seien, insbesondere an Milchprodukten. Eine Preiserhöhung um fünf Prozent würde eine verstärkte Produktion zur Folge haben und die Lage noch weiter verschlechtern.

Das mag vielen Leuten kaum als ein ausreichender Grund für Aufregung, geschweige denn einen Schock erscheinen. Doch die Landwirtschaft ist der einzige Sektor, in dem die Mitgliedstaaten der Europäischen Gemeinschaft nach deren Gründung im Jahre 1958 eine im wesentlichen gemeinsame Linie (auf Gedeih und Verderb) gefunden haben. Demnach entfällt auf die gemeinsame Agrarpolitik (CAP) der weitaus größte Anteil am Haushalt, und die alljährliche Neufestsetzung der Preise ist ein Ritual, das viel Zeit und Mühe und auch leidenschaftliches Engagement erfordert. Keine Regierung hatte jemals eine in Brüssel mühsam ausgehandelte Preiserhöhung abgelehnt, bis Bonn das im September 1974 tat. »Finanzdiktator Schmidt« nannte eine deutsche Zeitschrift den Kanzler.

Mit seinem »Diktat« schien Schmidt vornehmlich die guten Beziehungen Bonns zu Paris zu gefährden. Die Gemeinschaft war unter der Voraussetzung gegründet worden, daß Frankreich für seine vielen Bauern Nutzen daraus ziehen würde; als Gegenleistung wollte Frankreich seine Grenzen für Industrieimporte vor allem aus Deutschland öffnen. Versuchte Bonn sich seinen Verpflichtungen zu entziehen? Es gibt gute Gründe für die Annahme, daß Präsident Giscard d'Estaing Verständnis für Schmidts »Nein« hatte. Auch er sah die Notwendigkeit von Veränderungen in der gemeinsamen Agrarpolitik, aber viele Mitglieder seiner Regierung dachten anders darüber, und natürlich lief die mächtige Lobby der französischen Bauern Sturm. Vor allem aber geriet Schmidt in seiner eigenen Koalition in ernste Schwierigkeiten.

Der aus Bayern stammende FDP-Landwirtschaftsminister Josef Ertl hatte in Brüssel der fünfprozentigen Erhöhung zugestimmt. Gewiß, das Abkommen hätte der formalen Bestätigung durch Bonn bedurft, aber Ertl rechnete vertrauensvoll mit der Zustimmung des Regierungschefs. Statt dessen lehnten die Minister der SPD und vor allem der Kanzler seinen Schritt ab. Der Vorsitzende seiner Partei, Außenminister Genscher, hielt sich in den Vereinigten Staaten auf und wußte nicht, was sich da zusammenbraute. Als er es erfuhr, vertrat Genscher die Ansicht, die Bundesrepublik verlöre zuviel europäische Sympathie aus zu geringem Anlaß. Er forderte mehr Flexibilität von Bonn.

Knapp eine Woche nach dem Veto akzeptierte Bonn die Erhöhung und setzte damit der Krise ein Ende. Schmidt konnte für sich in Anspruch nehmen, daß einige Punkte zugunsten Bonns entschieden wurden. Zum Beispiel kamen die anderen Mitgliedstaaten überein, daß diese letzte Erhöhung in Rechnung gestellt werden müsse, wenn die Preise im nächsten Jahr abermals überprüft würden. Die meisten Experten reagierten zynisch auf diese Zusage – zu Recht, wie sich erwies. Bemerkenswert ist jedoch, daß sich alle in einem Punkt einig waren: Eine gründliche Bestandsaufnahme der gemeinsamen Agrarpolitik sei unbedingt nötig, um das Problem der Überproduktion in den Griff zu bekommen. Diese Bestandsaufnahme dauert jedoch immer noch an, die Agrarpolitik wurde nie richtig reformiert und verschlang auch noch in den achtziger Jahren etwa zwei Drittel des Etats.

Die ganze Affäre warf ein bezeichnendes Licht auf die Zwänge, welchen Schmidt und auch Giscard bei sich zu Hause ausgesetzt waren. Später, bei der Schaffung der Europäischen Währungsunion, vermieden die beiden Staatsmänner diese Zwänge, indem sie ganz einfach so gut wie niemanden wissen ließen, was sie vorhatten.

Trotz dieser Rückschläge verliehen Schmidt und Giscard beide der Gemeinschaft den Schwung, den sie Mitte und Ende der siebziger Jahre besaß. Das war zum Teil möglich, weil ihre Länder sich gut ergänzten. Wegen ihrer Vergangenheit verzichtete die Bundesrepublik darauf, eine führende Rolle anzustreben, während Frankreich sie liebend gern gespielt hätte, aber zuwenig wirtschaftliches Gewicht besaß. Gemeinsam hatten beide Länder die Chance, eine Menge zu erreichen, auch wenn sie von Männern unterschiedlichen Temperaments geführt wurden wie etwa Brandt und Georges Pompidou, Giscards Vorgänger im Präsidentenamt.

Schmidt und Giscard aber nahmen auch enge persönliche Beziehungen zueinander auf. Sie telefonierten regelmäßig (ohne Dolmetscher, da beide Englisch sprachen). Bei internationalen Konferenzen saßen sie nebeneinander. Sie statteten einander unangekündigte Blitzbesuche ab. Die Presse, verzweifelt bemüht, sich an ihre Fersen zu heften, sprach von der »Helmut-und-Valéry-Show«.

Zweifellos gab es ein Showelement; erzielten sie ein Übereinkommen, hängten sie es beide an die große Glocke, während sie Meinungsverschiedenheiten ungewöhnlich geschickt unter den Teppich kehrten – die »*Bonne Entente*«, wie Giscard es nannte, schien so gut wie vollkommen. Aber es gehörte mehr zu dieser Beziehung. Schmidt beschrieb seine Zusammenarbeit mit Giscard als »einzigartig« auf dem internationalen Feld. Sie hat sich, sagte er einmal, »zu einer tiefen, persönlichen Freundschaft entwickelt, die, wie ich glaube, unser ganzes Leben anhalten wird.«[1]

Auf den ersten Blick ist diese Freundschaft ungewöhnlich. Beide waren scharfsinnige Pragmatiker, mehr oder weniger der politischen Mitte zuzuordnen, aber ihre Herkunft und ihr Stil waren durchaus unterschiedlich. Der großgewachsene, adlernasige Giscard war das Paradebeispiel einer elitären französischen Ausbildung; mit unbekümmertem Selbstvertrauen vereinnahmte er Glanz und Glorie der Präsidentschaft für sich. Schmidt gehörte keiner Elite an, lebte frugal und hielt nichts von protziger Zurschaustellung. Giscards Élysée-Palast symbolisierte die Tradition einer oft ruhmreichen Vergangenheit. Schmidts neues schwarzes Kanzleramt aus Glas und Stahl (ein Bau, den er 1976 bezog, aber nie mochte) hatte soviel Tradition wie ein moderner Großcomputer. Vielleicht war es gerade dieser Unterschied, der Schmidt anzog. Giscard personifizierte ein nationales Selbstbewußtsein und eine Kontinuität, die ein geschlagenes und geteiltes Deutschland nicht für sich beanspruchen konnte.

Giscard rechnete man die Einrichtung des Europäischen Rats – dreimal jährlich stattfindende Konsultationstagungen der Staats- und Regierungschefs der Gemeinschaft – als Verdienst an. Das geschah sicher zu Recht, denn der Beschluß, den Europäischen Rat ins Leben zu rufen, wurde auf einer Konferenz in Paris im Dezember 1974 gefaßt, zu der Giscard seine europäischen Kollegen eingeladen hatte.

Aus ähnlichen Gründen wurde Giscard auch oft als Vater des Weltwirtschaftsgipfels angesehen. Im Jahre 1975 forderte er nachdrücklich eine Zusammenkunft der bedeutendsten Industrienationen des Westens, die dann auch tatsächlich im November in Rambouillet, unweit Paris, zustande kam. Diese Gipfel wurden dann jährlich abgehalten.

Aber Schmidt hatte großen, vielleicht sogar entscheidenden Einfluß auf beide Initiativen. Er teilte Giscards Ansicht, daß die höchsten Staatsmänner des Westens Mittel und Wege finden müßten, um in informellen Zusammenkünften ihre dringendsten Probleme durchzusprechen. Die vorhandenen Einrichtungen waren zu schwerfällig; Schmidt und Giscard traten für kompakte Arbeitssitzungen ein (nach Rambouillet kamen nur sechs kleine Delegationen), abwechselnd mit »Plaudereien am Kamin«, bei denen Staatsmänner frei von jeder Ämterbürokratie entdecken konnten, was ihre Kollegen wirklich dachten. Manchmal funktionierte das recht gut, obwohl Schmidt und Giscard zu ihrem Leidwesen erfahren mußten, daß die Gipfel ihre eigene Bürokratie und Publizität hervorbrachten.

Die beiden Staatsmänner waren somit einer Meinung, was die Art von Zusammenkünften betraf, die sie haben wollten, aber nicht ganz einig in bezug auf die zu behandelnden Themen. Nach Giscards Wünschen sollte sich die Gipfelkonferenz von Rambouillet fast ausschließlich auf Währungsprobleme konzentrieren. Er glaubte, die Wechselkursschwankungen seien für viele Übelstände der Weltwirtschaft verantwortlich, und bemühte sich um Unterstützung für eine baldige Rückkehr zu festen (oder zumindest stabilen) Wechselkursen. Auch Schmidt war vom Prinzip des Floatings nicht überzeugt, hielt es aber für verfrüht, zu festen Wechselkursen zurückzukehren, weil die wirtschaftliche Entwicklung der einzelnen Länder zu unterschiedlich war. Und was noch mehr ins Gewicht fiel: Er wußte, daß die Vereinigten Staaten keinerlei Interesse an der Rückkehr zu festen Wechselkursen hatten. Schmidt fürchtete, daß es zu einer Konfrontation zwischen Frankreich und den USA in Währungsfragen kommen könnte und Deutschland in die Zwangslage geraten würde, Partei zu ergreifen. Eine solche Konfrontation könnte die Chancen für eine Zusammenarbeit auf weitschichtigeren Wirtschaftsgebieten zerstören, vornehmlich in der nach der Ölkrise so lebenswichtigen Energiewirtschaft.

Im Laufe des Sommers versuchte Schmidt, auf beide Seiten Einfluß zu nehmen: auf die Franzosen, um den Themenkreis der geplanten Zusammenkunft zu erweitern und den wirtschaftlichen Fragen mehr Gewicht beizulegen, und auf die Amerikaner, um sie zu einer offeneren Haltung bei der Diskussion über Wechselkurse zu bewegen. Schließlich wurde Rambouillet zu einer Wirtschafts- und Währungskonferenz, bei der Schmidt die Eröffnungsrede hielt und einen Mittelkurs zwischen den extremen Positionen von Paris und Washington steuerte.

Auch in bezug auf Großbritannien waren Schmidt und Giscard nicht ganz einer Meinung. Im Februar 1974 hatte Harold Wilson, der Premierminister aus der Labour Party, in London die Regierung übernommen und hatte sich verpflichtet, die Mitgliedschaft in der Europäischen Gemeinschaft, von einer konservativen Regierung erst vor knapp einem Jahr eingegangen, neu zu verhandeln. Unter anderem strebte Wilson eine für Großbritannien günstigere finanzielle

Regelung und eine leichtere Aufnahme von Commonwealth-Agrarprodukten in der Gemeinschaft an.

Schmidt war über diese Forderung nach neuen Verhandlungen verärgert, aber auch zu mancherlei Konzessionen bereit, um Großbritannien in der Gemeinschaft zu halten. Wie viele Hamburger war Schmidt anglophil und bewunderte Großbritanniens demokratische Tradition und Erfahrung als frühere Weltmacht. Als Parlamentarier hatte er Ende der fünfziger Jahre sogar gegen die Gründung der Europäischen Wirtschaftsgemeinschaft gestimmt, weil Großbritannien kein Gründungsmitglied gewesen war. Er hielt nicht viel von Wilson, kam aber gut mit dem Labour-Schatzkanzler Denis Healey aus, den er kennengelernt hatte, als beide Verteidigungsminister waren. Er bewunderte auch den Außenminister und späteren Premier James Callaghan wegen seiner Härte und Verläßlichkeit. Trotz unterschiedlicher politischer Linien wurde aus dieser Bewunderung im Lauf der Jahre Freundschaft.

Im Dezember 1974 kam Schmidt nach London, um vor einer Konferenz der Labour Party zu sprechen, bei der hitzig über die Frage der Mitgliedschaft in der Gemeinschaft diskutiert wurde. Schon vorher war die Ansprache von einigen Zeitungen als politische Version eines Wildwestfilms angekündigt worden: Schmidt würde »aus der Hüfte« auf die antieuropäischen Labour-Abgeordneten schießen. Es war sogar von einem Auszug aus dem Saal die Rede, sobald der Kanzler das Wort ergreifen würde.

Schmidt wußte genau, was ihn erwartete. Ein Frontalangriff hätte eine negative Wirkung erzielt. Er arbeitete bis in die frühen Morgenstunden an seinem Text, wobei er hier einen Scherz, dort eine Schmeichelei einflocht.

Die Rede, die er in fast perfektem Englisch hielt, wurde zu einem Triumph. Von Anfang an legten seine Zuhörer ihre starre Haltung ab, als Schmidt ihnen sagte, daß er sich vorkomme wie einer, der versuchte, die Heilsarmee von den Vorzügen des Trinkens zu überzeugen. Er betonte, daß es Sache der Delegierten sei, eine Entscheidung über Europa zu treffen, aber Labours Genossen auf dem Kontinent wollten England dabeihaben. Sie glaubten, ein Verbleib Großbritanniens wäre ebensosehr in ihrem wie in Großbritanniens Interesse. Im Namen der Solidarität (dieses für die Linke so emotionale Wort) sollte Labour das nicht vergessen. Schmidt untermauerte diesen Punkt mit einem kurzen Überblick über die wachsenden Probleme der Weltwirtschaft. Ohne eine engere internationale Zusammenarbeit wäre die politische Stabilität der westlichen Demokratien in Gefahr.

Selbst die »Anti-Marketeers«, die gegen eine Mitgliedschaft in der Gemeinschaft eintraten, klatschten am Ende begeistert Beifall. Die englische Presse, die den »guten Deutschen« Willy Brandt des öfteren gepriesen hatte, schien seinen Nachfolger noch mehr zu bewundern. »Superschmidt« nannte ihn eine Zeitung, und das Wort blieb an ihm haften.

Zwar hegte Giscard nicht das Mißtrauen des früheren Präsidenten Charles de Gaulle gegenüber den Angelsachsen, aber er teilte auch nicht Schmidts ausgeprägte Sympathien für die Briten. Gewiß, der Bundesrepublik, die den größten Beitrag zum Haushalt der Gemeinschaft leistete, würde bei einer Neuregelung mit Großbritannien die größte Rechnung präsentiert werden, aber Giscard lehnte eine Revision der Eintrittsbedingungen und Sonderkonditionen finanzieller Art für ein einzelnes Land prinzipiell ab. Es ist zumindest zweifelhaft, ob Giscard von sich aus auf die Dauer an diesem Prinzip festgehalten hätte. Aber wenn Schmidt sich nicht hinter den Kulissen für eine Fortdauer der Mitgliedschaft Großbritanniens stark gemacht hätte, wäre Giscard gewiß weniger flexibel gewesen. Die »Neuverhandlungen« hätten später begonnen, und es wäre noch härter gefeilscht worden. Der britischen Öffentlichkeit, die gespannt die Resultate dieser Neuverhandlungen erwartete, hätte Wilson nur wenige zusätzliche Vorteile bieten können; ihm wäre praktisch keine andere Wahl geblieben, als den Ausstieg aus der Gemeinschaft zu empfehlen.

In Dublin, auf einem Gipfel der führenden Staatsmänner der Gemeinschaft, wurde im März 1975 schließlich ein Abkommen geschlossen. Ironischerweise war es gleichzeitig das erste Zusammentreffen des Europäischen Rats, das man ja als Giscards Geistesprodukt ansah.

Wilson erreichte zumindest einen Teil dessen, was er gefordert hatte, und in einem im Juni abgehaltenen Referendum entschied sich Großbritannien, »in Europa zu bleiben«. Die Konferenz in Dublin erhielt den Beinamen »Gipfel der Taschenrechner«, weil die Politiker ihre Zeit damit verbrachten, sich über Details wie Butterimporte aus Neuseeland und Mehrwertsteuer (VAT) zu ereifern.

Doch die Probleme, die Großbritannien und die Gemeinschaft betrafen, verschwanden nur für kurze Zeit von der Tagesordnung, und bei der nächsten Gesprächsrunde bezog Schmidt die härtere Stellung. Giscard gewährte ihm nur gelegentlich Unterstützung, und dabei schien seine Miene auszudrücken: »Ich habe es dir ja gleich gesagt!« Zur Diskussion stand die Frage der Vertretung der Gemeinschaft beim sogenannten Nord-Süd-Dialog, einer Konferenz, die in Paris zwischen den Abnehmern und den Erzeugern von Energie- und Rohstoffen abgehalten werden sollte. Damals, nach der ersten Ölkrise, maß man diesem Treffen große Bedeutung zu (die sie, wie sich später erwies, nicht hatte), und die Gemeinschaft wollte mit einer einzigen Stimme sprechen. Wilson sagte nein. Bei dieser Konferenz wollte England einen eigenen Sitz haben, denn es besaß das Nordseeöl und daher ein besonderes Interesse, das kein anderes Mitglied der Gemeinschaft hatte.

Zur entscheidenden Kraftprobe kam es beim Treffen des Europäischen Rates in Rom im Dezember 1975. Es fand im Palazzo Barberini statt; ein Fresko auf einem seiner Wände trägt den Titel »Der Triumph der göttlichen Vorsehung«, was alle Delegierten für ein gutes Omen hielten.

Am zweiten Abend schleppten sich die Gespräche bis spät nach ihrem vorgesehenen Ende hin. Die Fackeln im Garten erloschen, aber die Konferenzteilnehmer erschienen immer noch nicht. Ein Mitglied der irischen Delegation tauchte plötzlich hinter einem Strauch auf und teilte den wartenden Journalisten mit, daß Schmidt »Wilson in der Nord-Süd-Frage ans Kreuz geschlagen hat«.

Es kam tatsächlich zu Wortwechseln, die so scharf waren, daß man auf Schmidts Vorschlag die Außenminister und hohen Beamten ersuchte, für eine Weile den Saal zu verlassen, um den Regierungschefs die Möglichkeit zu geben, ihren Streit allein auszufechten. Schmidt war wütend. Hatte er dafür seinen Kredit bei Giscard überzogen und sich dafür eingesetzt, England in der Gemeinschaft zu halten? Er wies Wilsons Gerede von »Sonderinteressen« zurück. Die Wirtschaft Großbritanniens, sagte er, sei so schwach, daß das Land es sich einfach nicht leisten könne, auf den guten Willen der Gemeinschaft zu verzichten.

Nach mehr als achtstündiger Debatte einigte man sich darauf, eine einzige Delegation zum Nord-Süd-Dialog zu entsenden. England sollte Gelegenheit haben, Zusatzanträge zu stellen, mußte sich aber der von der Gemeinschaft festgelegten Position anpassen. Das war nicht viel für Wilson, aber er verstand es, dieser Lösung die beste Seite abzugewinnen, und ließ Reportern gegenüber durchblicken, daß es praktisch das war, was er von Anfang an angestrebt hatte.

Schmidt war immer noch verstimmt, als er spätabends mit Journalisten sprach. Das sei ganz sicher nicht das, was Giscard und er im Sinne gehabt hätten, als sie den Europäischen Rat ins Leben riefen, knurrte er. Er hatte bereits seinen Schal um den Hals und die Prinz-Heinrich-Mütze auf dem Kopf, als könne er es nicht mehr erwarten, einem Treffen den Rücken zuzukehren, das so lange gebraucht hatte, um eine nach seiner Meinung selbstverständliche Resolution zu erarbeiten.

Schmidts »Hintergrundinformationen« für die Presse waren oft ungewöhnlich aufschlußreich. Gegenüber Journalisten hielten die meisten Politiker ihre Standpunkte aufrecht und umgaben sie mit einem Geflecht von Gemeinplätzen. Schmidt ging gründlicher auf die einzelnen Themen ein, machte konkretere Angaben und äußerte sich häufig freimütiger. Etwas mehr als einen Monat vor der Konferenz von Rom hatte er einige Journalisten, die bei der Gemeinschaft in Brüssel akkreditiert waren, ins Kanzleramt eingeladen.[2] Es wurde eine lebhafte Angelegenheit, erfrischend oder auch schockierend – je nach dem Standpunkt des Betrachters.

»Ich lese in Ihren Artikeln, daß ich ein schlechter Europäer bin, nur weil es mir widerstrebt, Geld für nichts auszugeben«, hielt er ihnen ohne Umschweife vor. »Sehen Sie sich doch einmal die Politik des Regionalfonds an. Was ist bis jetzt dabei herausgekommen?« Niemand, sagte der Kanzler, brauche die europäische Integration dringender als die Deutschen: »Weiß Gott!« Doch der Regionalfonds der Gemeinschaft sei nichts weiter als ein Mechanismus zur Neuverteilung von Geldbeträgen, »der in einer Badehose mit der Aufschrift ›Regionalpolitik‹ steckt. Vielleicht können Sie mir sagen, was da Gutes für die regionale Strukturpolitik in Sizilien oder Schottland herausschaut. Nichts. Es ist ja niemand verpflichtet, das Geld, das er bekommt, für die Regionalpolitik auszugeben.«

Schmidt wies nachdrücklich darauf hin, daß sich die Gemeinschaft mit den falschen Problemen beschäftigte. »Wir haben Marktordnungen für Kork und Schnittblumen festgelegt. Können Sie mir sagen, wie das die europäische Integration vorangetrieben hat?« Was die Agrarpolitik betreffe, so würden Jahr für Jahr emotionale Fehden über Preise ausgefochten; man gewähre Subventionen, um überschüssige Milch in Butter zu verwandeln, die dann zu Spottpreisen an die Russen verkauft würde. »Die Begeisterung der Öffentlichkeit für europäische Integration wurde für läppische Zwecke mißbraucht.«

Auf die Frage, wie man das ändern könne, antwortete Schmidt: »Überlassen wir es den Praktikern, die genau wissen, wovon sie reden, sich um Europa zu kümmern, und ersparen wir uns die Meinungen von Leuten, die nicht einmal eine Straßenbahngesellschaft länger als zwei Jahre in Betrieb halten könnten, ohne Verlust zu machen.« Wie allgemein angenommen wurde, bezog sich diese kritische Bemerkung hauptsächlich auf die Europäische Kommission (die Exekutive der Gemeinschaft in Brüssel).

Schmidt verglich die Gemeinschaft mit einem Konvoi. Bei gegenseitiger Rücksichtnahme und Hilfe könnten die Schiffe beisammenbleiben. Das aber hänge in erster Linie vom Können der Kapitäne und der Unterstützung durch die Besatzungen ab. Zur Wirtschaft laute die entscheidende Frage: Besaßen die nationalen Regierungen und andere gesellschaftliche Gruppen die Stärke, eine ausgeglichene, nicht inflationäre Politik einzuführen, und die Willenskraft, sie auch durchzusetzen? Wenn nicht, dann gäbe es in Brüssel keine Mechanismen, die von sich aus den wirtschaftlichen Zusammenbruch der Gemeinschaft verhindern konnten.

Auf Umwegen wurde der Inhalt dieses Pressegesprächs bekannt. Natürlich verletzte der Text so manche persönlichen Gefühle, nicht zuletzt in der Europäischen Kommission. Aber ein nichtdeutscher Diplomat, dem eine Abschrift in die Hände fiel, merkte darauf an: »Unbedingt lesen! So ganz anders als die Analysen unseres geschätzten ...« Er kreuzte die Teile an, die wirtschaftliche Themen behandelten.

In weiten Kreisen entstand der Eindruck, die Bundesrepublik bringe, mit Schmidt als großem Zampano, ein zweites Wirtschaftswunder hervor.

Manche Beobachter hatten das Gefühl, als führen die Deutschen mit Volldampf voraus, als hätte es nie eine Ölkrise gegeben. Dieser Eindruck war unzutreffend, wie die ständig wachsende Zahl der Arbeitslosen in Deutschland (wie auch überall sonst) eindeutig bewies. Aber ohne Zweifel meisterte die Bundesrepublik die Krise besser als die meisten anderen Länder. Mehr oder weniger behielt sie einen kühlen Kopf, während ihn alle ringsum verloren.

Im Jahre 1974 importierten die Westdeutschen weniger Öl als ein

Jahr zuvor, aber wegen der großen Preissteigerungen verdoppelte sich die Ölrechnung auf etwa 30 Milliarden D-Mark. Nur die Vereinigten Staaten und Japan mußten mehr für ihre Ölimporte bezahlen. Doch trotz dieser schweren Last erzielte die Bundesrepublik ihren bisher größten Handelsbilanzüberschuß: 51 Milliarden D-Mark. Selbst unter Anrechnung »unsichtbarer« Defizite (zum Beispiel bei der Übertragungsbilanz) wies die Leistungsbilanz insgesamt mit fast 27 Milliarden schwarze Zahlen aus.

Auch andere Länder beneideten die Bundesrepublik um ihren Erfolg bei der Inflationsdämpfung. Im Jahre 1973 stiegen die Lebenshaltungskosten in den Partnerländern der Bundesrepublik innerhalb der Gemeinschaft um durchschnittlich acht Prozent. Ein Jahr später lag die Inflationsrate in der Bundesrepublik immer noch etwa in gleicher Höhe, während sich die ihrer europäischen Partner nahezu verdoppelt hatte. In den Vereinigten Staaten war die Inflationsrate auf elf Prozent gestiegen, die japanische auf fünfundzwanzig Prozent hochgeschnellt.

Für viele Ausländer, aber auch für viele Deutsche, war es selbstverständlich, Kanzler Schmidt mit diesem außerordentlichen Erfolg zu identifizieren. Schließlich wurde der wirtschaftliche Vorsprung der Bundesrepublik in seinem vollen Ausmaß erst erkennbar, nachdem Schmidt Mitte 1974 Regierungschef geworden war. Man durfte Schmidt den Vorsprung zu Recht als Verdienst zuschreiben, aber der Ursprung des sogenannten »Wunders« lag vor seiner Wahl zum Kanzler.

In ihrem Bemühen, die Inflation in Grenzen zu halten, hatten die deutschen Behörden schon 1973, noch vor der Ölkrise, die Wirtschaftsentwicklung gebremst. Die beiden »Stabilitätsprogramme« von Finanzminister Schmidt im Februar und im Mai waren Musterbeispiele. Mittlerweile traten viele Konkurrenten der Bundesrepublik aufs Gas, setzten auf Wachstum und erhöhten ihre Importe. Der Auslandsabsatz deutscher Waren erhöhte sich rapide, und das zu einer Zeit, da der deutsche Binnenmarkt eher flau war. Die deutschen Fabrikanten stürzten sich auf die Chance, Güter zu exportieren, für die im Inland relativ geringe Nachfrage herrschte. Die Ausfuhren stiegen um nahezu zwanzig Prozent und brachten einen Außenhandelsüberschuß von nahezu dreißig Milliarden D-Mark.

Im Jahre 1974 setzte sich der Trend weiter fort. Viele Länder reagierten auf die Ölkrise, indem sie sich bemühten, ihre Wirtschaft noch stärker anzukurbeln. Damit hofften sie, die Rezession abzuwehren; statt dessen heizten sie die Inflation an. Die deutschen Exporte nahmen um fast dreißig Prozent zu, und seine Importe (einschließlich des teureren Öls) um »nur« vierundzwanzig Prozent. Aber die Regierung in Bonn blieb trotz der erfolgreichen Handelsbilanz vorsichtig. In seiner ersten Regierungserklärung im Mai kündigte Schmidt einen Kurs an, dessen zentrale Devise »Kontinuität und Konzentration« lautete. »Es wird die finanzpolitische Hauptaufgabe für die zweite Hälfte dieser Legislaturperiode sein, die dringenden öffentlichen Aufgaben zu erfüllen«, sagte er, »und zugleich die Stabilitätspolitik konsequent zu unterstützen. Ich will es klar sagen: Der Bundeskanzler wird bei der Erfüllung dieser Aufgabe an der Seite des Bundesministers der Finanzen stehen.«[3]

Das bedeutete ein nur allmähliches Nachlassen der wirtschaftlichen Bremsen, keine verschwenderische Ausgabenpolitik. Die Regierung hatte bereits einige der 1973 verfügten Einschränkungen gemildert und ergriff nun Maßnahmen, um 1974 Investitionen und Wachstum zu fördern. Doch im Vergleich mit der Einstellung der meisten anderen Länder zu diesen Fragen war die deutsche Wirtschafts-, Steuer- und Geldpolitik ein Muster an Zurückhaltung. Ende 1975 (die Inflation stand bei sechs Prozent und sank weiter) kündigte die Regierung neue Etateinsparungen an; gleichzeitig stellte sie Steuererhöhungen und höhere Beiträge zur Arbeitslosenversicherung in Aussicht. Außerhalb der Bundesrepublik sah man in dieser Politik eine Selbstdisziplin, die schon an Geißelung grenzte, aber es gab viele deutsche »Experten«, die der Regierung vorwarfen, sie sei immer noch zu lax.

Bei ihren Bemühungen um ein nichtinflationäres Wachstum wurde die Regierung von der Bundesbank unterstützt. Fairerweise könnte man aber auch den Spieß umdrehen und sagen, daß die Bundesbank von der Regierung unterstützt wurde.

Die Deutsche Notenbank agiert in höchstem Maß unabhängig, weit mehr als ähnliche Institute in fast allen anderen Ländern, und betrachtet es als ihre vornehmste Pflicht, die D-Mark zu verteidigen (vor allem dadurch, daß sie die Inflation bekämpft). Jede deutsche Regierung würde sich sehr schnell eine entschiedene Abfuhr holen, wenn sie versuchen wollte, ihre Schwierigkeiten durch größere Staatsausgaben zu überwinden, indem sie die Bundesbank anweist, die Notenpresse in Gang zu setzen.

Ende 1974 begann die Bundesbank mit einem für die damalige Lage einzigartigen Experiment. Sie war die erste Notenbank, die für das kommende Jahr ein Planziel für den Zuwachs der Geldmenge festsetzte. Mit anderen Worten, sie ließ das Land wissen, wieviel zusätzliches Geld ihrer Meinung nach in die Wirtschaft gepumpt werden konnte, um Wachstum zu erzielen, ohne jedoch die Inflation voranzutreiben.

Einige sagen, Schmidt hätte der Bundesbank diese Ideen nahegebracht, andere wieder, daß die Bundesbank Schmidt den Vorschlag gemacht habe. Wie auch immer, der Kanzler war dafür, und zwar hauptsächlich aus psychologischen Gründen. Durch die Festlegung eines Planziels für den Zuwachs der Geldmenge – etwa acht Prozent für 1975 – würden, dachte er, Gewerkschaften und Arbeitgeber eine zusätzliche Richtlinie für ihre jedes Jahr im Winter stattfindenden Tarifverhandlungen haben. Man kann demnach die Behauptung wagen, daß die Deutschen die ersten »Monetaristen« waren, noch lange bevor Mrs. Thatcher in Großbritannien oder Präsident Reagan in den Vereinigten Staaten mit extremeren Maßnahmen aufwarteten. Aber weder Schmidt noch die Bundesbank erblickten in dem Planziel einen starren Rahmen, geschweige denn die ideale Medizin für die wirtschaftlichen Nöte des Landes. Es war ein Hilfsmittel – nicht mehr und nicht weniger. Die Menschen wurden sich dessen bewußt, aber sie beobachteten nicht ängstlich die monatlichen oder gar wöchentlichen Geldmengenzahlen, wie Wall Street das in späteren Jahren tat.

Die Aktion der Bundesbank trug vermutlich mit dazu bei, daß die Lohnabkommen zu Beginn des Jahres 1975 niedriger ausfielen als zu Beginn des Jahres 1974. Ein anderer Faktor beruhte auf der landläufigen Meinung, daß die Arbeitnehmer des öffentlichen Dienstes mit ihrem vorjährigen Streik, der zum Sturz Brandts beigetragen hatte, zu weit gegangen waren. Ein weiterer Grund war die wachsende Arbeitslosigkeit, die es den Gewerkschaften schwermachte, um wesentlich höhere Löhne zu kämpfen. Trotz ihrer sichtbaren Exporterfolge konnte sich die Bundesrepublik nicht völlig von der weltweiten Rezession abkapseln. Die Zahl der Arbeitslosen verdoppelte sich 1974 auf nahezu 600 000 und erreichte 1975 die psychologisch bedeutsame Millionenmarke.

Die bescheidenen Tarifabschlüsse, dazu die Erhöhung der wirtschaftlichen Leistungsfähigkeit, gaben den Deutschen einen weiteren Vorteil über ihre Konkurrenten. Die Lohnkosten in der deutschen

Industrie stiegen 1973 nur ein Drittel so stark wie in anderen westlichen Industrienationen. Wegen der deutschen Erfolge bei der Inflationsbekämpfung und den Exporten stieg der Außenwert der D-Mark. Das führte im Ausland zu höheren Preisen deutscher Waren, die aber wiederum nicht so hoch waren, daß damit alle Vorteile weggefallen wären, die den deutschen Exporteuren aus den niedrigen Inlandskosten erwuchsen. Überdies verbilligte eine starke D-Mark die Importe und förderte somit eine niedrigere Inflationsrate im Inland. Das war in aller Kürze das »zweite Wirtschaftswunder«.

Wenn Schmidt gefragt wurde, wie es die Deutschen fertigbrachten, wirtschaftlich besser zurechtzukommen als die meisten anderen Länder, gab er immer die gleiche Antwort. Es liege nicht daran, daß sie (im Widerspruch zur landläufigen Meinung) härter arbeiteten oder klüger seien, noch daran, daß sie (diesen Punkt betonte er weniger) eine bessere Regierung hätten.

Die Erklärung, so Schmidt, sei bei den Gewerkschaften zu finden. Diese Arbeiterführer, die die Bewegung nach dem Krieg aufbauten, hätten die Irrtümer der Weimarer Zeit vermieden, als die Gewerkschaften gespalten waren. Die neuen deutschen Gewerkschaften – es gab insgesamt nur etwa zwanzig – waren stark, geeint und wurden von politisch gemäßigten Funktionären geführt. Die Verhandlungen über Löhne und Arbeitsbedingungen folgten alle Jahre dem gleichen festgelegten Muster und wurden häufig auf beiden Seiten mit wirtschaftlichen Argumenten auf hohem Niveau sachlich diskutiert. Der Streik war eine nur als letztes Mittel eingesetzte Waffe, aber die Arbeitgeber hatten guten Grund, sie zu fürchten, denn die Gewerkschaften hatten reichlich Geld für einen langen Kampf. Manchmal ging eine Gewerkschaft auch zu weit, wie zum Beispiel die Arbeitnehmer des öffentlichen Dienstes Anfang 1974, aber das kam selten vor. Im Vergleich zu anderen Ländern waren Löhne und Produktivität in der Bundesrepublik ungewöhnlich hoch, und es gab nur wenig Streiks.

Schmidt unterhielt enge Beziehungen zu führenden Gewerkschaftlern und hatte als Fraktionsführer für ein System gekämpft, das den Arbeitnehmern mehr Mitspracherecht bei der Führung eines Unternehmens geben sollte. Er betrachtete die Gewerkschaften als Rückgrat der SPD; dem Kabinett, das er 1974 zusammenstellte, gehörten viele Männer an, die aus der Gewerkschaftsbewegung kamen. Einige waren bereits unter Brandt im Amt gewesen, wie etwa der Arbeitsminister Walter Arendt aus der Industriegewerkschaft Bergbau und Energie und der Verteidigungsminister Georg Leber aus der Gewerkschaft Bau, Steine, Erden. Andere waren neu dazugekommen, darunter Hans Matthöfer aus der Industriegewerkschaft Metall, der Forschungsminister wurde, und Kurt Gscheidle (Deutsche Postgewerkschaft), der das Doppelressort Verkehr und Post übernahm.

Erhard Eppler, einer der führenden Intellektuellen des linken Flügels in der SPD, der Brandts Minister für Entwicklungshilfe gewesen war, trat nach zwei Monaten in der Regierung Schmidt zurück. Die Bundesrepublik, meinte er, habe die moralische Verpflichtung, mehr Mittel für die Dritte Welt zur Verfügung zu stellen. Schmidt bestand darauf, daß Eppler sparen müsse wie die anderen auch. Er hatte schon in seiner Regierungserklärung darauf hingewiesen, daß der Kanzler »auf der Seite des Finanzministers« stehen würde. Es war kaum daran zu zweifeln, daß der neue Finanzminister tun würde, was Schmidt wünschte. Er hieß Hans Apel, war, wie Schmidt, im Hamburger Stadtteil Barmbek geboren und dreizehn Jahre jünger als der Kanzler.

Schmidt war eindeutig der Chef. Er hatte das Kabinett, das er haben wollte, zumindest soweit es die Minister der SPD betraf. Von einer Atmosphäre des Treibenlassens und drohender Krisen, wie sie zeitweise unter Brandts Kanzlerschaft geherrscht hatte, war nichts zu spüren. Aber eine entscheidende Stütze der SPD-FDP-Koalition fehlte der neuen Regierung. Brandt unterhielt herzliche Beziehungen zum FDP-Vorsitzenden Walter Scheel, was der Koalition über manche Hürde hinweggeholfen hatte. Scheel aber hatte schon Ende 1973 angekündigt, daß er für das Amt des Bundespräsidenten kandidieren würde, und durch Zufall fiel seine Wahl mit Brandts Rücktritt zusammen.

So hatte das Kabinett jetzt zwei neue Männer an der Spitze: Schmidt und Hans-Dietrich Genscher, der Scheel als Vizekanzler, Außenminister und später als Vorsitzender der FDP folgte. Genscher war ein vorsichtiger Sachse, mit dem brillanten Geist eines Rechtsanwalts und großen Ohren, die unheimlich empfindlich auf die ersten Zeichen sich nähernder politischer Gefahr reagierten. Die Beziehungen zwischen Genscher und Schmidt waren sachlich, verschlechterten sich aber in den letzten Jahren der Koalition. Herzlich waren sie gewiß nie; dazu kam, daß manche SPDler Genscher für Brandts Sturz verantwortlich machten. Als Innenminister war Genscher für das Bundesamt für Verfassungsschutz verantwortlich, das Günter Guillaume durchleuchtet hatte, bevor er seine Stellung im Kanzleramt antrat. Wenn einer hätte zurücktreten müssen, so hieß es in der SPD, so Genscher. Doch der Innenminister traf keine Anstalten zu gehen, und wenn die SPD darauf bestanden hätte, wäre die Koalition möglicherweise leicht auseinandergebrochen.

Brandt blieb Vorsitzender der SPD. Für viele in Bonn schien das ein schlechtes Omen für Schmidt zu sein, der seit 1968 stellvertretender Vorsitzender gewesen war. Ein hoher Beamter, der unter beiden Kanzlern gedient hat, erinnert sich: »Viele von uns rechneten damit, daß Schmidt auch die Führung der Partei anstreben würde. War doch klar, daß er ein strenges Regiment über seine Regierung führen wollte und nicht zusehen, wie Willy in der Partei seine alte nachgiebige Politik fortsetzte. Sie hatten unterschiedliche Vorstellungen, unterschiedliche Charaktere. Das konnte auf die Dauer nicht gutgehen.«

Damals war Schmidt anderer Ansicht. Die Kanzlerschaft, dachte er, war völlig ausreichend, auch ohne die Last der Führung der SPD, und so schien die Arbeitsteilung mit Brandt die beste Lösung zu sein. Jahre später kam er zu dem Schluß, daß er sich geirrt hatte,[4] aber er bemühte sich nie um den Vorsitz, und es ist gar nicht sicher, ob er bei einem Versuch Erfolg gehabt hätte. Er genoß breitere Unterstützung im Land als in der Partei; bei Brandt war es gerade umgekehrt. »Ich bin nicht ganz zufrieden mit meiner Partei, und sie ist es nicht mit mir«, stellte Schmidt 1975 fest. »Aber ich kann keine bessere Partei finden, und sie hat keinen Ersatz für mich (als Kanzler). Also müssen wir miteinander auskommen.«

Bittere Angriffe, wie Schmidt sie beim Hamburger Parteitag der SPD im September 1974 gegen seine Gegner richtete, machten es vielen Parteimitgliedern so schwer, mit ihm »auszukommen«.[5] Bei den Hamburger Bürgerschaftswahlen im März, zwei Monate vor Brandts Rücktritt, hatte die Partei schwere Verluste hinnehmen müssen. Im Juni hatte sie einen weiteren Rückschlag in Niedersachsen erlitten. Im Hinblick auf die Bundestagswahlen des Jahres 1976 mußte die SPD dieser Pechsträhne rasch ein Ende machen, wenn sie nicht eine vernichtende Niederlage einstecken wollte. Nach der Ölkrise stieg jetzt überall die Arbeitslosigkeit. So wie Schmidt die Dinge sah, beschränkten sich viele in der SPD dessenungeachtet auf leeres Geschwafel und theoretische Diskussionen, die den sich um ihre Arbeitsplätze sorgenden Menschen nichts brachten.

»Was denkt ihr denn, was die Arbeiter interessiert, bei Edelstahlwerk Witten AG?« fragte er zornig die Delegierten in Hamburg. »Oder die, die auf Kurzarbeit gesetzt sind bei VW oder bei NSU oder in Wolfsburg oder in Emden? Theoriedebatte ist etwas Notwendiges – mein Gott, ja; man braucht Grundlagen. Aber es ist etwas anderes, in seinem eigenen Studierzimmer mit seinen Genossen darüber zu reden oder dieses geistige Ringen quasi als Hauptinhalt einer Partei der öffentlichen Meinung darzustellen. Geht gefälligst hin zu den Zusammenkünften der Arbeitnehmer unserer Partei, um zu begreifen, was die Arbeiter wirklich berührt. Und ersetzt dies nicht durch theoretische Bekenntnisse zu den Interessen der Arbeitnehmer.«

Der Kanzler fügte hinzu, daß ihm das ganze Gerede, ob etwas politisch »links« oder politisch »rechts« sei, völlig schnuppe war. Das Öl kostete um vierhundert Prozent mehr als im vergangenen Jahr, alle Güter, die aus Übersee im Hamburger Hafen ankamen, kosteten im Durchschnitt dreißig Prozent mehr. Diese entscheidenden wirtschaftlichen Realitäten überschatteten alle anderen. »Die Weltwirtschaft ist in eine Krise geraten, die ihr nicht begreifen wollt«, stieß Schmidt hervor, so als ob er in einer Wahlversammlung politische Gegner attackierte. »Ihr beschäftigt euch mit der Krise des eigenen Hirns statt mit den ökonomischen Bedingungen, mit denen wir es zu tun haben.«

Besonders dieser letzte Satz brachte viele Delegierte in Harnisch und provozierte kurz danach in einem Artikel die scharfe Antwort eines Parteigenossen, der dem linken Flügel angehörte.[6] »Wir haben sicher noch kein Patentrezept«, schrieb er. »Vom Genossen Schmidt wissen wir jetzt, daß er keins hat und auch keins sucht. Nun unterscheidet ihn dies nicht von seinem Vorgänger. Der Genosse Brandt bot nur den Vorteil, daß er Denkansätze in seiner Partei nicht mit Blick auf die morgige Ausgabe der ›Bild‹-Zeitung als Ausflüsse einer Gehirnkrise denunzierte.«

Schmidt fand 1974 (»Jahr 1 nach dem Ölschock«, wie er es nannte) elegantere Wendungen, als er vor den Gefahren warnte, die die Weltwirtschaft bedrohten. In einem Artikel, der hauptsächlich für amerikanische Leser bestimmt war, schrieb er: »Was wir heute in internationalen Wirtschaftsbeziehungen erleben – auf dem Währungssektor und auf dem der Öl- und Rohstoffpreise –, ist praktisch das gleiche, was auf nationaler Ebene zwischen Gewerkschaften und Arbeitgeberverbänden vor sich geht. Es ist ein Kampf um die Verteilung und Verwendung des Sozialproduktes, ein Kampf um das Weltprodukt.«[7]

Natürlich legten westdeutsche Erfahrungen den Schluß nahe, daß es möglich war, den »Kampf« zu lenken. Es gab ziemlich klare Grundregeln und Verfahrensweisen, mit deren Hilfe ein Konsens zwischen Arbeitgebern und Gewerkschaften hergestellt werden konnte. In den sechziger Jahren hatte Schiller die Zusammenkünfte der »konzertierten Aktion« eingeführt, die alle Interessengruppen mit der Regierung an einen Tisch bringen sollten, um die wirtschaftlichen Aussichten durchzudiskutieren. Als Kanzler brachte Schmidt seine eigene informelle Variante ins Spiel; die ursprüngliche konzertierte Aktion war seiner Meinung nach zu »bürokratisch« geworden – stets eines seiner schärfsten kritischen Urteile.

In wiederkehrenden Abständen rief Schmidt führende Vertreter der Gewerkschaften und der Arbeitgeberseite zu einem »Plausch« zusammen, der oft bis in die späten Abendstunden dauerte. Diese Sitzungen begannen mit einem Überblick des Kanzlers über die Lage der Weltwirtschaft, ihre Auswirkungen auf die Bundesrepublik und seine Einschätzung der Aussichten für Wachstum, Inflation und Arbeitsplätze. Das dauerte etwa eine halbe Stunde, dann gab es eine Diskussion, bei der sich alle zu Wort melden konnten. Schmidt betonte immer, daß er nicht die Absicht habe, in Lohnverhandlungen einzugreifen, aber dank seiner Sachkenntnis und seiner Unparteilichkeit beeinflußte er zweifellos beide Seiten. Die Arbeitgeber wußten, daß Schmidt ihren Standpunkt teilte, wonach Gewinne unbedingt erforderlich waren für Investitionen und zur Sicherung der Arbeitsplätze. Die Gewerkschaftler hatten genügend Beweise, daß Schmidt für starke Arbeitnehmervertretungen eintrat, und viele von ihnen kamen persönlich gut mit ihm aus. Das hieß aber nicht, daß sie sein Wohlwollen ausnutzen konnten. Als ein Gewerkschaftsführer einmal einen scharfen Einwurf machte, während Schmidt sprach, wandte sich der Kanzler ihm zu und sagte in eisigem Ton: »Ich habe dir nicht das Wort erteilt, Heinz. Aber hätte ich es getan, ich würde es dir daraufhin entzogen haben.« Das war das Ende der Unterbrechungen.

Schmidt wußte, daß es diese Kombination aus formeller Verfahrensweise und informellem Dialog mit dem Zweck, den nationalen Kuchen gerecht aufzuteilen, in wenigen anderen Ländern gab. Daher waren die Chancen gering, etwas Ähnliches auf internationaler Ebene einzurichten, um den »Kampf um das Weltprodukt« in geordnete Bahnen zu lenken. Aber der Versuch mußte gewagt werden. Er hatte apokalyptische Visionen einer internationalen Wirtschaftsanarchie, einer Kettenreaktion von Protektionismus, Preisspiralen und Massenarbeitslosigkeit in einem bisher ungekannten Ausmaß. All das konnte, so fürchtete er, zu wachsender Unruhe in der Bevölkerung führen und die demokratische Grundlage der westlichen Gesellschaft untergraben.

In der zweiten Hälfte der siebziger Jahre konnte diese Einschätzung als übertrieben abgetan werden, insbesondere in der Bundesrepublik, wo das Wirtschaftswachstum von neuem einsetzte, die Inflation zurückging und die Arbeitslosigkeit zumindest nicht weiter anstieg. Weniger weit hergeholt schien sie allerdings zu Beginn der achtziger Jahre nach der zweiten Ölkrise angesichts von mehr als dreißig Millionen Arbeitslosen im Westen, vielen hoffnungslos verschuldeten Entwicklungsländern und eines von Erschütterungen bedrohten internationalen Bankensystems.

Diese Gefahren hatte Schmidt vor Augen, als er für die Schaffung des Europäischen Rates und Giscard d'Estaings Initiative eintrat, aus der die Weltwirtschaftsgipfel hervorgingen. Er drängte auf einen Dialog mit den Ölexporteuren und gab von Anfang an zu, daß sie das Recht auf ihrer Seite hatten, wenn sie höhere Preise forderten (aber ganz und gar nicht, wenn sie damit ihre Kunden ruinierten!). Er trat für den Plan ein, die Exporterlöse der rohstofferzeugenden Länder zu stabilisieren (betonte jedoch, daß kein kostspieliges Kuckucksei wie die Agrarpolitik der Europäischen Gemeinschaft daraus werden durfte). Und er unterstützte den Ausbau eines stärkeren Internationalen Währungsfonds (IWF) als des geeignetsten Gremiums, das bedürftigen Staaten Darlehen gewähren, sie aber gleichzeitig zu tiefgreifenden Änderungen ihrer Wirtschaftspolitik verpflichten sollte.

Ein um das andere Mal sprach Schmidt von der »Interdependenz der Weltwirtschaft«. Dabei dachte er nicht nur an die internationale Arbeitsteilung zur Produktion von Gütern und Dienstleistungen, sondern auch an die Revolution in der elektronischen Nachrichtenübermittlung. Ein besorgtes Räuspern auf dem einen Währungsmarkt konnte damit zu Panikverkäufen auf einem zweiten am anderen Ende der Welt führen, konnte Regierungen übertölpeln und Notenbanken überrennen.

»Viele von Ihnen telefonieren täglich mit New York«, sagte er 1975 zu Geschäftsleuten. »Ereignisse, die dort stattfinden, Attitüden, Eindrücke, Stimmungen, die sich dort bilden, teilen sich unmittelbar mit nach Tokio, nach Frankfurt, nach Düsseldorf oder sonstwohin. Und wenn es schon richtig ist, daß Konjunkturpolitik zur Hälfte Psychologie ist, dann ist der gegenwärtige Kampf gegen die Weltrezession zum größten Teil Psychologie in New York City.«[8]

Diese Bemerkung läßt erkennen, warum Schmidt Präsident Ford drängte, New York unter die Arme zu greifen, als die Stadt praktisch bankrott war. Wenn, wie es hieß, die Welt einen Schnupfen bekam, sobald New York nieste, wie würde es der Weltwirtschaft ergehen, wenn New York pleite machte?

Viele Amerikaner meinten, Schmidt übertreibe und stecke seine Nase in ihre inneren Angelegenheiten. Glücklicherweise erhielt New York jedoch zusätzliche Mittel, und Schmidts Theorie kam nicht auf den Prüfstand.

Während Schmidts gesamter Kanzlerschaft standen diese internationalen Wirtschaftsprobleme im Zentrum, genau wie die Ostpolitik in der Zeit Brandts. Diese Verschiebung von Prioritäten war einerseits eine Auswirkung der Ölkrise, andererseits waren bei Schmidts Amtsantritt schon fast alle wichtigen bilateralen Ostverträge unterzeichnet. Die Neuheit und die Dramatik der Ostpolitik waren weitgehend dahin. Schmidt hatte die weniger glanzvolle Aufgabe, auf der Grundlage der Verträge aufzubauen und alles in seiner Macht Stehende zu tun, um auf die multilateralen Kontakte zwischen Ost und West Einfluß zu nehmen.

Im Oktober 1974, fünf Monate, nachdem er die Regierungsverantwortung übernommen hatte, flog Schmidt zu seinem ersten Treffen (dem in den folgenden Jahren noch einige folgen sollten) mit dem Generalsekretär der KPdSU, Leonid Breschnew. Fortschritte wurden bei einem Projekt erzielt, wonach die Bundesrepublik Atomkraftwerke an die Sowjetunion liefern und dafür Strom beziehen würde. In seiner ersten Fassung kam das Vorhaben nicht zustande – zum Teil darum, weil Bonn darauf bestand, daß West-Berlin an die vorgesehene Überlandleitung angeschlossen werden müsse; die Ostdeutschen hielten das für unzumutbar. Aber Jahre später wurde ein ähnliches Abkommen unterzeichnet, bei dem es um Erdgas ging – ungeachtet des Widerstandes der Reagan-Administration, nach deren Meinung die Europäer bei ihren Energieimporten in zu große Abhängigkeit von der Sowjetunion gerieten. Noch bevor Reagan ins Weiße Haus einzog, reagierten die Amerikaner mit Zurückhaltung auf die Entspannungspolitik, die ihrer Meinung nach hauptsächlich den Sowjets Vorteile gebracht hatte. Viele Europäer aber, vor allem die Westdeutschen, sahen die Dinge in einem anderen Licht. Die Deutschen argumentierten, daß sie in jedem Fall fast ihre gesamte Energie importieren mußten und daß sie darauf achteten, nicht allzusehr auf eine Lieferquelle angewiesen zu sein. Außerdem habe Moskau seine Erdgasverträge peinlich genau eingehalten.

Die Deutschen zogen nicht nur wirtschaftlichen Nutzen aus engeren Beziehungen zum Osten. Dank des Viermächteabkommens und zwei innerdeutschen Abkommen fühlten sich die fast zwei Millionen Westberliner so sicher wie schon seit Jahrzehnten nicht mehr. Des weiteren erhielten Hunderttausende von Deutschstämmigen, die in der Sowjetunion und Osteuropa lebten, die Erlaubnis, auszureisen und sich in der Bundesrepublik niederzulassen. All dies machte in Bonn mehr Eindruck als in Washington.

Eins dieser humanitären Abkommen, nach dem etwa 120 000 deutschstämmige Polen nach Westen reisen durften, kam im August 1975 zustande. Als Gegenleistung versprach Bonn Warschau Kredite und andere finanzielle Hilfeleistungen.

Das Abkommen wurde von Schmidt und dem polnischen Staatschef Gierek am Rande der Ost-West-Konferenz über Sicherheit und Zusammenarbeit in Europa (KSZE), die in Helsinki abgehalten wurde, ausgehandelt.

Unter Präsident Ford waren die Amerikaner noch für die Entspannungspolitik eingetreten und nahmen an der Tagung teil, zu der 35 Nationen ihre Vertreter entsandt hatten. Sie äußerten aber Zweifel am praktischen Wert der von den Sowjets seit langem geforderten Konferenz mit ihrer hochtrabenden Erklärung über die Achtung der Menschenrechte. Auch Schmidt hatte seine Zweifel, aber er glaubte die Chance für einen Dialog nützen zu müssen und hoffte, die Sicherheitskonferenz würde den Ost-West-Gesprächen über den Truppenabbau Auftrieb geben.

Schmidt nützte die Konferenz am Rande auch noch für eine andere Begegnung; sie war zwar weit weniger produktiv als die mit Gierek, in ihrer Art aber von historischer Bedeutung. Schmidt führte kurze Gespräche mit dem DDR-Staatsratsvorsitzenden Erich Honecker in einem ersten innerdeutschen Dialog auf höchster Ebene seit Brandts

Rücktritt wegen der Guillaume-Affäre. Zu wirklich ausführlichen Gesprächen zwischen Schmidt und Honecker kam es noch weitere sechs Jahre nicht. Mit der Entspannung ging es immer langsam voran, aber zwischen den beiden deutschen Staaten nur im Schneckentempo.

Weniger als dreißig Monate nach seinem Amtsantritt mußte sich Schmidt seiner ersten Bundestagswahl als Kanzler stellen. Außerhalb der Bundesrepublik schien es kaum denkbar, daß Schmidt verlieren könnte. Im Osten war es ihm gelungen, das zu konsolidieren, was Brandt und Scheel aufgebaut hatten. Im Westen hatte er überdurchschnittliche wirtschaftliche Kompetenz bewiesen. Im Wahljahr 1976 war die Inflationsrate in der Bundesrepublik auf etwas mehr als vier Prozent gesunken, das Wirtschaftswachstum hatte die höchste Stufe seit sechs Jahren erreicht, die Arbeitslosigkeit, zwar immer noch hoch, ließ eine fallende Tendenz erkennen.

Viele Beobachter im Ausland fragten sich, was die Westdeutschen denn noch haben wollten. Doch nicht Helmut Kohl, den Vorsitzenden der CDU, der drei Jahre zuvor dieses Amt von Rainer Barzel übernommen hatte. Ausländer, die sich für die deutsche Innenpolitik interessierten, wußten, daß Kohl ein guter Ministerpräsident des Landes Rheinland-Pfalz gewesen war. Aber konnte er Schmidt aus seinem Amt verdrängen? Und konnte Kohl sich auf die Dauer der Ränke des CSU-Vorsitzenden Franz Josef Strauß erwehren, der formell sein Verbündeter, in Wahrheit aber ein scharfer Rivale war? Das war kaum anzunehmen.

Die Wirklichkeit sah anders aus. Kohl wurde jahrelang unterschätzt – zumindest bis er 1982 Kanzler wurde –, und das nicht nur von den relativ wenigen Ausländern, denen sein Name geläufig war, sondern auch von vielen Auguren der öffentlichen Meinung im Inland. Er besaß eine dicke Haut, beachtliches Stehvermögen und eine politische Bauernschläue, die sein Auftreten, das an einen freundlichen Bankdirektor gemahnte, Lügen strafte. Viele Meinungsmacher im politischen Treibhaus Bonn hielten nicht viel von ihm, aber viele Wähler dachten anders.

Schmidts Ansehen im Land war hoch, aber das der SPD fiel weit ab. Kurz nachdem Schmidt seinen Hamburger Genossen im September 1974 die Leviten gelesen hatte, verlor die Partei bei Wahlen in Bayern und Hessen noch mehr an Boden. Im März 1975 verdrängte die CDU in West-Berlin zum ersten Mal die SPD als die Partei mit den meisten Wählerstimmen. Weitere Wahlen im Land brachten noch mehr SPD-Verluste. Vor diesem Hintergrund konnte das Resultat der Bundestagswahl vom 3. Oktober 1976 eigentlich für niemanden eine Überraschung sein.

Die CDU/CSU erzielte 48,6 Prozent der Stimmen – ihr größter Erfolg seit Adenauers Zeiten –, die SPD 42,6 Prozent und die FDP 7,9 Prozent. So wurden die Unionsparteien abermals stärkste Fraktion im Bundestag; Brandt hatte sie 1972 auf den zweiten Platz verdrängt.

Kohl meldete sofort einen moralischen Anspruch auf die Kanzlerschaft an. Die Regierungsparteien machten sich darüber lustig, obwohl sie nur mit einem blauen Auge davongekommen waren. In seiner letzten Rede vor den Wahlen hatte Schmidt erklärt, er hoffe auf eine Mehrheit von zwanzig bis fünfundzwanzig Sitzen. Statt dessen schrumpfte sie auf zehn Sitze – noch weniger, als Brandt und Scheel gehabt hatten, als sie 1969 koalierten.

»Nach einem Wahlsieg, der keiner war«, schrieb ein Zeitungskommentator, »und mit einer Partei, die seine Kanzlerschaft nicht mittragen will, wirkt Helmut Schmidt noch einsamer als zuvor.« Tatsächlich machte Schmidt in der Wahlnacht ein besorgtes Gesicht, trotz seiner Bemühungen, seine Gefühle hinter einem starren Lächeln zu verbergen. Eine Mehrheit von nur zehn Sitzen ließ große Schwierigkeiten vorhersehen, auch wenn sie dazu beitragen mochten, den linken Flügel der SPD an der Kandare zu halten.

In ernste Schwierigkeiten geriet Schmidt schon, bevor er im Bundestag abermals zum Kanzler gewählt wurde. Das sogenannte Rentenfiasko war eine innenpolitische Angelegenheit, die im Ausland anfangs kaum zur Kenntnis genommen wurde. Aber sie deprimierte Schmidt sehr und brachte ihn an den Rand des Rücktritts.

Im Wahlkampf hatte die Regierung eine Heraufsetzung der Renten um zehn Prozent für den Juli 1977 angekündigt, die, wie üblich, praktisch den Lohnerhöhungen und somit auch der Inflation angepaßt gewesen wäre. Dynamische Renten gehörten nicht zu den kostspieligen Reformen der SPD-FDP-Koalition, sondern gingen auf Adenauers Zeiten zurück. Keine Partei dachte daran, dieses System zu revidieren, solange das Wirtschaftswachstum die Mittel hervorbrachte, die Rechnung zu bezahlen. Nach der Wahl erhielt die Regierung neue Daten, die darauf hinwiesen, daß das Wirtschaftswachstum geringer ausfallen würde als erwartet. Das bedeutete, daß es mehr

Helmut Schmidt (rechts) als Zehnjähriger mit Klassenkameraden.

Helmut Schmidt (Mitte) mit Eltern und Bruder Wolfgang. Aufn.: dpa

Leutnant Schmidt im Frühjahr 1940. Aufn.: dpa

Am 27. Juni 1942 heiratet Helmut Schmidt Hannelore Glaser.
Aufn.: Sven Simon

Seine erste Reserveübung absolvierte Schmidt 1958 als Oberleutnant d. R. in der Flugabwehrschule Rendsburg (oben).

Dortmunder Parteitag 1966: Am Vorstandstisch des Arbeitskreises Deutschlandpolitik (v. r.) Helmut Schmidt, Käte Strobel, Hans-Jürgen Wischnewski, Carlo Schmid. Aufn.: dpa

Bundestagsabgeordneter Helmut Schmidt 1966 in der außenpolitischen Debatte im Bundestag (oben).

Als Vorsitzender der SPD-Bundestagsfraktion gratuliert Schmidt Gustav Heinemann am 5. März 1969 zu dessen Wahl zum Bundespräsidenten. Aufn.: dpa

Bei der Bundeswehrgarnison Ebern (Unterfranken) macht Bundesverteidigungsminister Schmidt 1969 seinen ersten offiziellen Besuch bei der Truppe (oben). Minister Schmidt mit Ehefrau Loki beim 101. Deutschen Derby in Hamburg-Horn.
Aufn.: dpa

»Superminister« Schmidt (Wirtschaft und Finanzen) mit Bundesbankpräsident Otmar Emminger (links) bei einer Zentralbankratssitzung (oben). Aufn.: dpa
Nach dem Rücktritt Willy Brandts wird Schmidt am 16. Mai 1974 Bundeskanzler. Aufn.: J. H. Darchinger

Im Kreml unterzeichnet Kanzler Schmidt 1974 ein deutsch-sowjetisches Abkommen (oben).

Im selben Jahr ein Besuch in Washington: Außenminister Genscher, Schmidt, US-Präsident Gerald Ford, Henry Kissinger (v. l.). Aufn.: Bundesbildstelle

Erich Honecker (links) und Helmut Schmidt 1975 auf dem KSZE-Gipfeltreffen in Helsinki (oben).
Begrüßung durch Mao Tse-Tung bei einer Chinareise 1975. Aufn.: Bundesbildstelle

Schmidt mit dem französischen Staatspräsidenten Valéry Giscard d'Estaing in seinem Privathaus in Hamburg-Langenhorn. Aufn.: Bundesbildstelle

Helmut Schmidt und Ehefrau Loki mit Nancy und Ronald Reagan am 21. Mai 1981 bei einem Bankett im Weißen Haus (oben).

Verhandlungen in Moskau im Juli 1980. Helmut Schmidt mit Leonid Breschnew und Alexei Kossygin (Mitte). Aufn.: Bundesbildstelle

Helmut Schmidt und Erich Honecker beim winterlichen Spaziergang am Döllnsee im Dezember 1981. Aufn.: Bundesbildstelle

Das SPD-Führungstriumvirat Brandt, Schmidt, Wehner bei einer Fraktionssitzung im März 1982 (oben).

Das Ende der sozialliberalen Koalition. Schmidt bedankt sich bei den FDP-Ministern. Aufn.: J. H. Darchinger

Loki und Helmut Schmidt in ihrem Hamburger Haus. Aufn.: J. H. Darchinger

Bei der Nachrüstungsdebatte im Bundestag im November 1983. Helmut Schmidt faltet aus Papier eine »Pershing 2« (oben).

Regierungswechsel in Bonn. Helmut Schmidt gratuliert Helmut Kohl nach dessen Wahl zum Bundeskanzler am 1. Oktober 1982. Aufn.: J. H. Darchinger

Arbeitslose geben und weniger Geld in die staatliche Sozialversicherung fließen würde. Wenn die Renten wie angekündigt im Juli steigen sollten, würde die Rentenversicherung allein für 1977 ein Defizit von zehn Milliarden D-Mark bringen.

Zunächst beschloß die Regierung, die Erhöhung um sechs Monate hinauszuschieben, war aber von der von allen Seiten auf sie einstürmenden Kritik so schockiert, daß sie ihre Absicht eiligst wieder fallenließ. Natürlich gehörte die CDU/CSU zu den lautesten Kritikern; die Unionsparteien warfen Schmidt vor, ein »Rentenlügner« zu sein, der die Wahl unter Vorspiegelung falscher Tatsachen gewonnen hatte. Und die Gewerkschaften, die lange Zeit Schmidts beständigste Parteigänger gewesen waren, nahmen eine kaum weniger aggressive Haltung ein.

Die Bundestagsfraktion der SPD weigerte sich, den Aufschub zu schlucken; wenn die Sozialdemokraten nicht mit den wirtschaftlich Schwachen Solidarität zeigten, wer sollte es dann tun?

Schmidt, der »Macher«, der »wirtschafts- und währungspolitische Zauberer«, dachte ernstlich daran, den Hut zu nehmen. »Ich gestehe Ihnen«, sagte er später, »daß ich in den langen Jahren der politischen Verantwortung in verschiedenen Aufgaben niemals mehr gelitten habe als im Zeitraum des Erkenntnisprozesses am Ende des Jahres 1976, als wir damals begreifen mußten, daß die Rentenfinanzierungsprognosen nicht stimmten.«[9] Im Sommer hatten Schmidt, Finanzminister Apel und Arbeitsminister Arendt zusammengesessen und Renten- und Wachstumszahlen durchgerechnet. Sie glaubten, die Erhöhung mit Zuversicht ankündigen zu können. Sie irrten, und einer mußte der Sündenbock sein.

Am Ende war Arendt das Opfer, ein unermüdlicher Arbeiter und eine der Hauptstützen der Koalition seit 1969. Er war nicht mehr Mitglied der Regierung, die Schmidt am 15. Dezember vorstellte. Am gleichen Tag wurde Schmidt durch 250 von 496 Abgeordneten in seinem Amt bestätigt; das war eine Stimme mehr als die absolute Mehrheit, die er benötigte. Seit Adenauer im Jahre 1949 war kein Kanzler mit so knapper Mehrheit gewählt worden.

In seiner Regierungserklärung gab Schmidt zu, daß das Rentenproblem »große Unruhe« hervorgebracht und das Vertrauen in die Koalition erschüttert hatte. Dem Gejohle und den höhnischen Zwischenrufen der CDU/CSU hielt er entgegen: »Keine Regierung ist unfehlbar. Nur ein totalitäres Regime kann das von sich behaupten.«

Dies war einer von Schmidts kläglichsten Auftritten. Er stolperte über seine eigenen Worte und ließ jede Zuversicht vermissen. Ein schlechtes Omen für 1977 – das Jahr, in dem Schmidt abermals nur um Haaresbreite einem Rücktritt entging, aber auch ein Jahr, in dem seine Beliebtheit höher kletterte als je zuvor.

Zwischenakt: Schmidts Berater im Kanzleramt

Im Verteidigungsministerium hatte Schmidt sich mit einem starken persönlichen Beraterteam umgeben, das ihm helfen sollte, bürokratische Hindernisse zu überwinden und neue Ideen zu entwickeln. Als Regierungschef schuf er sich einen ähnlichen Apparat, allerdings mit größeren Konsequenzen. Er sammelte eine Gruppe von Mitarbeitern um sich, die viel Einfluß auf politische Entscheidungen auf nationaler Ebene gewannen, die aber kaum die Aufmerksamkeit der Öffentlichkeit auf sich zogen.

Natürlich hatten auch frühere Kanzler ihre Sonderberater. Schmidt aber wappnete sich ungewöhnlich gut mit einem maßgeschneiderten Team, das ihm half, eigene Initiativen zu ergreifen und unerwünschte Vorschläge von seiten seiner Regierung und seiner Partei zu blockieren. Das heißt aber nicht, daß Schmidt tun und lassen konnte, was ihm gefiel. Die Zwänge, die ihm in Bonn, aber auch im Ausland, das Leben schwermachten, wurden schon erwähnt. Aber für Diplomaten und Journalisten, die wissen wollten, was sich in Bonn tat, oder, noch interessanter, vielleicht in absehbarer Zukunft tun könnte, wurde das Kanzleramt wichtiger, als es seit Adenauers Zeiten gewesen war.

So wurde der Plan für ein Europäisches Währungssystem im Kanzleramt (und in Paris) ursprünglich ohne Wissen der Wirtschafts- und Finanzminister geschmiedet. Schmidts persönlicher Vertreter (gewöhnlich ein Mann aus dem Kanzleramt) bereitete den Boden für die Weltwirtschaftsgipfelgespräche vor. Mehrere entscheidende außen- und verteidigungspolitische Beschlüsse wurden im Kanzleramt gefaßt, gemeinsam mit den zuständigen Ministern weiterentwickelt und schließlich vom Kabinett gebilligt. Andererseits konnte es vorkommen, daß eine politische Maßnahme in einem Ministerium ausgebrütet wurde, ihren bürokratischen Weg ging und im Kanzleramt fast spurlos verschwand. Schmidts Experten hatten das Projekt analysiert und abschlägig beschieden. »Undurchführbar« und »zu teuer« waren häufige Gründe für eine Ablehnung.

Man mußte nicht unbedingt Sozialdemokrat sein, um Schmidts Team anzugehören. Man mußte aber überdurchschnittlich tüchtig und bereit sein, so lange zu arbeiten wie der Chef, und das waren an manchen Tagen fünfzehn Stunden und mehr. Wenn man großen Wert auf Familienleben legte, tat man gut daran, sich nicht zum Dienst im Kanzleramt zu melden.

Der Kern des Teams war das sogenannte »Kleeblatt«, mit dem Kanzler eine Gruppe von vier Personen. Schmidt benützte die regelmäßigen Sitzungen des Kleeblatts für Planung und Brainstorming, wobei alle möglichen Themen auf den Tisch kamen – angefangen von der Tagesordnung für die nächste Kabinettsitzung bis zum Inhalt einer bevorstehenden wichtigen Rede oder den Stand der Regierung bei den Wählern. Die Gespräche waren intensiv und wurden, wie es hieß, mit brutaler Offenheit geführt, wie das nur in einem sehr kleinen, vertrauten Kreis möglich ist.

Ein herausragendes Mitglied des Kleeblatts war Hans-Jürgen Wischnewski, ein altgedienter Staatsminister im Bundeskanzleramt und Schmidts wichtigster Feuerwehrmann. Wischnewski – 1922 geboren – besitzt die Gabe, sich mit sicherem Instinkt an den Kern eines Problems heranzutasten und jede Chance für eine Lösung oder auch einen Kompromiß zu ergreifen. »Ben Wisch« (so genannt wegen seiner engen Beziehungen zur arabischen Welt) wurde allgemein bekannt, als er 1977 in der Terroristenkrise eine entscheidende Rolle für Schmidt spielte; aber er arbeitete schon seit Jahren unablässig im Hintergrund, nicht zuletzt an der undankbaren Aufgabe, zwischen dem Kanzler und seiner Partei zu vermitteln.

Klaus Bölling, ein weiteres Kleeblattmitglied (1928 geboren), früherer deutscher Fernsehkorrespondent in Washington, war in der Ära Schmidt lange Zeit als Regierungssprecher Staatssekretär im Presse- und Informationsamt. Er besaß ein auffallendes Talent für unverhohlene Weitschweifigkeit; es kann sehr gut sein, daß er dem Kanzler wichtigere Informationen über die Presse lieferte als der

Presse über den Kanzler. Jedenfalls achtete Schmidt aufmerksam auf Böllings Vorschläge, und nicht nur, soweit sie die Medienlandschaft betrafen. Als 1980 der wichtige und heikle Posten als Bonns Ständiger Vertreter in Ost-Berlin vakant wurde, berief Schmidt Bölling in dieses Amt.

Das Kleeblatt wurde ergänzt durch Manfred Schüler, Jahrgang 1932. Er war ein brillanter Administrator, den Schmidt 1974 vom Finanzministerium mitgenommen hatte. »Alle sagen, er wäre sehr tüchtig, aber niemand hat ihn je zu Gesicht bekommen«, bemerkte Schmidt einmal und übertrieb dabei nur wenig. Schüler war ein kleiner Mann mit einer breiten, hohen Stirn, der nur wenige Worte verlor und nie nervös zu werden schien, auch wenn es noch so hektisch zuging.

Als Leiter des Kanzleramtes wurde Schüler 1980 durch den mitreißenden, 1937 geborenen Sozialdemokraten Manfred Lahnstein ersetzt. Lahnstein, ein Rheinländer mit einer imponierenden Vielfalt an Talenten (unter anderem baut er Wein an und spielt Posaune), ist einer der wenigen Menschen, die sowohl unter Brandt als auch unter Schmidt hohe Positionen im Kanzleramt bekleideten. Nach einer Karriere in der Gewerkschaftsbewegung und bei der Europäischen Kommission in Brüssel wurde er von Brandt 1973 zum Leiter der Abteilung Wirtschaft im Bundeskanzleramt bestellt. Als Brandt stürzte, ging auch Lahnstein. Danach arbeitete er sieben Jahre im Finanzministerium, wo er Schmidts Aufmerksamkeit erregte und sein Vertrauen gewann.

In das Kanzleramt zurückgekehrt, erwiesen sich Lahnsteins Kontakte zu den Gewerkschaften und seine Sachkenntnis in Finanzfragen als besonders nützlich angesichts zunehmender Rezession und Haushaltsprobleme. Dazu kam, daß sein Optimismus durch nichts zu erschüttern war, selbst in den letzten Jahren, als es nur wenig Grund für Optimismus zu geben schien. In den letzten Monaten der Regierung Schmidt wurde er Finanzminister, und als auch dieses Amt endete, begann er eine neue Karriere – in der Privatindustrie.

Es gelang Schmidt, einige der klügeren Köpfe aus Genschers Auswärtigem Amt herauszuholen, um sie in seiner eigenen Abteilung Außenpolitik mit Aufgaben zu betrauen. Dazu gehörten Jürgen Ruhfuß (später Botschafter in London) und Otto von der Gablentz (Botschafter in Den Haag). Wahrscheinlich aber war Horst Schulmann, der der Wirtschaftsabteilung vorstand, der perfekte Schmidt-Mann im Kanzlerteam. Der rauhbeinige Individualist verfügte über erstklassige Kenntnisse in Wirtschaftstheorie und große analytische Begabung. Zu Beginn der siebziger Jahre war er Assistent eines anderen Arbeitsfanatikers gewesen, nämlich Robert McNamaras, des Präsidenten der Weltbank in Washington. Vielleicht hatte er dort die Fähigkeit erworben, ganze Nächte aufzubleiben und ohne Schlaf auszukommen. Normalerweise eher von sanfter Wesensart, kann er, wenn er herausgefordert wird, seine Argumente mit grimmiger Entschlossenheit vortragen. Es überraschte nicht, daß Schmidt ihn bei der Errichtung des Europäischen Währungssystems als idealen Mitarbeiter betrachtete.

Die Experten im Kanzleramt produzierten eine Flut detaillierter Studien über so viele Themen, daß es kaum denkbar war, daß Schmidt sie alle durcharbeiten konnte. Und doch tat er das, sosehr seine Zeit auch anderweitig in Anspruch genommen wurde. Dabei half ihm eine Schnellesetechnik, die es ihm erlaubte, in wenigen Sekunden eine Seite quer zu lesen, ohne etwas zu übersehen. Spätabends saß Schmidt immer noch an seinem Schreibtisch, rauchte pausenlos Mentholzigaretten und ging eine Akte nach der anderen durch. Er machte Anmerkungen mit grüner Tinte, und gnade Gott dem Mitarbeiter, der eine unpräzise Formulierung übersehen hatte.

Ein Beamter erinnert sich, daß er nach einem harten Tag im Büro gegen elf Uhr nachts heimgehen wollte, als das Telefon läutete. Es war Schmidt, der um die Klarstellung einiger Sätze in einem Bericht bat. Der Kanzler zeigte sich nicht überrascht, daß der Beamte noch an seinem Schreibtisch saß; er hatte ganz offensichtlich angenommen, daß der Mann noch erreichbar sei.

Ein anderer Mitarbeiter erinnert sich, daß er spätabends gebeten wurde, einen Bericht auszuarbeiten und ihn Schmidt am nächsten Morgen zu übergeben. Er blieb auf und wurde gerade noch rechtzeitig fertig. Schmidt nahm das Dokument entgegen, nickte und ging wortlos davon. »Er betrachtete es als selbstverständlich«, klagte der Mitarbeiter später. »Er nahm uns hart ran, und oft fluchte ich hinter ihm her. Aber er nahm sich selbst noch härter ran. Er übernahm nicht einfach unsere Formulierungen und Ideen. Er beherrschte das Detail und entwarf seine eigene Strategie. Er war bei weitem der schöpferischste politische Vorgesetzte, den ich je hatte. Um nichts in der Welt hätte ich die Arbeit bei diesem Kanzler missen mögen.«

Kein Wunder, daß Schmidt der am besten vorbereitete Bundeskanzler war, der je Kabinettsitzungen geleitet hat. Er hatte nicht nur Jahre der Erfahrung als Verteidigungs- und Finanzminister und im Bundestag hinter sich. Er machte seine »Hausaufgaben«, um auf dem laufenden zu bleiben. Oft wußte er mehr über ein Thema als der dafür zuständige Minister. Er war offenbar der Ansicht, daß er über detailliertes Wissen in den verschiedenen Bereichen der Politik verfügen mußte, um die Regierungszügel straff zu halten und konkrete Fortschritte zu erreichen.

Der Gegensatz zu Brandts lockerer Art, mit der er Kabinettsitzungen leitete, hätte kaum auffallender sein können. Aber Schmidts Methode wirkte nicht nur positiv. »Jeder, der soviel weiß wie der Kanzler und sein Wissen so augenfällig zeigt wie er, muß Neid erregen«, meinte ein höherer Beamter, der ein großer Bewunderer Schmidts war. Ein anderer Teilnehmer an den Kabinettsitzungen drückte es weniger schmeichelhaft aus: »Manchmal wurde ich aufgefordert, meinen Standpunkt zu erläutern, aber schon nach dreißig Sekunden unterbrach mich Schmidt mit Fragen, die uns manchmal weit vom Thema abschweifen ließen. Ein Kanzler sollte nicht versuchen, alles zu wissen; es kann ihm sonst passieren, daß er vor lauter Bäumen den Wald nicht sieht.«

Mit anderen Worten: Schmidt gab einigen seiner Kollegen das Gefühl, ein Dummkopf zu sein, und brachte sich so selbst in Schwierigkeiten. Das galt auch für seine Beziehungen zur Presse. Ein Beispiel von vielen: Schmidt hatte sich bereit erklärt, nach einer anstrengenden Wahlreise, bei der er viele Reden gehalten hatte, im Zug mit Journalisten Hintergrundgespräche zu führen. Er machte ihnen sehr rasch klar, daß er ihre Fragen für dumm hielt, was zur Folge hatte, daß die Mehrzahl der etwa zwanzig Journalisten von Feindseligkeit erfüllt waren. Es war schon spät, und Schmidt hatte eine starke Erkältung, was dazu führte, daß er noch barscher als sonst reagierte. Es wäre durchaus verständlich gewesen, sich entschuldigen zu lassen. Doch sein Pflichtgefühl, die Überzeugung, daß eine Verabredung eingehalten werden mußte, veranlaßten ihn, sich den Journalisten zu stellen. Ein weniger gewissenhafter Mensch wäre heimgefahren und hätte sich ins Bett gelegt; die Presse hätte ihm sein Nichterscheinen nicht lange nachgetragen.

7.
Kanzler – Dem Gipfel entgegen 1976–1980

Am 5. September 1977 wurde der führende Kopf der Arbeitgeber, Hanns Martin Schleyer, am hellichten Tag in Köln auf der Fahrt von seinem Büro nach Hause gekidnappt. Fünf Mitglieder der terroristischen Rote-Armee-Fraktion (RAF) erschossen Schleyers Fahrer und drei Leibwächter, zwangen ihre Geisel in ein wartendes Auto und verschwanden. In einem Brief an die Regierung forderten sie am nächsten Tag, elf inhaftierte Mitglieder der Bande freizulassen, jedem von ihnen 100 000 D-Mark zu geben und sie nach einem Land ihrer Wahl auszufliegen. Andernfalls würden sie Schleyer erschießen. Schmidt rief seine Minister und die Führer der Opposition zu einer Sondersitzung zusammen.

Sie waren davon überzeugt, daß der Staat den Forderungen nicht nachgeben dürfe, und sahen nur eine einzige, wenn auch sehr geringe Möglichkeit: Sie mußten Zeit gewinnen, bis sie die Terroristen fassen und Schleyer befreien konnten. So begann ein Nervenkrieg, der das Land sechs Wochen lang in seinen Bann zog und mit einer blutigen Mischung aus Erfolg und Mißerfolg endete.

Schleyers Entführung war die letzte in einer Reihe von Greueltaten deutscher Terroristen, die schon etwa ein Jahrzehnt andauerten. Die Bewegung hatte ihren Ursprung in den Studentenunruhen der späten sechziger Jahre. Junge Extremisten begannen mit Brandstiftungen, gingen dann zu Banküberfällen und Bombenanschlägen über und ermordeten schließlich sorgfältig ausgesuchte, in der Öffentlichkeit wohlbekannte Persönlichkeiten. Amerikanische Soldaten und militärische Einrichtungen waren häufige Ziele, Symbole, so dachten die

Terroristen, einer faschistischen, imperialistischen Weltordnung, die zerstört werden mußte. Was hätten sie an ihre Stelle gesetzt? Darüber herrschte nie Klarheit. Man konnte sie noch am ehesten mit Dostojewskis »Teufeln« vergleichen, die bereit waren, einem Kind Säure ins Gesicht zu schütten, wenn sie damit ihrer anarchistischen, im übrigen undefinierbaren Sache dienen konnten.

Bis 1972 waren viele Anführer der ersten Welle von Terroristen, einschließlich Andreas Baader und Ulrike Meinhof, gefaßt worden und warteten auf ihren Prozeß. Die Baader-Meinhof-Bande prägte für sich die Bezeichnung Rote-Armee-Fraktion, und Baader war einer der elf, deren Freilassung Schleyers Entführer forderten. Ulrike Meinhof hatte sich 1976 in ihrer Zelle erhängt.

Die Gefangenen saßen in verschiedenen Zellen und Strafanstalten ein, unterhielten aber doch Verbindungen untereinander und zu anderen Terroristen außerhalb. Zum Teil war dies auf die Findigkeit zurückzuführen, mit der sie sich heimliche Nachrichtensysteme ausdachten, zum Teil auf die Komplizenschaft ihrer Anwälte und zum Teil auf die Laxheit der Gefängnisbeamten. Immer mehr Deutsche aber vertraten die Meinung, daß strengere Gesetze erlassen werden müßten. Es wurde darauf hingewiesen, daß die Errichtung des Hochsicherheitstraktes in Stuttgart-Stammheim an die zwölf Millionen D-Mark gekostet hatte. Die Behörden hatten sich gerühmt, daß »nicht einmal ein Vogel« ohne Passierschein hinein- oder herauskönne. Und doch gab es auch weiterhin Kontakte zwischen den Terroristen in Stammheim und der Außenwelt, und die Zahl der Terroranschläge wuchs.

Im November 1974 war der Kammergerichtspräsident Günter von Drenkmann, West-Berlins höchster Richter, erschossen worden. Dabei handelte es sich offenbar um eine Repressalie gegen den Tod eines Terroristen, der im Gefängnis in den Hungerstreik getreten war. Im Februar 1975 wurde Peter Lorenz, der Vorsitzende der Berliner CDU, entführt; als Preis für sein Leben wurde unter anderem die Freilassung von sechs inhaftierten Terroristen gefordert. Fast eine Woche lang zögerte die Regierung, dann gab sie nach. Fünf Terroristen wurden auf freien Fuß gesetzt (einer weigerte sich zu gehen) und nach Aden geflogen. Lorenz wurde unverletzt freigelassen.

Während der Lorenz-Affäre zog Schmidt einen Trennungsstrich. Ein zorniger und enttäuschter Kanzler sah sich Terroristen gegenüber, die den Staat erpreßten, die Verkündung ihrer Ziele an die Nation im Fernsehen erzwangen und ungestraft davonkamen. Er fürchtete, daß die in Aden Freigelassenen nach Europa zurückkehren und weitere Verbrechen verüben würden.

Als Terroristen zwei Monate später die Botschaft der Bundesrepublik in Stockholm besetzten, Geiseln nahmen und die Freilassung von sechsundzwanzig Mitgliedern der Baader-Meinhof-Bande forderten, sagte Schmidt nein. Bei dem Überfall wurden zwei deutsche Diplomaten erschossen und weitere verletzt. Zwei Terroristen starben, als die Bomben, die sie gerade legten, explodierten und einen Teil der Wände und des Daches der Botschaft zerstörten.

Die Regierung war hart geblieben, aber die Terroristen mordeten weiter. Im April 1977 starb Generalbundesanwalt Siegfried Buback im Hagel von Maschinengewehrsalven, als sein Wagen bei einer Verkehrsampel halten mußte. Drei Monate später wurde Jürgen Ponto, der Vorstandssprecher der Dresdner Bank, in seinem Haus bei Frankfurt erschossen. Dann kam die Entführung Schleyers.

Es leuchtet ein, daß sich die Terroristen Buback aussuchten, aber sie ließen List erkennen, als sie auch Ponto und Schleyer zu ihren Opfern machten. Schleyer war gleichzeitig Präsident des Bundesverbandes der Deutschen Industrie und der Bundesvereinigung der Deutschen Arbeitgeberverbände. Er war ein zäher und geschickter Verhandlungspartner der Gewerkschaften gewesen. Er verkörperte den westdeutschen kaufmännischen Unternehmergeist.

Das tat auf seine Weise auch Ponto. Er war ein Bankier mit vielseitigen geistigen Interessen, ungewöhnlich belesen und ein besonderer Förderer der schönen Künste. Beim Gedenkgottesdienst in der Frankfurter Paulskirche faßte Hans Friderichs, der Bundeswirtschaftsminister, der kurz darauf Pontos Nachfolge in der Dresdner Bank antrat, seine Persönlichkeit so zusammen: »Ponto war«, sagte er, »der Vertreter einer Ordnung, die in ihrer idealen, durchaus nicht immer verwirklichten Form wirtschaftliche Erfolge mit sozialer Gerechtigkeit, harte Arbeit mit aktiver Menschlichkeit und angeborene geschäftliche Fähigkeit mit kultureller und sozialer Verantwortlichkeit verband.« Die Terroristen, fügte Friderichs hinzu, haßten diese Ordnung, und darum hatten sie Ponto getötet.

Es gab noch einen weiteren Punkt – unausgesprochen zwar, aber der Gedanke ging vielen Leuten durch den Kopf. Die Terroristen sprachen hin und wieder davon, daß sie »die Massen befreien« wollten, aber nur wenige von ihnen hatten eine Ahnung vom Leben, von den Hoffnungen und Bedürfnissen der arbeitenden Menschen. Die meisten Mörder kamen aus sogenannten guten Familien: »Ich war des ewigen Kaviaressens daheim leid«, sagte eine Terroristin, als man sie fragte, warum sie in den Untergrund gegangen war. Pontos Mörder konnten sich Zutritt in sein Haus verschaffen, weil seine Patentochter bei ihnen war, die aus einer wohlhabenden Hamburger Familie stammte. Sie kam mit roten Rosen zur Tür, und ein nichtsahnender Bediensteter ließ sie und ihre zwei Begleiter ein. Fairerweise kann man die Terroristen nicht als Produkt des Systems einstufen, das sie zu zerstören trachteten, aber sie waren zumindest Nebenprodukte.

Unter den Trauergästen, die zu Pontos Gedenkgottesdienst kamen, war auch Schleyer. »Ich werde der nächste sein«, sagte er zu einem hohen Politiker, während sie die Kirche verließen. Er erhielt Polizeischutz rund um die Uhr, aber es genügte nicht. Geschäftsleute und Persönlichkeiten des öffentlichen Lebens verdoppelten ihre Bemühungen, sich zu schützen. Sie wechselten täglich die Straßen, durch die sie von und zur Arbeit fuhren. Ihre Termine wurden nur den wenigen bekannt, die sie unbedingt wissen mußten. Im ganzen Land gingen kugelsichere Barrieren vor Bürohäusern hoch.

Die Bundeshauptstadt Bonn wurde zu einem Heerlager. Panzerwagen ratterten durch die Straßen. Stacheldrahtzäune wurden rund um die Ministerien errichtet, in die man bisher praktisch unkontrolliert hatte hineingehen können. Vor vielen Gebäuden wurden Wachen mit Maschinenpistolen postiert, die Häuser von Politikern mit Scheinwerfern angestrahlt. Autofahrer, die nicht alle ihre Papiere zur Hand hatten, gerieten sofort in Verdacht und wurden scharfen Verhören unterzogen.

Wochenlang war Schleyers Entführung das beherrschende Thema in den abendlichen Nachrichtensendungen des Fernsehens und in den Schlagzeilen der Morgenzeitungen. Zwar erreichten die Entführer nicht ihr unmittelbares Ziel, die Gefangenen zu befreien und den Staat zu demütigen, aber sie erzeugten ein Klima der Angst, in dem die Regierung unter starken Druck geriet, »Recht und Ordnung« mit allen ihr zur Verfügung stehenden Mitteln zu verteidigen.

Je länger die Krise andauerte, desto größer wurde die nervliche Belastung, vor allem für Schleyers Familie und Schmidt. Ständig wurden neue »letzte Fristen« gesetzt, während die Regierung alle nur erdenklichen Tricks ins Spiel brachte, um Zeit zu gewinnen. Aber die Kidnapper konnten nicht ausfindig gemacht werden. In seinen ersten

Tagen als Gefangener deutete Schleyer an, er sei bereit, die Entscheidung der Regierung zu akzeptieren, ob sie nun Leben oder Tod für ihn bedeutete. Doch die Wochen vergingen, und in Briefen und auf Tonbändern kamen seine Qualen immer deutlicher zum Ausdruck. Schleyers Sohn versuchte die Regierung zu zwingen, die Forderungen der Entführer zu erfüllen; um das Leben seines Vaters zu retten, wandte er sich an das Bundesverfassungsgericht, das ihn jedoch abwies.

Es schien kaum möglich, und doch verschlimmerte sich die Lage noch weiter. Am 13. Oktober wurde ein Lufthansa-Jet mit sechsundachtzig Passagieren und fünf Mann Besatzung an Bord auf dem Flug von Mallorca nach Frankfurt von vier arabischen Terroristen entführt. In einem Ultimatum an Schmidt forderten die Araber – zwei Männer und zwei Frauen – die Erfüllung der Bedingungen, die die Entführer Schleyers gestellt hatten; sonst würden sie alle Passagiere und die Besatzung töten. Es war schon seit langem bekannt, daß enge Verbindungen zwischen deutschen und ausländischen Terroristen bestanden. Diese Flugzeugentführung war der sichere und dramatischste Beweis.

Ein neuer Nervenkrieg begann, als nun auch die vier Araber wiederholt neue Fristen setzten und den Jet auf einen aberwitzigen Flug über neuntausend Kilometer dirigierten, der die Maschine über Rom, Zypern und den Nahen Osten nach Aden brachte. Jedesmal, wenn der Jet landete, bemühte sich Bonn, mit der Regierung des betreffenden Landes Pläne zu entwerfen, um die Geiseln freizubekommen. Schmidts bewährtester Feuerwehrmann, »Ben Wisch«, Staatsminister Wischnewski, flog nach Dubai und versuchte über Funk vom Kontrollturm des Flughafens aus mit den Entführern zu verhandeln. Schmidt telefonierte mit führenden Persönlichkeiten in den Vereinigten Arabischen Emiraten und Saudi-Arabiens. Der französische Präsident Giscard d'Estaing und der englische Premierminister James Callaghan rieten dem Kanzler, nicht nachzugeben, und versprachen zu helfen, wo sie konnten. Sogar die Sowjets und die DDR wollten allen Einfluß aufbieten, den sie in dieser Gegend besaßen, um die Entführung zu beenden.

Es fruchtete alles nichts. Am Samstagabend, dem 15. Oktober, sandte Jürgen Schumann, der Pilot des entführten Flugzeugs, aus Dubai folgende Botschaft an Schmidt: »Die Leben von einundneunzig Männern, Frauen und Kindern an Bord dieser Maschine hängen von

Ihrer Entscheidung ab. Sie sind unsere letzte und einzige Hoffnung.« Am Sonntag, nachdem das Flugzeug in Aden gelandet war, zwangen die Terroristen Schumann auf die Knie und erschossen ihn vor den Passagieren. Den Leichnam ließen sie im Passagierraum liegen und warfen ihn, nachdem der Jet in Mogadischu, der Hauptstadt von Somalia, gelandet war, auf die Rollbahn hinaus.

Passagiere und Besatzung der Lufthansa standen zu diesem Zeitpunkt seit etwa hundert Stunden unter schwerster körperlicher und seelischer Belastung. Die Entführer hatten Schumann getötet und konnten bald auch noch andere töten. Schmidt ging ein wohlüberlegtes Risiko ein. Er rief Somalias Präsident Siyaad Barre an und schlug vor, in der Nacht zum Angriff überzugehen, um die Geiseln zu befreien. Die Rettungsaktion würde hauptsächlich vom deutschen Sonderkommando GSG 9 (Grenzschutzgruppe 9) unternommen werden, wobei die Somalis nur Hilfestellung zu leisten hätten. Barre hätte sich aus Angst vor einem Blutbad durchaus für eine hinhaltende Taktik entscheiden können. Oder er hätte einwenden können, daß das Eingreifen einer ausländischen bewaffneten Truppe die Souveränität des Landes verletzen würde. Doch zur großen Erleichterung Schmidts und des Kabinetts, das dem Plan zustimmte, erklärte er sich schließlich einverstanden.

Kurz nach Schmidts Telefonat traf Wischnewski in Mogadischu ein und verhandelte mit den Flugzeugentführern, wobei es ihm gelang, eine Verlängerung der letzten Frist bis ein Uhr dreißig früh des nächsten Tages (Dienstag, den 18. Oktober) zu erreichen. Die Terroristen sollten glauben, daß sie gewonnen hätten und daß ihre Genossen in Deutschland auf freien Fuß gesetzt werden würden.

Nach Einbruch der Dunkelheit flogen dreißig Männer der GSG 9 ein. In ihrer Begleitung befanden sich englische Spezialisten, ausgerüstet mit Stun-Granaten, die den Feind mit grellem Licht und großem Getöse für kurze Zeit lähmen können. Stunden zermürbenden Wartens folgten. In Bonn dachten diejenigen, die von der bevorstehenden Aktion wußten, an das Massaker bei den Olympischen Spielen in München im Jahre 1972 zurück, als arabische Terroristen israelische Sportler in ihre Gewalt gebracht hatten. Bei einer nächtlichen Befreiungsaktion, ausgeführt von Scharfschützen der Polizei, hatten alle Geiseln den Tod gefunden. In der Folge war die GSG 9 aufgestellt worden, aber ihre Chancen in Mogadischu standen nicht zum besten. Schmidt war sich bereits über die Konsequenzen im klaren, wenn die

Befreiungsaktion scheiterte. »Ich hätte am nächsten Tag vor dem Bundestag meinen Rücktritt bekanntgegeben«, sagte er. »Niemand hätte mich davon abhalten können. Ich war fest entschlossen.«[1]

Unter dem Codewort »Feuerzauber« begann um fünf Minuten nach Mitternacht der Angriff auf das Flugzeug. Während die Stun-Granaten draußen explodierten, drangen die deutschen Kommandos von vorne und hinten in den Jet ein. Zwei Terroristen wurden sofort erschossen, der dritte einige Augenblicke später. Der vierte wurde schwer verwundet. Ein Araber schleuderte eine Handgranate, aber sie rollte unter einen leeren Sitz und explodierte, ohne viel Schaden anzurichten. Während er in einem Kugelhagel zu Boden ging, warf er noch eine zweite Granate, die eine der Geiseln leicht verletzte.

In sieben Minuten war die Aktion beendet, und Wischnewski rief Bonn an.

»Die Arbeit ist erledigt«, teilte er dem Kanzler mit.

»Wieviel Tote?«

»Auf unserer Seite keine. Ein oder zwei Terroristen.«

Schmidt brach zusammen und weinte. »Mich kann man nicht so leicht erschüttern«, sagte er Jahre später. »Aber in diesem Augenblick konnte ich mir einfach nicht helfen. Die Spannung dieser letzten Wochen hatte sich eben gelöst.«[2]

Die meisten Deutschen schliefen, als die Entführung zu Ende ging. Einige Stunden später hatten sie kaum Zeit, sich über die guten Nachrichten im Rundfunk zu freuen. Schon gab es einen neuen Schock. Im Gefängnis von Stammheim hatten drei Terroristen Selbstmord verübt. Baader und Jan-Carl Raspe erschossen sich. Gudrun Ensslin hatte sich an der Querstange ihres Zellenfensters erhängt. Eine vierte, Irmgard Möller, brachte sich Stichwunden bei, erholte sich aber. Noch im Tode hatten die Terroristen das System verhöhnt. Irgendwie hatten sie sich Waffen und ein Transistorradio verschafft. Offenbar hatte einer von ihnen im Radio von den Ereignissen in Mogadischu gehört und die anderen über ein geheimes Nachrichtensystem – in die Gefängniswände eingelassene Drähte – informiert. Da ihre Hoffnungen auf Freiheit geschwunden waren, beschlossen die vier, sich das Leben zu nehmen.

»Ich finde keine Worte für diese blutigen und tragischen Ereignisse, diesen Teufelskreis von Gewalt und Tod«, sagte Bundespräsident Scheel an diesem Abend in einer Rundfunkansprache an die Nation. Noch einmal forderte er die Entführer auf, Schleyer freizulassen, aber vergeblich. Am nächsten Abend erhielt die Polizei in der französischen Stadt Mulhouse, knapp jenseits der deutschen Grenze, einen anonymen Anruf. Die Polizei folgte den Anweisungen und fand Schleyer tot im Kofferraum eines Autos. Man hatte ihn in den Hinterkopf geschossen.

»Das Leben in diesem Land hat sich zu seinem Nachteil verändert«, meinte ein bundesdeutscher Fernsehkommentator an einem dieser letzten, psychisch so erschöpfenden Tage. »Die Menschen werden zurückblicken und die Geschichte unseres Landes in die Periode vor der Schleyer-Entführung und in die nach der Schleyer-Entführung teilen.«

Viele Deutsche fürchteten, daß er recht haben könnte. Noch während Schleyer sich in der Gewalt seiner Entführer befand, bewilligte das Kabinett beträchtliche zusätzliche Mittel, um den Kampf des Staates gegen den Terrorismus zu verstärken. Gleichzeitig verabschiedete der Bundestag hastig ein Gesetz, das den Anwälten jeden Kontakt mit inhaftierten Terroristen verwehrte, wenn die Gesellschaft besonders schwer bedroht war. Das Gesetz trat sofort in Kraft, trotzdem kam es entweder zu spät oder reichte einfach nicht aus, um die Gefangenen in Stammheim daran zu hindern, sich Waffen und ein Radio zu verschaffen. Es wurde auch über noch weitreichendere gesetzliche Maßnahmen debattiert. Im fiebrigen Klima dieser Zeit wurden von den Konservativen oft jene als Sympathisanten der Terroristen bezeichnet, die ihrer Besorgnis Ausdruck gaben, der Staat könnte zu weit gehen.

Schmidt sah sich einer neuen und drastischen Variante eines alten Problems gegenüber. Er mußte versuchen, einen Mittelkurs zu steuern, der von der politischen Rechten als zu schwach und von der Linken der SPD als zu weitgehend abgelehnt wurde. Seine Schwierigkeiten wurden deutlich, als der Bundestag vier Monate nach Schleyers Ermordung über neue Maßnahmen der Regierung gegen den Terrorismus debattierte. Eine solche Maßnahme gab der Polizei weitreichende Durchsuchungsbefugnisse. Sie würde das Recht haben, einen ganzen Wohnblock, nicht bloß eine einzige Wohnung, zu durchsuchen, wenn sie Terroristen im Haus vermutete. Andere Bestimmungen sollten die kriminelle Kollaboration zwischen Terroristen und ihren Anwälten erschweren. Mehrere SPD-Rebellen wandten ein, solche Paragraphen würden gegen die Grundfreiheiten verstoßen, ohne an die Wurzeln des Terrorismus zu rühren. Die Opposition war der

Auffassung, die Vorschläge seien im Ausschuß in einer Weise verwässert worden, die sie praktisch wertlos machten. Schließlich wurden die Vorlagen mit einer Stimme Mehrheit angenommen.

Sprecher der Opposition verwiesen darauf, daß die schärferen Maßnahmen, die sie für nötig erachteten, in anderen westlichen Demokratien wie Frankreich, Italien oder der Schweiz bereits die Norm waren. Schmidt wußte jedoch, daß selbst gemäßigtere Schritte im Ausland kritisch beurteilt werden würden.

Wegen ihrer Nazivergangenheit war die Bundesrepublik, wie immer, ein besonderer Fall. Nur wenige Ausländer waren bereit, terroristische Gewaltaktionen gutzuheißen, aber viele fragten sich, ob an den Beschuldigungen, die die Baader-Meinhof-Bande gegen den Staat erhob, vielleicht doch etwas dran sein könnte. War es auszuschließen, daß sich die Deutschen wieder auf den Faschismus zubewegten – ungeachtet der vorbildlichen demokratischen Prinzipien der Bundesrepublik?

Viele Terroristen waren sich dieser im Ausland herrschenden Zweifel und des beschwerten moralischen Gewissens der Bundesdeutschen selbst wohl bewußt. Geschickt nützten sie die Lage aus, indem sie die Strafjustiz der »Isolationsfolter« bezichtigten und die Forderung erhoben, als »politische Gefangene« anerkannt zu werden. Internationale Organisationen wie etwa die Europäische Kommission für Menschenrechte wiesen diese Forderungen zurück, aber der Verdacht, die Häftlinge könnten mißhandelt werden, erlosch nie.

An den Befürchtungen, die Bundesrepublik könne einen antiliberalen Kurs steuern, war die deutsche Regierung zum Teil selbst schuld. Im Jahre 1972 hatten sich Brandt und die Ministerpräsidenten der Länder auf eine Verordnung geeinigt, mit der Extremisten der Zugang zum öffentlichen Dienst verwehrt wurde. Leuten, die das demokratische System zerstören wollten, sollte der Zugang zu hohen Stellungen in der Regierung, im Erziehungswesen oder im Justizapparat unmöglich gemacht werden.

Trotz der guten Absichten derer, die es verabschiedet hatten, wurde der Erlaß oft mit einem phantasielosen Perfektionismus angewendet, der ein Klima der Einschüchterung erzeugte, manchmal sogar den Charakter einer Farce annahm. In einer Karikatur jener Zeit ist eine Putzfrau dargestellt, die entlassen wird, da ihre Mitgliedschaft in der legalen Kommunistischen Partei die »demokratische Grundordnung« bedroht.

Der Erlaß war ein Fehler. Seine Auswüchse mußten erst Stück für Stück reduziert werden, und er bescherte der Bundesregierung und den Regierungen der Länder im In- wie im Ausland auf Jahre hinaus eine schlechte Presse.

Die Schleyer-Affäre war tatsächlich ein Trennungsstrich im Deutschland der Nachkriegszeit, aber nicht in dem Sinn, wie es der Fernsehkommentator damals verstand. Schleyers Entführung und Ermordung erwiesen sich als der Gipfel einer Welle von Terrorismus. Es war nicht die letzte Greueltat dieser Art, aber allmählich gewannen die Behörden die Oberhand; die Mörder wurden nacheinander gefaßt. Politiker und Geschäftsleute begannen wieder ein normales Leben zu führen. Das Klima beruhigte sich. Mehr noch: ein Gefühl der Zuversicht breitete sich aus, das es bis dahin nicht gegeben hatte. Zum einen erwies sich das Anti-Terror-Gesetz schließlich trotz des aufrichtigen Unbehagens seiner Kritiker im wesentlichen als gemäßigt und vernünftig. Zum anderen brachte die Aufregung über Schleyer und die Entführung des Lufthansa-Jets das Land und seine gewählten Vertreter enger zusammen als je zuvor.

Lange war es an der Tagesordnung gewesen, die Bundesrepublik als einen »künstlichen Staat«, ein »Land ohne Seele« oder »Geisterland« zu bezeichnen. Auf einmal schien es etwas mehr zu geben, auf das man stolz sein konnte, als nur eine vergleichsweise erfolgreiche Wirtschaft. Eine deutsche Einheit hatte im Ausland erfolgreich eingegriffen, um die Schwachen zu schützen, nicht um etwas zu erobern. Ihr Erfolg war in der ganzen Welt bejubelt worden. Als die GSG-9-Kommandos in Bonn wieder aus dem Flugzeug stiegen und die Nationalhymne ertönte, konnten viele nur mit Mühe die Tränen zurückhalten. Es war ein denkwürdiger Tag in der Geschichte der Bundesrepublik Deutschland.

Aus Meinungsumfragen ging hervor, daß Schmidt beliebter war als jeder andere Kanzler seit Adenauer. Man nannte ihn den Helden von Mogadischu, was vielleicht nicht sehr fair war gegenüber den vielen anderen, die zum Erfolg der Aktion beigetragen hatten. Aber Schmidt hatte die entscheidende Verantwortung getragen, wie er das auch in den Wochen der fruchtlosen Suche nach Schleyer getan hatte. Es war ihm nicht gelungen, Schleyers Leben zu retten, aber die meisten Deutschen dachten, daß er alles in seiner Macht Stehende getan hatte – außer nachgeben und damit zu weiteren Terrorangriffen zu ermutigen.

Am 20. Oktober, in einer feierlichen Rede vor dem Bundestag, bezeugte Schmidt dem ermordeten Industriellen seine Hochachtung. Er sprach leise, und er sah müde und älter aus als vor einem Monat. Am Ende seiner Rede sagte er: »Wer weiß, daß er so oder so, trotz allen Bemühens, mit Versäumnis und Schuld behaftet sein wird, wie immer er handelt, der wird von sich selbst nicht sagen wollen, er habe alles getan, und alles sei richtig gewesen.« Nach einer kleinen Pause fügte Schmidt hinzu: »Die Bundesregierung wird noch Gelegenheit nehmen, alle ihre Entscheidungen, ihre Gründe – auch ihre Zweifel – öffentlich darzulegen. Zu dieser Verantwortung stehen wir auch in Zukunft. Gott helfe uns.«

Kaum mehr als eine Woche nach dieser Szene im Bundestag hielt Schmidt eine Rede im Internationalen Institut für Strategische Studien (IISS) in London.[3] Der Vortrag über »Neue Dimensionen der Sicherheit« fand in England nicht den gleichen Widerhall wie »Superschmidts« Erscheinen beim Kongreß der Labour Party vor drei Jahren.

In der Bundesrepublik hatte man den Kopf noch zu voll mit Schleyer und Mogadischu, um sich für neue strategische Fragen zu interessieren. Aber diese Rede im IISS, besonders der Teil, der sich auf Atomraketen bezog, war eine der wichtigsten, die er je hielt, denn sie ließ eine Entscheidung der westlichen Alliierten vorausahnen, die bis in die achtziger Jahre große Auswirkungen auf die Ost-West-Beziehungen und die deutsche Innenpolitik haben sollte.

Schmidt sprach vor dem Hintergrund zunehmender Gereiztheit zwischen Bonn und der neuen amerikanischen Regierung unter Präsident Carter. Viele Leute schrieben diese Schwierigkeiten den unterschiedlichen Persönlichkeiten des sendungsbewußten Carter und pragmatischen Schmidt zu. Da war sicher etwas dran; ihre Beziehungen hatten von Anfang an unter einem schlechten Stern gestanden, als Schmidt dem noch amtierenden Präsidenten Ford verfrüht zu seinem Sieg bei den Wahlen am 2. November 1976 gratulierte. Spätere Ergebnisse zeigten, daß Carter gewonnen hatte. Sonderbarerweise war sieben Jahre zuvor ein ähnlicher Fehler passiert; Präsident Nixon hatte 1969 in der Wahlnacht in Bonn angerufen, um Kiesinger zu einem Sieg zu beglückwünschen, den de facto Willy Brandt errungen hatte. Nixon überging den Irrtum später mit einem Lachen; man hätte ihm eine falsche Nummer gegeben, rechtfertigte er sich.

Daß Schmidt und Carter nicht imstande waren, miteinander auszukommen, war nicht der einzige Grund für die deutsch-amerikanischen Spannungen. Viele Probleme reichten in die Zeit vor Carter zurück, auch wenn sie sich im Verlauf seiner nicht gerade glückhaften Präsidentschaft noch verstärkten. Und viele waren eigentlich europäisch-amerikanische Schwierigkeiten, keine Meinungsunterschiede zwischen Bonn und Washington allein. Wegen der markanten Veränderungen in der relativen politischen Gewichtung der beiden Länder zeigten sie sich aber am deutlichsten zwischen der Bundesrepublik und den Vereinigten Staaten.

Wenn Deutsche und Amerikaner in den fünfziger und sechziger Jahren Differenzen hatten, behielt fast immer Washington am Ende recht. Die Vereinigten Staaten waren die Schutz- und Supermacht, die Bundesrepublik die weitgehend abhängige Verbündete. Das änderte sich in den siebziger Jahren. Die Deutschen wurden ein für die NATO militärisch und finanziell lebenswichtiger Partner. Gleichzeitig erhielten sie mehr Handlungsfreiheit für ihre Außenpolitik, obwohl ihre Möglichkeiten, eigene Wege zu gehen, geringer waren, als die meisten Nicht-Deutschen zu glauben schienen.

Seit dem »Wirtschaftswunder« war diese Entwicklung unausweichlich gewesen. Natürlich spielte dabei auch der Generationswechsel eine Rolle. Deutsche und Amerikaner, die den Marshallplan und die Berliner Luftbrücke noch lebhaft in Erinnerung hatten, zogen sich allmählich aus dem öffentlichen Leben zurück. Ihren Nachfolgern fehlte diese emotionale Bindung. Die Deutschen waren nicht Anti-Amerikaner geworden, geschweige denn Sympathisanten der Sowjets, wie Meinungsumfragen immer wieder bestätigten. Aber sie begannen immer deutlicher ihre eigenen Interessen zu verfolgen (wenn auch lange nicht so energisch, wie das zum Beispiel die Franzosen taten).

Vom Generationswechsel abgesehen, kam es auch zu einer immer schnelleren Umschichtung in der Führung der Vereinigten Staaten. In den ersten sechzehn Nachkriegsjahren hatten sich die Deutschen mit nur zwei US-Präsidenten verständigen müssen, Truman und Eisenhower. In den weiteren sechzehn Jahren hatten sie es mit fünf zu tun: Kennedy, der erschossen wurde, Johnson, der wegen Vietnam aufgab, Nixon, der wegen Watergate aus dem Amt scheiden mußte, Ford, der ein (guter) Lückenbüßer war, und schließlich Carter. Zudem schwächte das doppelte Trauma von Vietnam und Watergate die

Präsidentschaft und führte zu einer Periode intensiver und kritischer Selbstprüfung der Amerikaner. So kam es, daß die Bundesrepublik in den beratenden Versammlungen des Westens immer mehr Gewicht bekam, zu einer Zeit, da die Vereinigten Staaten immer weniger imstande waren oder auch nur den Wunsch hatten, eine stetige Führungsrolle auszuüben.

Zu Beginn der siebziger Jahre gab es noch vieles in der Außenpolitik Nixons (und Kissingers), dem die Bundesregierung zustimmen konnte. Auch in Ford fand sie einen verläßlichen Partner. Die Kritik der Deutschen richtete sich in diesen Tagen hauptsächlich gegen den amerikanischen Kongreß. Zumindest seit den späten sechziger Jahren war sich die NATO im Prinzip über eine Politik von Zuckerbrot und Peitsche gegenüber den Sowjets einig. Das bedeutete, daß man auf der Basis militärischer Stärke und schneller Reaktion auf kommunistischen Druck wirtschaftliche Zusammenarbeit anbot, doch schien es den Deutschen, als untergrabe der Kongreß diese Politik, indem er die Macht des Präsidenten einengte. Dies veranlaßte Moskau und seine Verbündeten, sich auf Abenteuer (in Angola und anderswo) einzulassen, die sie vielleicht nicht gesucht hätten, wenn das Risiko einer entschlossenen Abwehr durch die Vereinigten Staaten größer gewesen wäre.

Dann kam Carter, und es wurde alles noch viel schlimmer. Zum Teil gab Bonn den Beratern des Präsidenten die Schuld, der sogenannten Georgia-Mafia, Leuten also, die zumeist keinerlei außenpolitische Erfahrung hatten. Der politische Einfluß der Amerikaner von der Ostküste, die mit den europäischen Problemen wohlvertraut waren, nahm ab.

Dieser Prozeß setzte sich zeitweilig auch noch unter Reagan fort. Eine Ausnahme war der Sicherheitsberater Zbigniew Brzezinski. Er verfügte über eingehende Kenntnisse in europäischen und sowjetischen Fragen, aber was er daraus machte, stieß in Bonn auf Mißtrauen. Er schien oft eine militante Linie in der Außenpolitik zu verfolgen, während die Berufsdiplomaten des State Department in eine andere Richtung steuerten. Schmidt mochte Brzezinski nicht und hielt seinen Einfluß auf die Politik für schädlich. Diese Gefühle schienen auf Gegenseitigkeit beruht zu haben.

Vor allem scheint Schmidt sehr bald zu der Überzeugung gelangt zu sein, daß Carter ein Amateur war, ein Politiker, wie der Kanzler später einmal mit müdem Lächeln sagte, der »den Problemen einfach nicht gewachsen war«. Die Geschichte ihrer unterschiedlichen politischen Auffassungen würde allein schon ein Buch füllen. Da gab es zum Beispiel eine Auseinandersetzung, die in dem Augenblick akut wurde, als Carter sein Amt antrat. Es ging um ein umfassendes Atomenergiegeschäft mit Brasilien in der Größenordnung von zwölf Milliarden D-Mark, das die Deutschen 1975 abgeschlossen hatten. Carter fürchtete, die Brasilianer, die den Atomsperrvertrag nicht unterzeichnet hatten, könnten die bei den Deutschen bestellte Anlage zur Herstellung von Atombomben benützen. Bonn verwies darauf, daß drastische Sicherheitsbestimmungen in den Liefervertrag eingebaut waren. Trotz des außerordentlich starken Drucks Washingtons weigerte sich Schmidt nachzugeben, und das Geschäft wurde abgewickelt.

Dann gab es Carters Menschenrechtspolitik, vor allem sein öffentliches Eintreten für sowjetische Dissidenten. Dazu bemerkte Schmidt zu einem späteren Zeitpunkt: »Das Vorhaben zeugte von Idealismus, die Aussichten, es zu verwirklichen, waren gering, und die angewandten Methoden dilettantisch.«[4] Er teilte Kissingers Ansicht, wonach »eine Politik der Konfrontation über Menschenrechte mit der Sowjetunion nichts bewirken kann, außer einer Demonstration westlicher Schwäche, einer Verschlechterung der Lage für die Dissidenten und keine wesentlichen Verbesserungen für die Menschenrechte«. Mit diplomatischem Geschick war es Kissinger gelungen, die Erlaubnis zur Ausreise von Tausenden von Sowjetbürgern zu erhalten. Aufeinanderfolgende Regierungen in Bonn hatten methodisch und in aller Stille die Rückführung von Hunderttausenden von Deutschstämmigen aus kommunistischen Staaten in ihre deutsche Heimat erreicht. Schmidt fürchtete, Carter würde durch offenkundige Handlungen, die zu einem Gesichtsverlust der Sowjetunion führen mußten, das Gegenteil dessen erreichen, was er haben wollte. Carters gute Absichten, seine aufrichtige Besorgnis, standen nie in Zweifel, wohl aber sein Urteilsvermögen und seine Befähigung.

Dann kam die Affäre um die sogenannte Neutronenbombe – in Wirklichkeit gar keine Bombe, sondern eine Kernwaffe, die eine extrem starke Neutronenstrahlung über vergleichsweise geringe Entfernungen auslöst. Sie konnte einen Panzerangriff auf besiedeltem Gebiet zum Stehen bringen, indem sie die Besatzung tötete, aber keine Explosion auslöste, die Gebäude nicht zusammenstürzen ließ, unter deren Trümmern Zivilisten begraben würden. Sie mochte daher für die Bundesrepublik mit hoher Wohndichte und der langen gemeinsamen Grenze mit den Staaten des Warschauer Paktes eine besonders nützliche Verteidigungswaffe sein.

Doch viele Leute, ganz besonders in Schmidts SPD, sahen es anders. Sie waren zutiefst beunruhigt, als Carter bekanntgab, daß die Vereinigten Staaten diese Waffe herstellen wollten. Ein führender Sozialdemokrat nannte die »Bombe« eine »Perversion des Denkens«, weil sie Menschen tötete, ohne Besitztum zu zerstören. Schmidt erkannte den Wert der Waffe, fand aber, Carter habe seinen Plan ungeschickt vorgebracht. Er sei sich offenbar nicht über die Wirkung im klaren gewesen, die seine Äußerungen auf die europäische, insbesondere westdeutsche Öffentlichkeit haben würden. Schmidt hatte schon viele Mitglieder seiner Partei und Menschen im ganzen Land auf seine Seite gezogen, als Carter beschloß, die Waffe doch nicht zu produzieren. Wieder schien die Absicht des Präsidenten vernünftig, aber seine Methode wirkte sich negativ aus.

Eine Frage war besonders dazu angetan, diese Probleme alle gleichzeitig aufzuzeigen: Carters Unerfahrenheit, Schmidts Ungeduld, das böse Blut zwischen den beiden führenden Politikern, das Fehlen eines konsequenten Meinungsaustausches auf höchster Ebene zwischen Washington und Bonn und das System »dynamischer Spannung«, zwischen »Zbig« Brzezinski und dem State Department. Es ging dabei um die Überlegenheit der Sowjetunion im Bereich der Atomraketen von kontinentaler Reichweite und die Notwendigkeit einer Reaktion des Westens. Das Problem reichte noch in die Zeit vor Jimmy Carters Präsidentschaft zurück, wurde aber erst während seiner Amtsperiode bekannt, vornehmlich nach Schmidts IISS-Rede von 1977.[5]

Sein Ursprung geht sogar bis zum Beginn der sechziger Jahre zurück. Damals besaß die Sowjetunion nahezu dreihundert Atomraketen, deren Reichweite unterschiedlich mal als »mittel« oder »intermediär« bezeichnet wurde. Dabei ist die Tatsache entscheidend, daß sie von sowjetischem Territorium aus einen Großteil Westeuropas, nicht aber die Vereinigten Staaten erreichen können. Man sollte sie daher vielleicht »eurostrategische« Raketen nennen. Die Amerikaner besaßen etwa fünfzig vergleichbare Waffen in Europa, begannen aber etwa 1963, sie nach und nach abzuziehen. Die Vereinigten Staaten waren den Sowjets an Interkontinentalraketen klar überlegen. Darum konnte die UdSSR keinen Atomangriff auf NATO-Europa unternehmen, ohne einen Gegenschlag des zahlenmäßig überlegenen Waffenarsenals von amerikanischem Boden aus fürchten zu müssen.

Doch zu Beginn der siebziger Jahre änderte sich das Kräfteverhältnis. Bei den Interkontinentalwaffen zog Moskau mit den Vereinigten Staaten gleich, während es die Zahl der eurostrategischen Raketen erhöhte. Der Vertrag zur Begrenzung strategischer Waffensysteme (SALT 1) kodifizierte das atomare Gleichgewicht zwischen den Supermächten im interkontinentalen Bereich, ließ aber das Ungleichgewicht bei eurostrategischen Waffen zugunsten der Sowjetunion bestehen. Von den größeren europäischen Staaten belastete dieses Dilemma vor allem die Deutschen. England und Frankreich hatten ihre eigenen Atomwaffen und waren entschlossen, sie als im äußersten Notfall gegen Moskau einzusetzende Abschreckungswaffen zu behalten. Die Bundesrepublik hatte keine eigene Atomwaffen und wollte auch keine haben, aber mit dem neuen interkontinentalen »Gleichgewicht des Schreckens« konnte sie des amerikanischen Atomschilds nicht mehr so sicher sein wie früher. Im Klartext hieß das: Wären die Vereinigten Staaten bereit, den Verlust Chicagos zu riskieren, indem sie einen mit eurostrategischen Waffen geführten sowjetischen Angriff auf Hamburg mit einer Interkontinentalrakete beantworteten? Nicht daß die Deutschen glaubten, die Russen hätten ernstlich die Absicht, Hamburg oder irgendeine andere westliche Stadt auszulöschen. Indem Moskau aber ein Waffenarsenal in einem Bereich anlegte, in dem es kein echtes Gegengewicht des Westens gab, konnte es die Europäer ohne weiteres erpressen und einen Keil zwischen die Vereinigten Staaten und ihre Verbündeten treiben.

Es war die alte Frage des Gleichgewichts. Schmidt war einer von denen, die das Problem schon in den sechziger Jahren allmählich aufkommen sahen. In einer seiner Veröffentlichungen in dieser Zeit verwies er mit Nachdruck auf die Tatsache, daß eine etwaige Parität der Supermächte eine zusätzliche Gefahr für Europa darstellte, wenn man das eurostrategische Ungleichgewicht nicht korrigierte. Was damals praktisch niemand voraussah (vermutlich auch die Sowjets nicht), war die SS-20. Diese sowjetische Rakete wurde um das Jahr 1975 auf Testflügen beobachtet und erhöhte die potentielle Bedrohung Westeuropas beträchtlich. Ihre Vorgänger SS-4 und SS-5 hatten Reichweiten von zweitausend beziehungsweise viertausend Kilometern, besaßen jede nur einen Atomsprengkopf und waren in relativ verwundbaren Silos untergebracht. Die SS-20 hatte eine Reichweite von etwa fünftausend Kilometern, war mobil und daher so gut wie unverwundbar. Sie besaß drei Atomsprengköpfe, die darauf programmiert werden konnten, drei verschiedene Ziele anzusteuern. Die nukleare Schlagkraft der einzelnen Sprengköpfe war geringer als die der SS-4 oder SS-5, aber immer noch groß genug, um eine große Stadt zu zerstören. Alle Raketen waren schnell genug, um europäische Ziele innerhalb von fünfzehn Minuten zu erreichen.

Bei Präsident Fords Besuch in der Bundesrepublik im Juli 1975 unterstrich Schmidt seine große Sorgen über das eurostrategische Ungleichgewicht. In einem Privatgespräch mit Ford (dem nicht einmal Kissinger beiwohnte) drängte Schmidt die Vereinigten Staaten, das Problem mit der Sowjetunion zu erörtern. Ford und der Generalsekretär der KPdSU Breschnew waren im November 1974 in Wladiwostok zusammengetroffen und hatten sich in groben Umrissen auf ein zweites Abkommen zur Begrenzung der strategischen Waffensysteme (SALT 2) geeinigt, über das in den kommenden Jahren verhandelt werden sollte. Schmidt wollte die eurostrategischen Waffen, vor allem die SS-20 und ein neues sowjetisches Überschall-Langstreckenflugzeug, den Backfire-Bomber, in das SALT-2-Abkommen aufgenommen sehen.

Schmidt gewann den festen Eindruck, daß Ford das Problem verstand und bereit war, es aufzugreifen. Doch dann kam die amerikanische Innenpolitik dazwischen. Ford befand sich im Vorfeld eines Nationalkongresses seiner Republikanischen Partei und hatte einen militanten Rivalen in Ronald Reagan, der SALT entschieden abzulehnen schien.

Fords Taktik sah in den Augen Bonns wie ein zeitweiliger Rückgang in der SALT-Frage und somit auch aus dem eurostrategischen Problem aus, bis er die Wahl gewonnen hatte. Aber Ford verlor. Nun versuchte Schmidt, Carter das Problem verständlich zu machen, hatte aber lange Zeit den Eindruck, nicht weiterzukommen. Er erinnert sich noch an Carters Worte, die in etwa lauteten: »Das geht Sie nichts an. Amerika ist die große strategische Atommacht und wird ein globales Gleichgewicht aufrechterhalten. Warum also sollten Sie sich Sorgen um die SS-20 machen?«

Inzwischen war das Jahr 1977 gekommen, und das sowjetische eurostrategische Arsenal nahm ständig zu. Im Oktober entschloß sich Schmidt, mit dieser Frage an die Öffentlichkeit zu gehen und eine heftige Debatte zu entfachen in der Hoffnung, die Vereinigten Staaten von der Aufrichtigkeit europäischer, aber auch deutscher Befürchtungen zu überzeugen. Für jene, die den Hintergrund kannten, war Schmidts Warnung eindeutig. Der Kanzler hat auch guten Grund zu der Annahme, daß der sowjetische Außenminister Andrei Gromyko sehr rasch das Wesentliche dieser Londoner Rede begriff. »Durch SALT«, sagte Schmidt, »neutralisieren sich die strategischen Nuklearpotentiale der Vereinigten Staaten und der Sowjetunion. Damit wächst in Europa die Bedeutung der Disparitäten auf nukleartaktischem und konventionellem Gebiet zwischen Ost und West.« Er führte im weiteren aus, daß die NATO in vollem Umfang an ihrer Abschreckungsstrategie festhalten müsse. Das könnte theoretisch zu einer Aufrüstung auf der Seite des westlichen Bündnisses führen, um Ausgewogenheit gegenüber dem Osten zu erzielen; vorzuziehen sei aber, die Ausgewogenheit bei der Reduzierung von Streitkräften auf dem Verhandlungswege herzustellen.

Doch was Gromyko und die Experten des IISS sofort begriffen, war vielen Politikern und auch der Presse im Westen nicht gleich klar. Schmidt unterließ es, die SS-20 (von der damals bereits zehn mit insgesamt dreißig Sprengköpfen installiert waren) besonders zu erwähnen. Natürlich sagte er auch nicht, daß er öffentlich darüber sprach, weil er das Gefühl hatte, Carter seinen Standpunkt auf andere Weise nicht verständlich machen zu können. Rückblickend wäre es seiner Sache vielleicht förderlicher gewesen, wenn er noch nachdrücklicher hervorgehoben hätte, was ihm Sorgen bereitete. Dennoch genügte sein Vortrag, um den Zorn einiger hoher Beamter in den Vereinigten Staaten zu erregen. Der amerikanische Atomschild, einschließlich der auf U-Booten installierten Poseidon-Raketen, sei, so meinten sie, stark genug, um die Sowjets vor einer Aggression zurückschrecken zu lassen; wenn Schmidt in der Öffentlichkeit andere Ansichten verbreitete, schlüge er nur unnötig Alarm.

Natürlich versuchte der Kanzler nicht nur Carter dazu zu bringen, dieses Problem in die SALT-2-Gespräche einzubeziehen. Er bemühte sich wiederholt, die Sowjetunion davon zu überzeugen, daß ihre fortdauernde eurostrategische Aufrüstung die Zusammenarbeit in Europa und damit auch den Frieden bedrohte. Offenbar glaubte er, Breschnew seinen Standpunkt klargemacht zu haben, als der sowjetische Generalsekretär im Mai 1978 Bonn – und Schmidts Haus in Hamburg – besuchte. Eine deutsch-sowjetische Erklärung, die nach ihrem Gespräch veröffentlicht wurde, lautete: »Beide Seiten betrachten es als wichtig, daß niemand militärische Überlegenheit anstrebt. Sie gehen davon aus, daß annähernde Gleichheit und Parität zur Gewährleistung der Verteidigung ausreichen.«

Als Breschnew seinen Namen unter diese Erklärung setzte, hatte die Sowjetunion bereits sechzig SS-20 mit 180 Sprengköpfen aufgestellt. Und auch danach stationierte Moskau weiterhin eine Rakete pro Woche. Hat Breschnew Schmidt hereingelegt, oder stieß er auf den Widerstand starker Rivalen in der Führungsspitze, die den sowjetischen Vorsprung um jeden Preis erweitern wollten?

Schmidt vertritt die Ansicht, daß es im sowjetischen Politbüro in der Raketenfrage erbitterte Auseinandersetzungen gegeben habe und daß Breschnew später erfolgreich für Verhandlungen mit dem Westen eintrat, als sich andere Mitglieder der Moskauer Führung dagegen aussprachen.

Doch das ist nicht sicher. Es gibt Hinweise, wonach die SS-20 die Weiterentwicklung einer Interkontinentalrakete war – nach dem SALT-Abkommen verboten, aber in abgeänderter Form für Europa sozusagen perfekt. Mit Beginn der Stationierung entwickelte sie eine Eigendynamik, wobei die verführerischen Möglichkeiten politischer Erpressung des Westens die potentielle Gefahr einer eventuellen Reaktion der NATO überwogen. Vielleicht glaubten einige Mitglieder des Politbüros, die NATO würde niemals reagieren. Sie irrten.

Die nächste Runde des Raketendramas ging zu Schmidts Überraschung im Lauf der Gespräche zwischen den Staatsmännern der vier großen westlichen Nationen auf der Karibikinsel Guadeloupe im Januar 1979 in Szene. Das Treffen auf Guadeloupe darf mit Recht aus zwei Gründen als historisch gelten. Zum einen waren solche Gespräche bisher immer nur von den »großen drei« westlichen Siegermächten geführt worden – den Vereinigten Staaten, Großbritannien und Frankreich. Auf Guadeloupe kam schließlich auch die Bundesrepublik dazu. Es war die formelle Bestätigung eines Tatbestands, der spätestens zu dem Zeitpunkt offenkundig war, da der Bundestag Schmidt zum Kanzler gewählt hatte: Die Bundesrepublik Deutschland war für den Westen unentbehrlich geworden und verdiente einen ebenbürtigen Platz am Tisch der Großen.

Auf Guadeloupe wurde auch eine grundlegende Übereinkunft auf höchster Ebene erzielt, die später als NATO-Doppelbeschluß über eurostrategische Raketen bekannt wurde. Sonderbar daran ist, daß

Schmidt bei seiner Ankunft keinen festen Hinweis erhalten hatte, daß Carter die eurostrategische Frage anschneiden würde. Er erwartete Gespräche über eine ganze Reihe anderer Probleme der Allianz, aber nicht unbedingt über dieses. Wie es scheint, befanden sich Premierminister Callaghan und Präsident Giscard d'Estaing mehr oder weniger in der gleichen Lage.

Carter teilte den anderen drei mit, daß er für die europäischen Sorgen über die sowjetische Aufrüstung mit eurostrategischen Waffen Verständnis habe. Die Vereinigten Staaten seien dazu bereit, als Gegengewicht ähnliche Waffen in Westeuropa zu stationieren.

Als Vertreter des einzigen westeuropäischen Landes, das keine eigenen Atomwaffen besaß, wartete Schmidt auf die Reaktionen seiner beiden europäischen Kollegen. Er erinnert sich, daß Callaghan die Meinung vertrat, es gebe vermutlich keine Alternative zu einer westlichen Stationierung, aber empfahl, zuerst Verhandlungen mit Moskau aufzunehmen. Giscard d'Estaing fügte hinzu, daß die Sowjets nur verhandeln würden, sobald sie annehmen mußten, daß die neuen westlichen Raketen tatsächlich stationiert würden, wenn sie dem Konferenztisch fernblieben.

Schmidt stimmte zu, meldete aber einen wichtigen Vorbehalt an. Er würde eine Entscheidung der westlichen Alliierten unterstützen, bei der die Verantwortung unter den Partnern vernünftig verteilt war, aber keine, bei der man Bonn eine einmalige Rolle zuwies. Das hieß, die Bundesrepublik sei bereit, die neuen Raketen auf ihrem Territorium aufzustellen, wenn die Verhandlungen mit Moskau kein greifbares Resultat erbrachten, aber sie dürfe nicht der einzige Staat ohne eigene Atomwaffenproduktion in Europa sein, der sich dazu verpflichtete. Mit anderen Worten: Auch Italien oder Holland und Belgien, am besten alle, müßten sich ebenfalls bereit erklären, einige Raketen zu stationieren.

Schmidts Position war verständlich. Die Bundesrepublik hatte bereits eine stärkere Konzentration von Atomwaffen (amerikanische Raketen von vergleichsweise geringer Reichweite) auf ihrem Territorium als jedes andere Land. Schmidt strebte nicht eine größere Zahl von Waffen in Europa an, sondern vor allem weniger in der Sowjetunion. Er hatte gewiß nicht den Wunsch, allein neue Raketen in sein Land gepackt zu bekommen, um es noch eindeutiger zum wichtigsten sowjetischen Ziel in einem zukünftigen Krieg zu machen.

Zu dieser Zeit war das SALT-2-Abkommen zwischen Moskau und

Washington beinahe unterschriftsreif, aber es nahm keine Rücksicht auf das Problem der eurostrategischen Waffen. Daher würden neue Gespräche der Supermächte erforderlich sein, um die Frage nach den von den »Großen Vier« auf Guadeloupe in groben Zügen skizzierten Richtlinien zu lösen. Fünf Monate später, vom 15. bis zum 18. Juni 1979, traf Carter mit Breschnew in Wien zusammen, wo sie das SALT-2-Abkommen unterzeichneten. Schmidt nahm an, daß Carter die Gelegenheit wahrnehmen würde, die Bedeutung des Abkommens von Guadeloupe zu betonen und Breschnew darauf hinzuweisen, daß die Alliierten es ernst meinten. Aber er fand bald heraus, wenn auch auf ungewöhnlichen Umwegen, daß seine Annahme falsch war.

Vom 26. bis zum 29. Juni fand in Tokio wieder einer der jährlichen Weltwirtschaftsgipfel statt. Schmidt beschloß, auf dem Weg dorthin in Moskau einen Zwischenaufenthalt einzulegen; er wollte Gespräche führen über die Ölkrise, aber auch über Raketen.

Er entsinnt sich, daß er auf dem Flugplatz von Ministerpräsident Alexei Kossygin und Außenminister Andrei Gromyko begrüßt wurde, der ihn prompt zu einem Bankett einlud. »Reden wir zuerst über Politik«, sagte Schmidt und schnitt die Frage der eurostrategischen Waffen an. Verständnislose Gesichter umgaben ihn, obwohl Gromyko natürlich genau wußte, was Schmidt meinte. Die Russen versicherten ihm, daß Carter die Sache in Wien nicht zur Sprache gebracht habe und daß sie nicht in der Lage seien, darüber zu reden.

Schmidt war entsetzt. Er erinnert sich, daß er dann sofort in Tokio mit dem amerikanischen Außenminister Cyrus Vance, den er wegen seiner Professionalität und Tüchtigkeit schätzte, Kontakt aufnahm. Vance bestätigte, daß über das Guadeloupe-Abkommen nicht gesprochen worden war.

Spätere Hinweise ergaben, daß die eurostrategische Frage zwischen den Vereinigten Staaten und den Sowjets in einem kurzen Gespräch in einem Aufzug in Wien angeschnitten worden war – was aber auch nicht mehr viel änderte. Schmidt war überzeugt, daß eine ausgezeichnete Chance vertan worden war.

Den Rest des Jahres setzte die NATO ihre Vorbereitungen für eine offizielle Entscheidung über das Problem der eurostrategischen Waffen fort. Gleichzeitig verstärkte sich in der Bundesrepublik die Diskussion über das Thema, vor allem in der SPD. Viele Parteimitglieder fürchteten, daß eine neue und gefährliche Runde im Rüstungswettlauf eingeleitet würde. Auf einem dramatischen SPD-Parteitag vom

3. bis zum 7. Dezember in West-Berlin gelang es Schmidt, eine Mehrheit auf seine Seite zu ziehen, aber es war ein Kampf, der in den folgenden Jahren immer wieder von neuem ausgefochten werden mußte. Schmidt sammelte Punkte, als er in Berlin bekanntgab, daß er in Kürze mit dem DDR-Staatsratsvorsitzenden Erich Honecker zusammentreffen würde. Die Nachricht, daß ein innerdeutscher Gipfel in Sicht war, überzeugte viele Delegierte davon, daß Schmidt sein möglichstes tat, die Entspannungspolitik am Leben zu erhalten, und daß in der Raketenfrage im Zweifelsfall bis auf weiteres zu seinen Gunsten entschieden werden mußte. Schließlich mußte das deutsch-deutsche Gipfeltreffen verschoben werden, weil die Sowjets inzwischen in Afghanistan einmarschierten.

In der Woche nach dem SPD-Parteitag am 12. Dezember stimmten die Außen- und Verteidigungsminister der NATO dem Doppelbeschluß zu. Sie einigten sich auf die Stationierung von maximal 572 eurostrategischen Raketen in Westeuropa, forderten Moskau aber auf, in Verhandlungen einzutreten. Je eher die Russen bereit waren, ihr Arsenal vergleichbarer Waffen abzubauen, desto weniger Raketen würde die NATO ihrerseits stationieren. Zu diesem Zeitpunkt hatte Moskau 140 SS-20 mit 420 Sprengköpfen aufgestellt und verfügte überdies noch über 450 ältere Raketen vom Typ SS-4 und SS-5.

Das angestrebte Ideal wurde später unter der Bezeichnung »Null-Lösung« bekannt. Diese sah vor, daß Moskau alle seine eurostrategischen Waffen verschrottete; dann mußte die NATO ihrerseits keine einzige stationieren. Kein ernsthafter Politiker hielt dies für sehr wahrscheinlich, aber es war ein schöner Gedanke, an den sich die SPD klammerte.

Die NATO-Staaten einigten sich auch auf einen Schlüssel, der Schmidts Forderung Rechnung trug, die Bundesrepublik dürfe nicht als einziges Land ohne eigene Atomwaffen neue Raketen aufstellen. Dennoch fanden sich die Deutschen in einer ganz besonderen Lage. Von den 572 neugeplanten Waffen waren 464 Marschflugkörper, die bis zu zwei Stunden brauchen würden, um die Sowjetunion zu erreichen. Von diesen würden die Deutschen einige aufstellen, aber sie erklärten sich auch bereit, 108 Pershing 2 zu stationieren, die imstande waren, die Sowjetunion in etwa fünfzehn Minuten zu erreichen, und die daher für die Sowjetunion die größte Gefahr darstellten. Kein anderes Land würde die Pershings stationieren.

Rückblickend scheint das ein herausragender politischer Fehler gewesen zu sein. Als Schmidt sich in den Gesprächen auf Guadeloupe einer Solorolle der Bundesrepublik widersetzte, war von den unterschiedlichen Flugkörpern nicht im einzelnen die Rede gewesen. Später erklärte sich Bonn bereit, 108 Pershing-2-Raketen zu nehmen, weil die Bundesrepublik schon dieselbe Anzahl Pershing 1 auf ihrem Territorium stationiert hatte. Es schien daher eine natürliche, kostengünstige Angelegenheit, die alten Waffen gegen die neuen auszutauschen. Auch glaubte man, eine solche »Waffenmodernisierung« würde den Widerstand im Inland gegen die Stationierung weniger anheizen, als wenn etwas völlig Neues installiert würde.

Doch der militärische und auch große politische Unterschied besteht darin, daß die Pershing 1 eine Reichweite von nur 750 Kilometern hatte und die Sowjetunion nicht erreichen konnte; die Pershing 2 aber fliegt etwa 1800 Kilometer weit, was beinahe ausreicht, Moskau zu treffen. Durch die Entscheidung der NATO wurde die Last der Stationierung zwar ein wenig verteilt, aber die Westdeutschen akzeptierten die schnellsten und gefährlichsten Waffen und nahmen damit den schwersten Teil der politischen Last auf sich.

Die neuen Pershings und Marschflugkörper konnten von den Vereinigten Staaten erst von Ende 1983 an für die Stationierung bereitgestellt werden. Das bedeutete ein Maximum von vier Jahren Zeit für Verhandlungen. Zunächst aber lehnte Moskau Gespräche über das eurostrategische Problem ab, und Carter, schockiert und verärgert über die sowjetische Invasion in Afghanistan, hielt es nicht für sehr sinnvoll, auf Verhandlungen zu drängen. Er verhängte ein Embargo für Weizen und andere Güter gegen die Sowjetunion, riet amerikanischen Sportlern, an den für den Sommer 1980 geplanten Olympischen Spielen nicht teilzunehmen, und drängte seine Verbündeten, das gleiche zu tun.

Es überrascht nicht, daß Carter diese Zeit die schlimmste seines Lebens nannte. Im November 1979 hatten Anhänger des iranischen Führers Ayatollah Khomeini fünfzig Amerikaner in der Botschaft der Vereinigten Staaten in Teheran als Geiseln genommen. Sie kamen erst ein Jahr später wieder frei. Wieder beschloß Carter wirtschaftliche Sanktionen und suchte Unterstützung bei den Europäern.

Die US-Regierung glaubte, daß sie bei ihren Alliierten nicht den schnellen und entschlossenen Beistand fand, den sie erwartete. Tatsächlich reagierte die Europäische Gemeinschaft auf die Sanktionen gegen den Iran (wie bei so vielen anderen Dingen) zögernd, obwohl einige europäische Länder viele diplomatische Schritte unternahmen, um die Freilassung der Geiseln zu erwirken. Bei Afghanistan zeigte sich Europas Uneinigkeit am deutlichsten in der Reaktion auf Carters Aufruf, die Olympischen Spiele zu boykottieren. Englands konservative Premierministerin Margaret Thatcher, die im Mai 1979 Callaghans Nachfolge angetreten hatte, erklärte sehr schnell ihre volle Unterstützung für Carters Maßnahmen. Das ließ natürlich in den Vereinigten Staaten viele Herzen höher schlagen. Schmidt ging bedächtiger vor. Er sprach sich prinzipiell für einen Boykott aus, ließ aber den Sowjets länger Zeit, Zeichen für einen Rückzug aus Afghanistan zu setzen. Die Amerikaner dachten, die Deutschen wollten sich drücken und würden am Ende im Gegensatz zu den Briten dem Boykott nicht folgen.

Zu guter Letzt ignorierten die englischen Sportler Mrs. Thatcher und fuhren nach Moskau, während die westdeutschen zu Hause blieben. Schmidt bemerkte ironisch, daß die Briten offensichtlich mehr amerikanischen Goodwill mit forschen Worten als Bonn mit Taten gewinnen konnten. Doch für ihn waren die Olympischen Spiele nicht der Kern des Problems. Er empfand Mitgefühl für Carters mißliche Lage und verurteilte die sowjetische Invasion Afghanistans, aber er glaubte auch, daß den Amerikanern schwerwiegende politische Fehler unterlaufen waren. Seit Jahren hatte Washington angesichts sowjetischer Abenteuer vor allem in Afrika nicht fest und konsequent genug reagiert. Dieser Umstand ließ Moskau zweifellos annehmen, es könne mit seiner Intervention in Afghanistan ungestraft davonkommen. Doch dann wandelte sich Carter von der Taube zum Falken, womit er den ganzen Dialog der Supermächte, nicht zuletzt über Atomwaffenkontrolle, in Frage stellte.

Schmidts Kritik wurde zum großen Teil von Giscard d'Estaing und, wie es scheint, vom englischen Außenminister Lord Carrington (wenn auch offensichtlich nicht im gleichen Ausmaß von Mrs. Thatcher) geteilt. Bei Carter und auch vielen anderen Amerikanern muß der Eindruck entstanden sein, daß die Europäer – allen voran Schmidt – das falsche Land auf die Anklagebank setzten. Schließlich war die Sowjetunion – und nicht die Vereinigten Staaten – in Afghanistan einmarschiert, hatte in den Entwicklungsländern Unruhe gestiftet und ständig ihre Aufrüstung verstärkt. Auf wessen Seite standen die Europäer eigentlich?

Dies war eine falsche Auslegung der europäischen Kritik, zu der allerdings die Europäer selbst viel beigetragen hatten. Dem Fehlen einer konsequenten Strategie der Vereinigten Staaten stand das engstirnige Hickhack ihrer Verbündeten gegenüber. So sind auch in den folgenden grotesken deutsch-amerikanischen Meinungsverschiedenheiten über das Problem der eurostrategischen Waffen weder Carter noch Schmidt von aller Schuld freizusprechen.

In der »Frankfurter Allgemeinen Zeitung« erschien im Mai 1980 ein Leitartikel, in dem Schmidt vorgeworfen wurde, er habe seinen Standpunkt zu den eurostrategischen Flugkörpern geändert.[6] Die Zeitung hatte schon wiederholt die Meinung geäußert, Schmidt und vor allem seine Partei seien der Sowjetunion gegenüber zu willfährig. Doch der Tenor dieses letzten Artikels machte Schmidt so wütend, daß er ein in scharfem Ton gehaltenes Telegramm an die Zeitung sandte und dessen Text der Öffentlichkeit zugänglich machte.

Er stritt ab, seine Haltung in der Raketenfrage geändert zu haben. »Da Ihre Zeitung«, betonte er, »im Ausland starke Beachtung findet, könnte Ihre falsche Sachdarstellung zu einer ernsthaften Fehleinschätzung der Politik der Bundesrepublik führen und unserem Land großen Schaden zufügen.«

Das Blatt erwiderte, daß Schmidts Anschuldigung ungerechtfertigt sei und daß es auch weiterhin Kritik üben würde, wo und wann immer es dies für angebracht halte.

Hinter diesem Disput stand eine Bemerkung, die Schmidt im April in der Öffentlichkeit gemacht hatte, wonach »beide Seiten (Ost und West) für eine bestimmte Anzahl von Jahren die Stationierung neuer oder zusätzlicher Mittelstreckenraketen einstellen und die Zeit für Verhandlungen nützen« sollten. Im Westen stieß diese Erklärung viele Leute vor den Kopf; einige, insbesondere in Washington, schöpften Argwohn. Schmidt sprach über »beide Seiten«, obwohl der Westen bis dato keine eigenen Raketen dieser Art besaß. Und er sprach von einer »bestimmten Anzahl Jahren« – obwohl die NATO-Raketen erst in etwa drei Jahren geliefert werden sollten. Man konnte leicht zu dem Schluß kommen, Schmidt versuche, sich vor der Verpflichtung gegenüber der NATO zu drücken, auf die er selbst so energisch hingearbeitet hatte.

Diese Befürchtungen waren verständlich, aber grundlos. Schmidts Bemerkungen waren gutgemeint, aber unklar. Er wollte der Sowjetunion damit ein Signal etwa folgenden Inhalts geben: »Um Himmels willen, hört doch wenigstens auf, eure Raketen zu stationieren (auch wenn ihr sie weiterhin produziert), damit die Gespräche mit dem Westen endlich beginnen können. Sonst ist eine weitere Runde im Wettrüsten unausbleiblich.« So gesehen, liegt die Verantwortung bei Moskau. Mit voller Absicht verpackte Schmidt seine Aufforderung in Umschreibungen, die es Moskau leichter machen sollten, ihr ohne Gesichtsverlust zu folgen. Nur konnte er dies später kaum öffentlich zugeben, und seine Taktik (wie etwa sein Telegramm an die »Frankfurter Allgemeine«) erzeugte die gegenteilige Wirkung. Schmidt hatte auf einer SPD-Versammlung gesprochen, auf der kein Voraustext seiner Rede verfügbar war. War es schon für die Presse in Bonn schwer genug, herauszufinden, was er gesagt hatte, so konnte Moskau unmöglich erkennen, daß hier ein Signal gegeben wurde. Als Moskau dies schließlich merkte, lehnte es ab.

Etwa drei Wochen nach dem Scharmützel mit der »Frankfurter Allgemeinen« erhielt Schmidt einen, wie er ihn bezeichnete, »erstaunlichen und überflüssigen Brief« von Carter. Der Präsident erinnerte an den Raketenbeschluß der NATO und erwähnte Presseberichte, die Bonns Position in Frage stellten. Offenbar wollte er Schmidt davor warnen, bei den deutsch-sowjetischen Gesprächen, die vom 30. Juni bis zum 1. Juli in Moskau angesetzt waren, die Interessen der NATO außer acht zu lassen. Ursprünglich hatten Carters Berater dem Präsidenten eine zunächst wesentlich schärfere Fassung des Briefes vorgelegt, aber selbst die schließlich übermittelte gemäßigtere Form machte Schmidt wütend. Er sollte am 23. und 24. Juni bei dem Weltwirtschaftsgipfel in Venedig mit Carter zusammentreffen. Überdies hatte er, um alle Zweifel, die Carter noch hegen konnte, zu beseitigen, Washington schon vor einiger Zeit weitere Einzelheiten über seine Haltung in der Raketenfrage bekanntgegeben. Hatte der Präsident diese Informationen nicht erhalten oder sie gar nicht gelesen, wie seine Anspielung auf »Presseberichte« anzudeuten schien?

Nach Meinung enger Mitarbeiter Schmidts steckte Brzezinski hinter der Affäre. Sie fühlten sich in ihrer Ansicht durch einen Artikel bestätigt, der in der »Frankfurter Allgemeinen« während des Weltwirtschaftsgipfels in Venedig erschien und die Überschrift trug: »Für den Mann aus dem Weißen Haus ist mit Schmidt jetzt alles klar.«[7] Offensichtlich hatte Brzezinski versucht, das gestörte Verhältnis zwischen den Vereinigten Staaten und der Bundesrepublik durch ein Hintergrundgespräch zu klären, das der Zeitung in Venedig gewährt wurde. Ob die Initiative zu diesem Schritt von ihm selbst oder von Carter ausging, ist unklar.

Mittlerweile sprach Carter mit Schmidt in einem Hotelzimmer in Venedig. Der Präsident nannte es später eine der unerfreulichsten Begegnungen, die er je mit einem ausländischen Staatsmann gehabt hatte. Der Kanzler, so Carter, habe sich wegen des Briefes in große Erregung gesteigert; er glaubte, seine Ehre sei auf dem Spiel. »Schließlich sagte er (Schmidt): ›Warum gehen Sie nicht hinaus und erklären der Presse, daß Sie Vertrauen in mich setzen?‹ Also gingen wir hinaus, und ich gab diese Erklärung ab.«[8]

Eine Woche später fuhr Schmidt nach Moskau. Der außen- und innenpolitische Einsatz war hoch. Die Vereinigten Staaten und einige europäische Verbündete Bonns hatten starke Vorbehalte gegen deutsch-sowjetische Gespräche auf höchster Ebene zu einem Zeitpunkt, da Moskau immer noch keine Miene machte, in bezug auf Afghanistan einzulenken. Die politische Opposition in der Bundesrepublik und Teile der Presse äußerten sich in ähnlichem Sinn. Dazu kam, daß im Herbst vor Schmidt Bundestagswahlen standen; wenn die Moskaureise zu einem Mißerfolg wurde, konnte dies seine Aussichten an den Urnen erheblich schwächen. Giscard hatte bereits ein überstürzt geplantes Treffen mit Breschnew in Warschau hinter sich, das keine sichtbaren Resultate gezeitigt hatte. Die Beliebtheit des französischen Präsidenten sank darauf in seinem Land; vermutlich war diese Begegnung auch einer der Gründe, daß ihm 1981 die Wiederwahl mißlang.

Trotz der Risiken glaubte Schmidt die Moskaureise unternehmen zu müssen. Seit dem Einmarsch in Afghanistan hatten die Supermächte kaum ein Wort miteinander gewechselt. Seiner Meinung nach war ein Dialog zwischen den Vereinigten Staaten und der Sowjetunion, wie scharf auch die Auseinandersetzungen werden mochten, gerade in solchen Krisenzeiten nötig. Ohne Gespräche würde die Gefahr weiterer Fehleinschätzungen zunehmen. Dazu kam, daß Moskau sich immer noch nicht bereit erklärt hatte, über das Problem der eurostrategischen Raketen zu verhandeln. Die Sowjets brauchten einen Anstoß.

Am Abend des 30. Juni nahmen die deutsche Delegation und fast das gesamte Politbüro an einem Bankett im Kreml teil, und Schmidt hielt – wie er es später mit mehr als nur einem Anflug von Stolz nannte – »die schärfste Rede, ... die ein westlicher Politiker je im

Kreml gehalten hatte, obwohl ich in höflichem Ton sprach«.[9] Er forderte die Russen auf, ihre Streitkräfte aus Afghanistan zurückzuziehen und ohne Vorbedingungen Gespräche über das Raketenproblem zu beginnen. »Zu meiner Linken«, erinnert er sich, »saß (der sowjetische Chefideologe) Suslow, der den russischen Text mit einem Finger verfolgte. Er war offensichtlich schockiert. Mir gegenüber saß Leonid Iljitsch Breschnew, und auch er folgte dem Text mit dem Finger. Am Ende aber erhob er sich und klatschte Beifall, und so mußte auch Suslow aufstehen und klatschen.«

Nach dem Essen setzten sich die Mitglieder des Politbüros in einer Ecke des Saales zusammen, und den Deutschen wurde bedeutet, daß der Abend zu Ende war. Schmidt erinnert sich, daß die für den nächsten Tag vorgesehenen Gespräche erst spät begannen, »aber dann wurde es offensichtlich, daß Breschnew sich durchgesetzt hatte und daß die Russen schließlich bereit waren, über die Raketen zu verhandeln. Die Rede hatte ohne Zweifel eine starke Wirkung erzielt.«

Konnte dies eine abgekartete Sache sein? Waren die Sowjets vielleicht schon vor Schmidts Rede zu dem Schluß gekommen, daß sie sowieso verhandeln mußten? »Ich weiß es nicht«, beantwortet Schmidt diese Frage, »ich kann es Ihnen nicht sagen.« Sicher ist nur, daß beide Supermächte nach dem 1. Juli 1980 prinzipiell bereit waren, Verhandlungen aufzunehmen. Aber es dauerte weitere sechzehn Monate, bis sie es auch wirklich taten. Bis zu diesem Zeitpunkt hatte Moskau 250 SS-20 mit 750 Sprengköpfen stationiert.

Im Westen wurde Schmidt hoch angerechnet, daß er mit rückhaltloser Offenheit zu den Sowjets gesprochen und mitgeholfen hatte, die Supermächte an den Verhandlungstisch zu bringen. Aber die Vereinigten Staaten und ein Teil der westlichen Presse mißbilligten das langfristige Wirtschaftsabkommen, das während Schmidts Besuch zwischen Bonn und Moskau unterzeichnet wurde. Zwar untergrub das Abkommen in keiner Weise die von Carter verhängten Sanktionen, doch hatte man dafür einen, gelinde gesagt, ungelegenen Zeitpunkt gewählt. Die Deutschen schienen das einzusehen und bestanden darauf, das Abkommen nur von Botschaftern unterzeichnen zu lassen und nicht auf höchster Ebene, wie Moskau das wünschte. Es wäre sicher besser gewesen, wenn man das Unterzeichnen überhaupt verschoben hätte. In der langen Geschichte der Reibereien zwischen Deutschen und Amerikanern waren es nicht nur die Vereinigten Staaten, die ungenügend Rücksicht auf ihre Verbündeten nahmen.

Einige westliche Journalisten in Schmidts Begleitung erinnern sich, von einem hohen sowjetischen Beamten für einen »freundlichen Plausch« beiseite genommen worden zu sein. Der Beamte war über die amerikanische Politik gut informiert und behauptete sogar, jeden Abend vor dem Einschlafen die Protokolle des amerikanischen Kongresses zu lesen. Er sagte ihnen ungefähr folgendes: »Wir sind durch die Drehungen und Wendungen in Carters Politik verunsichert und beunruhigt. Wir wissen, daß es euch Europäern auch so geht. Wir haben also eine eindeutig gemeinsame Sorge.« Der Politiker machte weiter klar, daß Moskau einen Präsidenten mit einer verständlichen Linie vorziehen würde, selbst wenn es eine harte Linie war. Sein Wunsch ging bald in Erfüllung. Am 4. November verlor Carter die Wahl zugunsten Ronald Reagans.

Während Carters gesamter Amtszeit (und auch danach) tauchte das Problem der Atomraketen wiederholt wie ein riesiger Schwertwal auf und verschwand wieder. Die deutsch-amerikanischen Differenzen über Atomexport, die Neutronenwaffe und Menschenrechte flammten heftig, aber meist nur kurzfristig auf. Es scheint ein weiter Sprung zu sein von hier bis zu Schmidts Bemühungen, eine Zone der Währungsstabilität in Europa zu schaffen, aber es besteht tatsächlich eine enge Verbindung zwischen diesen Problemkreisen.

Um die Jahresmitte 1977, sechs Monate nach Carters Amtsantritt, begann der amerikanische Dollar wie ein Stein zu fallen, vor allem im Verhältnis zu harten Währungen wie der D-Mark. Die Schwäche hatte schon viel früher begonnen, aber jetzt setzte sich der Sturz der amerikanischen Währung mit atemberaubendem Tempo fort. Im Jahre 1949 bekam man 4,20 D-Mark für einen Dollar. Als man 1973 zum Floating überging, notierte der Dollar mit weniger als 3 D-Mark, und um die Jahresmitte 1977 war er 2,35 D-Mark wert. Gegen Jahresende war er auf 2,11 D-Mark gesunken und fiel 1978 unter die psychologisch (und finanziell) bedeutsame 2-Mark-Grenze.

Der unmittelbare Grund für den jähen Sturz des Dollars hing ursächlich mit einem Problem der US-Zahlungsbilanz zusammen, für das man Carter nicht verantwortlich machen konnte. Im letzten Jahr der Regierung Ford 1976 geriet die Handelsbilanz der Vereinigten Staaten ins Defizit, obwohl die Leistungsbilanz dank der »unsichtbaren« Einnahmen im Ausland einen Überschuß aufwies. Die Lage verschlechterte sich, als Carter die Regierung übernahm. Im Verlauf des

Jahres 1977 wurde das Handelsbilanzdefizit so groß (31 Milliarden Dollar), daß es durch die »unsichtbaren« Leistungen nicht mehr ausgeglichen werden konnte und die Leistungsbilanz in die roten Zahlen kam.

Daher schien die Schwäche des Dollars zu stammen, vornehmlich im Verhältnis zu den Währungen von Ländern mit vergleichsweise großen Überschüssen wie Deutschland und Japan.

Manche Beobachter glaubten, daß das genau die Situation war, die durch das Floating der Wechselkurse saniert werden sollte. Theoretisch würde der Dollar nach unten treiben, bis amerikanische Waren billig genug wurden, um die Konkurrenz auf ausländischen Märkten auszustechen. Dann würde die amerikanische Handelsbilanz wieder aus den roten Zahlen herauskommen und der Dollar steigen.

Andererseits schien es den Deutschen und vielen anderen, als treibe der Dollar nicht nur dahin, sondern sei vielmehr sogar dem Ertrinken nahe.

Das Problem hatte aber noch eine andere Seite. Viele Amerikaner beharrten darauf, daß das amerikanische Defizit einen erheblichen Handelsüberschuß für andere Länder zur Folge habe und ihnen auf diese Weise helfe, sich mit einem starken Exportgeschäft der Rezession zu entziehen. Aus der Sicht der Vereinigten Staaten war aber jetzt für die Nutznießer der Situation – insbesondere die Bundesrepublik und Japan – die Zeit gekommen, mehr zu tun, um ihr eigenes Wachstum zu fördern und zusätzliche Importe hereinzuholen. Das wiederum würde anderen Staaten einschließlich der USA helfen, ihre Exporte zu erhöhen und so einen allgemeinen Wirtschaftsaufschwung herbeizuführen.

Das war, einfach ausgedrückt, die »Lokomotivtheorie«, die die Vereinigten Staaten den Deutschen und Japanern vor und nach dem Weltwirtschaftsgipfel im Mai 1977 in London schmackhaft zu machen versuchten. Schon damals hielt Schmidt wenig von dieser »lächerlichen Lokomotivtheorie«, wie er sie nachher bezeichnete; aber er versprach, daß die Bundesrepublik 1977 versuchen würde, ein reales Wachstum von fünf Prozent zu erreichen. Die Japaner gaben ein ähnliches Versprechen ab. Aber sie schafften beide nicht, ihre Ziele zu erreichen.

Schmidts Versprechen war dazu bestimmt, den neuen amerikanischen Präsidenten günstig zu stimmen, und tatsächlich ging die Londoner Konferenz allem Anschein nach in größerer Harmonie zu

Ende, als viele Leute erwartet hatten. Aber die grundlegenden Differenzen waren nur übertüncht worden. Den Deutschen war es gelungen, folgenden Satz in das Schlußkommuniqué einzufügen: »Inflation verringert die Arbeitslosigkeit nicht. Im Gegenteil, sie ist eine ihrer Hauptursachen.« Das entsprach genau der Ansicht, die Bonn seit Jahren vertreten hatte und der sich dann fast alle anderen Länder anschlossen; damals aber schien es noch eine ziemlich kühne These zu sein. Sie wurde erst nach einem langen Tauziehen in das Kommuniqué aufgenommen. Schmidts Vertrauensmann Karl Otto Pöhl (später Präsident der Bundesbank), der die Gipfeltreffen vorbereitete, hatte sich nachdrücklich, aber erfolglos für die Aufnahme des Satzes eingesetzt. Dann verließ er den Raum, wo das Kommuniqué erarbeitet wurde, um sich die Beine zu vertreten. Als er zurückkam, war die von ihm gewünschte Formulierung eingefügt, und man diskutierte bereits einen anderen Punkt. Einige ranghohe Beamte anderer Länder hatten gedacht, Pöhl habe aus Groll den Raum verlassen. Aus der Befürchtung, die Konferenz könne sich festfahren, beschlossen sie, Bonns Wunsch zu erfüllen. So wurde ein kleines Stück Wirtschaftsgeschichte gemacht.[10]

Schmidt hatte versprochen, auf ein kräftigeres Wirtschaftswachstum hinzuarbeiten, aber es war schwer zu erkennen, wie er das erreichen sollte, ohne gleichzeitig die Inflation in der Bundesrepublik anzuheizen. Wie es in dem Londoner Kommuniqué hieß, war die Inflation »eine Hauptursache der Arbeitslosigkeit«. Überdies waren weder die Bundesrepublik noch ihre Partner so ganz davon überzeugt, daß das Defizit der Vereinigten Staaten dem Rest der Welt große wirtschaftliche Vorteile brachte. Ein Hauptgrund für Amerikas Sturz in die roten Zahlen waren die enorm gestiegenen Öleinfuhren. So wie der Dollar fiel, erhöhte sich die Ölrechnung der Vereinigten Staaten, trieb das Land immer tiefer ins Defizit und führte zu einer Schwächung der amerikanischen Währung. Das ermutigte die Ölproduzenten, die mit fallenden Dollars bezahlt wurden, ihre Preise zu erhöhen, um ihre Einkünfte auf gleicher Höhe zu halten. Dieser Teufelskreis zwischen Öl und Dollar spielte eine bedeutende Rolle beim Weltwirtschaftsgipfel in Bonn im Juli 1978. Aber schon 1977 war Schmidt davon überzeugt, daß die Antwort auf das Dollarproblem zum größten Teil in einem amerikanischen Energieprogramm lag, das die amerikanischen Öleinfuhren einschränkte.

Schmidt hatte nur wenig Hoffnung, daß Carter ein solches Programm rasch und erfolgreich durchziehen konnte. Seine Zusammenstöße mit dem amerikanischen Präsidenten über andere Grundsatzfragen hatten ihn gelehrt, mit dem Schlimmsten zu rechnen. In der zweiten Hälfte 1977 bewahrheiteten sich seine Befürchtungen. Der Dollar fiel, Spekulationsgeld strömte in die D-Mark, und in den Vereinigten Staaten schienen die Verantwortlichen geteilter Meinung über die notwendigen Maßnahmen zu sein. Einige, wie etwa der Präsident des Federal Reserve Board, Arthur Burns (für den Schmidt große Achtung empfand), lehnten eine weitere starke Entwertung ab. Andere wie der Finanzminister Michael Blumenthal, waren offensichtlich entgegengesetzter Meinung. In Bonn machte der schlechte Witz die Runde, daß Blumenthal sich einer »Politik des offenen Mundes« verschrieben habe: Jedesmal wenn er den Mund aufmachte, falle der Dollar wieder um ein paar Punkte.

Welche Vorteile Schmidt 1973 in der Freigabe der Wechselkurse auch gesehen haben mochte, der Zusammenbruch des Dollars im Jahre 1977 verstärkte seine Überzeugung, daß alle Anstrengungen unternommen werden mußten, um wieder zu mehr Stabilität zu gelangen. Theoretisch sollte das Floating einen relativ schmerzlosen Ausgleich der Zahlungsbilanz ermöglichen. In der Praxis mußte Schmidt Ende 1977 feststellen, daß nicht so sehr wirtschaftliche Faktoren die Misere des Dollars herbeigeführt hatten, sondern der Umstand, daß das Vertrauen in die Führung der Vereinigten Staaten in eine Krise geraten war.

Giscard d'Estaing stimmte ihm völlig zu. Schon bei einem Zusammentreffen im Februar 1977 hatten die beiden über ihre Sorge um Carters sich bereits abzeichnende Vorgehensweise gesprochen. Mit der Zeit verstärkten sich ihre Befürchtungen. Überdies brauchte Giscard nicht von den Vorteilen fester Wechselkurse überzeugt zu werden. Schon immer hatte er ihre Freigabe abgelehnt, und er begrüßte nun Schmidts Bekehrung unter dem Druck des »Carter-Effekts«. Wenn die Vereinigten Staaten nicht bereit oder nicht fähig waren, den Dollar zu stabilisieren, müßten die Europäer versuchen, sich gegen die schlimmsten der durch den Dollar verursachten Währungsschocks abzuschirmen. »Die Neun (Länder der Europäischen Gemeinschaft) bauen eine Festung«, beschrieb eine deutsche Zeitung später die ersten Schritte mit dem Ziel, ein Europäisches Währungssystem (European Monetary System = EMS) ins Leben zu rufen. Die Schlagzeile war ein wenig verfrüht. Nicht alle neun Länder der Gemeinschaft wurden Vollmitglieder des EMS, und die Festung hatte Lücken in ihren Mauern. Aber ganz gewiß spielte der Selbsterhaltungstrieb gegenüber den Kapriolen der amerikanischen Politik eine Schlüsselrolle bei der Entscheidung der Europäer.

Die Dollarkrise war nicht der einzige Grund für die Schaffung des Europäischen Währungssystems. Schon 1970 hatte die Europäische Gemeinschaft einen Plan erarbeitet, der eine volle Wirtschafts- und Währungsunion und – bei günstigen Voraussetzungen – für 1980 eine einzige europäische Währung vorsah. 1972 wurde ein Anfang mit einem Arrangement gemacht, das größere Wechselkursschwankungen innerhalb der europäischen Währungen verhindern sollte. Doch der Druck, das System unter Ländern mit unterschiedlichen Inflationsraten und Zahlungsbilanzen aufrechtzuerhalten, war einfach zu groß. Großbritannien und Italien kündigten diese Vereinbarung – die man »Währungsschlange« nannte – schon im ersten Jahr. Frankreich driftete mal herein und dann wieder hinaus; prinzipiell war es an der Währungsschlange interessiert, in der Praxis jedoch nicht imstande, eine wirtschaftliche Leistung zu erbringen, die den Franc stark halten konnte. Den harten Kern der Währungsschlange bildeten die Bundesrepublik, die Beneluxländer und (die meiste Zeit) Dänemark sowie die assoziierten Mitglieder Norwegen und Schweden.

Als Schmidt und Giscard die Schaffung eines Europäischen Währungssystems beschlossen, mußten sie nicht ganz von vorne anfangen. Auch waren einige andere weitblickende europäische Staatsmänner zu dem Schluß gekommen, daß eine engere Zusammenarbeit auf monetärem und wirtschaftlichem Gebiet lebenswichtig geworden war, wenn die Gemeinschaft selbst zusammenhalten sollte. Roy Jenkins, der Präsident der Europäischen Kommission, gehörte zu denen, die das glaubten, und er brachte seine Ansicht in einer Rede in Florenz im Oktober 1977 klar zum Ausdruck. Er wurde damals in weiten Kreisen als Träumer belächelt, aber nur sechs Monate später legten Schmidt und Giscard ihren erstaunten europäischen Kollegen ein ähnliches Währungsprogramm auf den Tisch.

Trotz der engen Zusammenarbeit zwischen Frankreich und der Bundesrepublik, die das Europäische Währungssystem möglich machte, gab es auch ein unübersehbares Konkurrenzverhältnis. Frankreich, das machte Giscard mehr als einmal deutlich, müsse mit seinem Nachbarn jenseits der Grenze wirtschaftlich gleichziehen. Ein Vierteljahrhundert zuvor war die Europäische Gemeinschaft für

Kohle und Stahl vornehmlich zu dem Zweck gebildet worden, die deutsche und französische Produktion so aneinanderzubinden, daß ein Krieg zwischen den zwei Ländern unmöglich wurde. Giscard sah in einem wirtschaftlich gesunden Frankreich in einem Europa, das sich auf dem Weg zur Integration befand, eine zusätzliche Gewähr gegen die Gefahr eines starken und ruhelosen Deutschland. Wenn Frankreich konkurrenzfähig sein wollte, mußte es seine Inflationsrate auf ein Niveau drücken, das in etwa dem Stand der deutschen entsprach, und gleichzeitig sein Wirtschaftswachstum erhöhen. Das EMS, glaubte Giscard, würde dazu beitragen, beide Ziele zu erreichen. Er dachte, es sei leichter, harte antiinflationäre Maßnahmen im eigenen Land mit dem Argument durchzusetzen, daß der Franc sonst der Schmach der Entwertung im EMS ausgesetzt sei.

Dem stimmte Schmidt zu. Er fürchtete, daß Frankreich, wenn es wirtschaftlich weiter hinter der Bundesrepublik zurückfiel, einen protektionistischen Kurs einschlagen und damit in Europa und anderenorts eine Kettenreaktion mit ernsten politischen und wirtschaftlichen Folgen auslösen könnte. Eine solche Entwicklung mochte das Ende für jene deutsch-französische »Entente« bedeuten, auf die sich Schmidt, von England enttäuscht, in so hohem Maß verließ.

So gab es also viele gewichtige wirtschaftliche und außenpolitische Argumente für Schmidt und Giscard, das EMS voranzutreiben. Aber auch im eigenen Land nahmen die beiden Staatsmänner eine starke Position ein. Nach der Mogadischu-Affäre 1977 erreichte Schmidts Beliebtheit einen Höhepunkt, und Giscard blieben noch vier Jahre bis zu den nächsten Wahlen. Diese Umstände begünstigten eine kühne Initiative. Als die Sache spruchreif war, wurde sie so geheimgehalten, daß selbst Regierungschefs und Notenbankpräsidenten anfangs keine Ahnung hatten, was da geschah.

Schmidt und Giscard hielten das Projekt politisch für viel zu wichtig, um es ausschließlich Währungsexperten zu überlassen. Sie fürchteten, daß der Plan im Sande verlaufen würde, wenn er als erstes untergeordneten Ausschüssen der Europäischen Gemeinschaft zugeleitet würde. Schmidt war sich auch durchaus des Widerstandes bewußt, auf den er im eigenen Lande stoßen würde – nicht zuletzt bei der Bundesbank, die über eine mögliche Bedrohung der deutschen Preisstabilität besorgt war. Es war daher nötig, zuerst gehörig politischen Dampf zu machen, um denkbaren Gegnern die Möglichkeit zu nehmen, das Projekt zu blockieren.

Nach vorbereitenden Konsultationen legten Deutschland und Frankreich am 2. April 1978 in Rambouillet ihre Strategie fest. Es wurde vereinbart, den Plan bei einer Sitzung des Europäischen Rats vorzulegen, die in fünf Tagen in Dänemark begann. Aber das Thema sollte erst vorgebracht werden, wenn die europäischen Staats- und Regierungschefs allein waren – ohne Außenminister oder Beamte, die nachher aus der Schule plaudern könnten.

Der Plan wurde etwa wie vorgesehen in die Tat umgesetzt. Am Abend des 7. April, nach dem Dinner auf Schloß Marienborg in Kopenhagen, legten Schmidt und Giscard sieben verwunderten Ministerpräsidenten und einem begeisterten Roy Jenkins, der als Präsident der EG-Kommission an den Gesprächen teilnehmen durfte, das Projekt in Umrissen dar. Ein Schriftführer war anwesend, und das hatte seinen guten Grund; denn von den Anwesenden waren einige recht verwirrt, was sie zu hören bekamen, obwohl sie es damals nicht zugeben wollten.

Schmidt eröffnete den Angriff mit Klagen darüber, daß die Vereinigten Staaten die Welt mit »Greenbacks« (also Dollars) überflutet hatten. Er wies nachdrücklich auf die enge Verbindung hin, die seiner Meinung nach zwischen Währungsschwäche und geringer wirtschaftlicher Leistung bestand, und warnte vor der Gefahr zunehmender Arbeitslosigkeit in Europa. Beiläufig erwähnte er sogar, daß Großbritannien in absehbarer Zukunft zwei Millionen Arbeitslose haben könnte. Diese Zahl schien damals schockierend. Sie wurde aber später nicht nur in Großbritannien, sondern auch in Frankreich und in der Bundesrepublik weit übertroffen. Im einzelnen schlug Schmidt die Schaffung eines neuen Europäischen Währungsfonds vor, die teilweise Zusammenlegung der offiziellen Reserven der Mitgliedsstaaten, geringere Verwendung des Dollars für Währungsinterventionen und die allmähliche Entwicklung einer neuen europäischen Reservewährung. Giscard unterstützte Schmidt und meinte, die Zeit für einen »neuen Kurs in europäischen Währungsfragen« sei gekommen.

Großbritanniens Premierminister James Callaghan erhob sofort Einwände. Der Plan, fürchtete er, könne so ausgelegt werden, als sei er gegen die Vereinigten Staaten gerichtet – wie sehr seine Verfasser ihn auch als Selbstverteidigung gegen die Unwägbarkeiten der amerikanischen Politik ansehen mochten. Callaghan – wie Schmidt und Giscard war auch er früher Finanzminister gewesen – war sich des Dollarproblems wohl bewußt, vertrat aber die Ansicht, daß alle Lösungsversuche an erster Stelle über den Internationalen Währungsfonds (International Monetary Fund IMF) zu erfolgen hätten. Der IMF verfüge bereits über eine eigene, wenn auch nicht sehr ansehnliche Währung, die sogenannten Sonderziehungsrechte (SZR). Mit der Zeit könnten die Sonderziehungsrechte in der Weltwährung zumindest einen Teil der Rolle übernehmen, die bisher der Dollar gespielt hatte. Eine konkurrierende europäische Währung, wie Schmidt sie vorschlage, könne die Lage komplizieren und die zukünftige Rolle der Sonderziehungsrechte gefährden. Callaghan sprach auch sehr offen über die britische Wirtschaft und bezeichnete ihre Hauptschwäche als »Arterienverkalkung«. Das hier diskutierte Wechselkurssystem, meinte er, könne die D-Mark niedrig halten und damit die deutschen Exporte preisgünstiger machen. Die Deutschen würden voranstürmen, während die Engländer mühsam hinterherhinkten.

Im Rückblick wird offensichtlich, daß die neue europäische Reservewährung sich nicht als Herausforderung für die Sonderziehungsrechte entwickelte. Die D-Mark war von 1979 bis 1981 ungewöhnlich schwach – aus Gründen, die nichts mit dem Europäischen Währungssystem zu tun hatten. Es wäre unfair, Callaghan vorzuwerfen, er habe das nicht vorausgesehen. Aber man darf wohl annehmen, daß der britische Premier sich hinter seinen Einwänden die bange Frage vorlegte, was die Gegner der Europäischen Gemeinschaft in seiner Labour Party sagen würden, sobald sie von dem deutsch-französischen Plan Kenntnis erhielten.

Callaghans Einwände überraschten Schmidt kaum und Giscard überhaupt nicht. Der französische Präsident hatte von Anfang an gespürt, daß die »besonderen Beziehungen« zwischen den Vereinigten Staaten und Großbritannien für Callaghan mehr bedeuteten als jedes europäische Projekt. Offenbar glaubten die Briten fest daran, daß führende amerikanische Politiker – mit unterschiedlichen intellektuellen und politischen Fähigkeiten – kamen und gingen, die angloamerikanische Freundschaft aber unsterblich war.

Ungeachtet dieser Differenzen wurde (vor allem auf Schmidts Drängen) ein erster Versuch unternommen, die Bundesrepublik, Frankreich und Großbritannien gemeinsam am Europäischen Währungssystem arbeiten zu lassen. Am nächsten Morgen frühstückten Schmidt, Giscard und Callaghan zusammen und einigten sich darauf, den Plan durch ihre persönlichen Vertreter weiter beraten zu lassen.

Auf diese Weise entstand eine Gruppe, deren Existenz zu Anfang so gut wie niemandem bekannt war. Zu ihr gehörten Horst Schulmann, Schmidts höchster Wirtschaftsberater im Kanzleramt, Bernard Clappier, Gouverneur der Banque de France (der französischen Notenbank), und Ken Couzens, ein hohes Mitglied des britischen Finanzministeriums. Später wurde die Gruppe allgemein unter der Bezeichnung »die drei Weisen« bekannt. Als dann die britischen Vorbehalte zunahmen, schied Couzens aus.

Die Situation war eine außergewöhnliche. Die Dänen, die damals den (turnusmäßig wechselnden) Vorsitz im Europäischen Rat führten, schrieben Schmidt und fragten, was sie im Hinblick auf die Währungsdiskussionen tun sollten, die auf Schloß Marienborg eingeleitet worden seien. Sie erhielten keine Antwort, weil ja »die drei Weisen« schon im geheimen daran arbeiteten. Der Bundesfinanzminister Hans Matthöfer, Bundeswirtschaftsminister Graf Lambsdorff und Bundesbankpräsident Otmar Emminger wurden davon unterrichtet, was vorging, kannten aber nur wenige Einzelheiten. Verschiedene Einrichtungen der Europäischen Gemeinschaft führten auch weiterhin Gespräche über die Aussichten einer Währungsintegration, ohne zu bemerken, daß ein Europäisches Währungssystem direkt vor ihrer Nase vorbereitet wurde.

Allmählich verbreitete sich die Kunde von den »drei Weisen«, aber der Währungsplan wurde erst bei der Sitzung des Europäischen Rates am 6. und 7. Juli 1978 in Bremen einer breiteren Öffentlichkeit vorgestellt. Und wieder war es eine Veranstaltung, die zum großen Teil von den Franzosen und Deutschen bestritten wurde. In der vorangegangenen Woche waren Schulmann und Clappier durch halb Europa gereist, um auch anderen Regierungen Einzelheiten dessen zu erläutern, was der deutsche Kanzler und der französische Staatspräsident im Sinn hatten. Bereits am 24. Juni waren Schmidt und Giscard mit Beratern in Schmidts Privatwohnung in Hamburg-Langenhorn zusammengetroffen, um ihr Vorgehen bei der Sitzung in Bremen miteinander abzusprechen.

Zu dieser Zeit spielten die Briten keine aktive Rolle mehr in dem Projekt, obwohl Couzens wenige Tage nach den Gesprächen in Hamburg das Konzept des von Schulmann und Clappier redigierten Papiers über das geplante Währungssystem erhielt. Dieses Papier wurde an die anderen in Bremen anwesenden Regierungschefs verteilt und am Ende der Konferenz mit geringfügigen Änderungen als Anhang an die offiziellen Erklärungen veröffentlicht.

Der Text enthielt viele technische Details eines Währungsfonds – Interventionen und anderes –, die Schmidt bereits formlos in Kopenhagen erwähnt hatte. Es bezog sich auch zum ersten Mal auf eine europäische Währungseinheit, die »im Mittelpunkt« des neuen Währungssystems stehen würde. Viele Leute meinten, daß diese Einheit sich früher oder später zum »europäischen Dollar« entwickeln würde. Für Giscard aber hatte die englische Bezeichnung »European Currency Unit« darüber hinaus einen großen Vorteil. Die Anfangsbuchstaben ergaben das Wort ECU, und so hieß eine alte französische Münze. Er konnte also hoffen, daß eines – wenn auch noch fernen – Tages, das ECU als Zahlungsmittel in ganz Europa verblichenen Glanz auffrischen würde. *Vive la France!*

Der in Bremen veröffentlichte Anhang bedeutete aber nicht, daß alle Regierungschefs mit allen Einzelheiten einverstanden oder nur entschlossen waren, das neue System zu errichten. Bei der nächsten Sitzung des Europäischen Rats in Brüssel im Dezember, so hieß es in der offiziellen Erklärung, könnten (aber müßten nicht) Entscheidungen getroffen und Verpflichtungen eingegangen werden. Callaghan war äußerst zurückhaltend. Das waren auch die Italiener und die Iren, aber aus anderen Gründen. Doch die Franzosen und Deutschen lagen gut im Rennen: Es gab nur ein einziges Papier mit allen Einzelheiten, und das war ihr eigenes.

Seit der Konferenz von Bremen überschattete die Währungsfrage alle anderen Themen in der Europäischen Gemeinschaft. Ratssitzungen und Ausschüsse produzierten lange Berichte, und die Zeitungen waren voll von Artikeln über Währungseinzelheiten wie etwa »Warnbarometer« und »Paritätsgitter«. Einige Leute betonten, daß das diskutierte neue System, soweit es überhaupt verständlich war, nie richtig funktionieren würde. Andere meinten, die Gemeinschaft hätte endlich auf den Weg zur Wirtschafts- und Währungsunion zurückgefunden.

In England argwöhnten viele, daß das Europäische Währungssystem eine teutonische Verschwörung sei, ausgeheckt mit Hilfe der gerissenen Franzosen, und das Ziel habe, die englische Wirtschaft noch weiter zu schwächen. Die sogenannten »Pro-Common Marketeers«, die Anhänger des Gemeinsamen Marktes fürchteten, Großbritannien würde, sollte es sich dem EMS nicht anschließen, eine große Chance verpassen, wie 1958, als es versäumte, Gründungsmitglied der Europäischen Gemeinschaft zu werden. Nur zehn Tage vor dem

Gipfel im Dezember veröffentlichte die Londoner Regierung einen Bericht, in dem sie sich um eine klare Aussage drückte – hin- und hergerissen zwischen dem Wunsch, ihre Chance nicht zu verpassen und der Angst, die Katze im Sack zu kaufen. »Regierung nicht bereit zu entscheiden, ob Beitritt in Großbritanniens Interesse liegt«, faßte eine Schlagzeile den Inhalt des Berichts zusammen.[11]

Schmidt und Giscard bemühten sich sicherzustellen, daß die ihrer Meinung nach historische Bedeutung ihrer Initiative nicht in einer Fülle technischer Einzelheiten versank. Zwei Monate nach dem Treffen in Bremen trafen sie sich zu Konsultationen in Aachen, der für Deutsche und Franzosen gleichermaßen traditionsreichen Stadt Karls des Großen.

Am ersten Abend besuchten die beiden Regierungschefs ein Konzert im tausend Jahre alten Dom – eine Szene, die an die symbolische Geste der nationalen Wiederversöhnung zwischen de Gaulle und Adenauer vor sechzehn Jahren in Reims erinnerte.

Nachher sprachen Schmidt und Giscard, sichtbar bewegt, über ihr gemeinsames Erbe und davon, daß ihre Bemühungen um eine stärkere Währungsintegration einen wesentlichen Schritt auf dem Weg zur europäischen Einigung darstellten. Der Präsident betonte, daß das Europäische Währungssystem mithelfen würde, die Stabilität »unseres alten und uns lieben Kontinents« zu erhöhen. Der Kanzler forderte die Skeptiker auf, »sich nicht auf das vorschnelle Urteil schnell urteilender Experten allein zu verlassen, sondern es bitte zu sehen in dem großen politischen Zusammenhang, in dem es gesehen werden will und gesehen werden muß, im Blick auf die nächsten fünfzehn oder zwanzig oder noch mehr Jahre ... Ich möchte sehr deutlich sagen, daß ich diese Fragen keineswegs für reine Währungstaktik halte, daß ich sie politisch, wirtschaftspolitisch und psychologisch-politisch für Fragen allerersten Ranges halte.«[12]

Besonders hart ging Schmidt mit Journalisten ins Gericht, die vor dem Treffen in Aachen geschrieben hatten, daß es zwischen Deutschland und Frankreich Meinungsverschiedenheiten über das Europäische Währungssystem gebe. »Es tut mir furchtbar leid, daß ich alle solchen Skeptiker enttäuschen muß«, erklärte er mißmutig bei einer Pressekonferenz, aber Bonn und Paris seien sich völlig einig – wie man bei den Konsultationen mit anderen europäischen Partnern in Brüssel deutlich sehen werde.

Tatsächlich hatten beide Seiten schon vor Aachen mit einem Problem zu kämpfen – einem höchst technischen, aber möglicherweise ernsten Problem. Frankreich drängte auf eine Bestimmung im Europäischen Währungssystem, die die Bundesbank zu einer stärkeren Währungsintervention verpflichtet hätte, als unbedingt nötig war, um das System zusammenzuhalten. Wie gewöhnlich brachte Frankreich triftige Gründe vor, aber Schmidts Manövrierfähigkeit war beschränkt. Die Bundesbank hatte Vorbehalte gegen eine Reihe anderer Punkte, schien aber bereit, sie zu schlucken; sie war jedoch nicht bereit, die Verpflichtung zur Intervention zu akzeptieren, die die Franzosen haben wollten. Die Verantwortlichen der Deutschen Bundesbank fürchteten eine neue Gefahr erhöhter Geldmengen und zunehmender Inflation, wenn sie nachgaben. Als unabhängige Institution konnte die Bundesbank den Schmidt-Giscard-Plan scheitern lassen. Regierungen konnten das Europäische Währungssystem planen, aber man brauchte die Notenbanken, um es in die Tat umzusetzen.

Schulmann und Clappier blieben in Aachen fast die ganze Nacht auf, um einen Kompromiß zu finden. Schließlich erarbeiteten sie eine Reihe von Alternativen für ihre Chefs, und Giscard rettete die Situation, indem er einer Formulierung zustimmte, die die Befürchtungen der Bundesbank berücksichtigte.

Dieser Vorfall bewies, was insbesondere die Briten schon seit längerer Zeit brennend gern wissen wollten: daß Deutsche und Franzosen, im Gegensatz zu ihren öffentlichen Erklärungen, nicht in allen Details, noch nicht einmal in den wichtigeren Punkten, einer Meinung waren.

Das überrascht nicht. Es besteht kein Anlaß, zu bezweifeln, daß Schmidt und Giscard über die politische Notwendigkeit des Europäischen Währungssystems völlig übereinstimmten und daß ihre gefühlsbetonten Ausführungen über Europa in Aachen ehrlich gemeint waren. Doch selbst für zwei Exfinanzminister waren die durch das System aufgeworfenen technischen Probleme kompliziert – um so mehr, als Schmidt und Giscard in der einzigen Sprache darüber redeten, die sie beide beherrschten – in Englisch. Besonders komplizierte Zusammenhänge mußten zuweilen wiederholt werden. Aber bei solchen Verhandlungen kommt der Zeitpunkt, wo es unhöflich erscheint, immer wieder nachzufragen, selbst wenn keine Gewißheit besteht, ob das Problem voll und ganz geklärt wurde.

Unter diesen Umständen überrascht, daß es keine weiteren Mißverständnisse gab. Dazu beigetragen hat die Tatsache, daß Schulmann und Clappier von Anfang an gut zusammenarbeiteten. Der fünfundvierzigjährige deutsche Sozialdemokrat und der dem Pensionsalter nahe Gouverneur der französischen Notenbank schienen für eine solche Zusammenarbeit nicht gerade prädestiniert.

Es gab anfangs private Kommentare von kritischen (und vielleicht neidischen) deutschen Beamten, daß Schulmann von einem listenreichen Gegner irregeführt werden könnte. Der Kanzler, hieß es, habe zuviel auf eine Karte gesetzt. Doch zeigte sich, daß Schulmann und Clappier einander vertrauten und achteten, und das machte sich am Ende bezahlt.

Das Treffen in Aachen erwies sich als vorläufiger Höhepunkt der Geschichte des EMS. Die deutsch-französischen Beziehungen schienen nie enger gewesen zu sein, und Schmidt und Giscard hatten offensichtlich bestätigt, daß technische Probleme sie nicht von ihrem wichtigen politischen Ziel abbringen konnten. Und doch hatte sich am Jahresende der »große Entwurf« fast schon aufgelöst – in einer unerquicklichen Rangelei um ein Problem, das scheinbar keiner vorausgesehen hatte.

In den Wochen vor der Brüsseler Konferenz, die offiziell über die Geburt des Europäischen Währungssystems entscheiden sollte, schien für Schmidt das meiste nach Wunsch zu gehen. Im eigenen Land war es ihm gelungen, viele Bedenken der Bankiers und Wissenschaftler gegenüber dem neuen System mit viel öffentlicher und privater Überredungskunst auszuräumen. Bei einer denkwürdigen Gelegenheit arrangierte Schmidt bei einem Essen eine »Diskussion« mit Experten, die dem Europäischen Währungssystem skeptisch gegenüberstanden. Während die anderen Anwesenden den Mund voll hatten, achtete der Kanzler nicht auf das Essen und hielt einen dramatischen Vortrag über die Gefahren der Währungsinstabilität für die Weltwirtschaft, für Arbeitsplätze und den sozialen Frieden. Zu Beginn konnte keiner der Gäste etwas dagegen sagen, und später, nach dem Essen, waren sie von Schmidts düsterer Vision zu beeindruckt, um Einwände zu erheben.

Was das Ausland betraf, konnte Schmidt damit rechnen, daß die Mitglieder der Währungsschlange (die Beneluxländer und Dänemark) sich von Anfang an dem Europäischen Währungssystem anschließen würden. Nachdem er in Siena im November mit Ministerpräsident Giulio Andreotti Gespräche geführt hatte, war er fast sicher, daß sich auch Italien anschließen würde. Solange sich Vertreter seiner eigenen skeptischen Notenbank in der Nähe aufhielten, war der italienische Staatsmann vorsichtig in seinen Äußerungen. Unter vier Augen aber sagte er Schmidt, daß Italien als eines der Gründungsmitglieder der Europäischen Gemeinschaft es sich einfach politisch nicht leisten könne, aus der Reihe zu tanzen. Andererseits machte Andreotti kein Hehl daraus, daß Italien mehr Wirtschaftshilfe von seinen Partnern brauchte und daß auf die chronisch schwache Lira im Europäischen Währungssystem weniger strenge Regeln angewandt werden dürften als auf die harten Währungen wie etwa die D-Mark. Schmidt war über diese Vorbehalte nicht glücklich, hoffte aber, daß sich ein Kompromiß finden lassen werde. Das gleiche galt für Forderungen Irlands nach mehr Geld von der Gemeinschaft als Preis für seine Mitgliedschaft im Europäischen Währungssystem. Damit schien nur Großbritannien vor der Tür zu bleiben – und trotz seiner Verärgerung hoffte der Kanzler immer noch, Callaghan könnte sich schließlich eines Besseren besinnen.

In seiner Einschätzung der Lage behielt Schmidt größtenteils recht. Auf der Brüsseler Gipfelkonferenz vom 4. und 5. Dezember wurde zuversichtlich bekanntgegeben: »Am 1. Januar 1979 wird ein Europäisches Währungssystem in Kraft treten.« Italien und Irland verpflichteten sich nicht gleich zum Beitritt, schlossen sich aber wenige Tage später an. England erklärte sich bereit, ein nicht volles Mitglied zu werden: es würde die Regeln bezüglich der EMS-Wechselkurse zwar nicht akzeptieren, war aber formal Teilnehmer und hatte somit den Fuß in der Tür, wenn das Europäische Währungssystem tatsächlich funktionieren sollte.

Doch nach all den Monaten der Vorbereitungen, der Kämpfe mit den Zweiflern und der schönen Reden über die europäische Einheit verhinderte Frankreich einen termingerechten Beginn des Europäischen Währungssystems. Es mag erstaunlich klingen, aber hinter der Verzögerung steckten Agrarprobleme.

Hier ist nicht der Ort, auf die absonderlichen Verirrungen der Agrarpolitik des Gemeinsamen Marktes einzugehen. Es genügt, anzumerken, daß die Europäer seit Jahren bestrebt waren, den Bauern in der Gemeinschaft einheitliche Preise für landwirtschaftliche Produkte zu garantieren, obwohl es keine gemeinsame europäische Währung gibt und die Wechselkurse der nationalen Währungen sich ständig ändern. Als Versuch, den Druck der Währungsschwankungen auf die Preise (und somit die Einkünfte der Bauern) auszugleichen, wurde für den grenzüberschreitenden Handel mit landwirtschaftlichen Produkten ein System von Unterstützungen und Erstattungen, der sogenannte Grenzausgleich, eingeführt. Das Ganze erinnert an die verrückten Wissenschaftler in »Gullivers Reisen«, die eine Sonnenuhr auf eine Wetterfahne steckten, und trotzdem sichergehen wollten, daß immer die genaue Zeit angezeigt würde, gleich, woher der Wind wehte. Der entscheidende Verbindungspunkt zum Europäischen Währungssystem ist der, daß die Franzosen schon seit langem den Eindruck hatten, die deutschen Bauern zögen durch die Anwendung des Grenzausgleichs ungerechtfertigte Vorteile für ihren Export. Der Start eines neuen Systems der Währungsstabilität schien Paris der rechte Augenblick zu sein, um ein für alle Male damit Schluß zu machen.

Beim Brüsseler Gipfel hatte Giscard auf diesen Punkt der Agrarpolitik hingewiesen, und im Schlußkommuniqué fanden sich einige mehrdeutige Worte zu diesem Thema.[13] Wenige Tage später drückten sich andere französische Sprecher präziser aus; sollten irgendwelche neuen Grenzausgleichsbeträge vereinbart werden, sagten sie, müßten sie innerhalb eines Jahres abermals sistiert werden. Die Franzosen machten klar, daß sie den technischen Regelungen für ein Inkrafttreten des Europäischen Währungssystems am 1. Januar nicht zustimmen würden, wenn keine Einigung über den Zeitplan erzielt werden konnte. Der Disput zog sich über Weihnachten hin, aber die meisten glaubten fest, daß die Regierungschefs im letzten Augenblick persönlich intervenieren würden. Die Vorstellung, sie würden zulassen, daß ihr Geisteskind, das Europäische Währungssystem, in der Luft hängenblieb, schien undenkbar. Doch das Undenkbare geschah.

Offensichtlich fand sich der französische Präsident in der Agrarfrage in seinem Land unter stärkerem Druck, als er erwartet hatte. Überdies hatten die beiden Regierungschefs in den letzten Tagen des Jahres 1978 für ein Gespräch unter vier Augen denkbar ungünstige Termine. Giscard war auf Besuchsreise in Afrika, und Schmidt hielt sich in der Karibik auf. Tatsächlich wurden dringende Botschaften von Bonn über Paris nach Afrika geschickt – doch sollte der Präsident sie erhalten haben, antwortete er nicht. Der 1. Januar kam und verging ohne das Europäische Währungssystem.

Nun richteten sich alle Augen hoffnungsvoll auf Guadeloupe, wo Schmidt und Giscard am 5. und 6. Januar mit Carter und Callaghan zusammentreffen sollten. Doch diese Begegnung der »Großen Vier«

war von anderen Sorgen beherrscht als dem Europäischen Währungssystem. Carter legte sein Angebot zu den eurostrategischen Raketen auf den Tisch, was zur Folge hatte, daß das Problem der Ausgleichszahlungen im Agrarhandel auf der Liste der deutsch-französischen Prioritäten nach unten rutschte.

Der Disput zog sich noch über weitere zwei Monate hin; dann gaben die Franzosen nach, und das Europäische Währungssystem trat offiziell am 13. März in Kraft. Zu diesem Zeitpunkt konnte man sich kaum noch ohne Ironie an Giscards Worte über den »Geist Karls des Großen« erinnern, die er sechs Monate zuvor in Aachen gesprochen hatte. Im Rückblick wird erkennbar, daß Schmidt der Wahrheit nähergekommen war, als er mit einem resignierten Lächeln feststellte: »Nichts auf der Welt ist ohne Risiko denkbar, nicht einmal die Liebe, geschweige denn die Währungspolitik.«[14]

Schmidts internationales Prestige war niemals höher als 1978 und Anfang 1979. Obwohl das Europäische Währungssystem mit einem Stöhnen statt mit einem Knall begonnen hatte, konnte man Schmidt kaum die Schuld an der Verzögerung geben.

Die europäische Währungsshow war auf Tournee und sollte, nach dem Brüsseler Kommuniqué, 1981 einen großen Schritt vorwärts machen. Tatsächlich wurde auch dieser Termin nicht eingehalten, aber zu Beginn des Jahres 1979 sahen nur wenige die neuen politischen und wirtschaftlichen Hindernisse voraus, die unmittelbar bevorstanden.

Selbst der breiten Öffentlichkeit, die sich sonst wenig für geheimnisvolle europäische Währungsangelegenheiten interessiert, wurde bewußt, daß Schmidt als Gastgeber des Weltwirtschaftsgipfels in Bonn im Juli 1978 einen großen Erfolg für sich verbucht hatte. Zur Überraschung vieler Teilnehmer erwies sich Schmidt als entspannter, fast bescheidener Vorsitzender einer Tagung, zu der sich sieben Nationen versammelt hatten. Nach einem freundlichen Schwatz mit dem Kanzler erschien Jimmy Carter: »Ich lerne immer so viel von Helmut über Wirtschaftsfragen«, gab er zu.

Die Konferenz erbrachte ein Paket von Vereinbarungen zur Bekämpfung von Arbeitslosigkeit und Inflation, bei dem die Regierungschefs der westlichen Staaten ungewöhnlich präzise Zusagen machten. Japan verpflichtete sich, seinen Handelsüberschuß zu senken, die Vereinigten Staaten, ihre Energieimporte zu reduzieren, und die Bundesrepublik, ihr Wirtschaftswachstum anzukurbeln mit Hilfe von Maßnahmen, die den Staat an die zwölf Milliarden D-Mark kosten würden. Aber nicht alle Staaten hielten ihr Versprechen. Die Bundesrepublik erfüllte es, lud sich aber durch höhere Ausgaben und den Verzicht auf Steuereinnahmen noch größere Haushaltsprobleme auf, die später die SPD-FDP-Koalition bis zum äußersten strapazierten. Manche sahen diese Gefahr schon kommen, aber wenn Schmidt nicht seinen Teil an Zusagen gemacht hätte, wäre das Gipfeltreffen ohne Ergebnis geblieben, und man hätte der mangelnden Flexibilität der Deutschen die Schuld daran gegeben.

Auch auf breiterer außenpolitischer Ebene war Schmidt *der* europäische Staatsmann, den andere Länder kaum ignorieren konnten. Zwei Monate vor Carters Besuch war Breschnew in Bonn gewesen und hatte über langfristige industrielle Kooperation, aber auch über militärische Fragen gesprochen. Ein Strom anderer ausländischer Politiker hatte Bonn besucht – manchmal von entgegengesetzten Fronten in diesem oder jenem regionalen Konflikt, aber stets in der Hoffnung, bei Schmidt ein offenes Ohr und Unterstützung zu finden.

»Ich spreche für ein Land, das keine Großmachtpolitik betreiben kann und keine betreiben will«, sagte Schmidt in diesem Jahr in einer Rede vor der Generalversammlung der Vereinten Nationen.[15] Aber viele Zuhörer waren überzeugt, daß diese Erklärung, wenn schon nicht die Macht der Bundesrepublik, so jedenfalls seinen Einfluß herunterspielte.

Tatsächlich gab Schmidt anschließend einen großen Überblick über die Gefahren, die die Welt bedrohten sowie die Methoden, ihnen zu begegnen, einen Überblick, der kaum zum bescheidenen Beginn seiner Ausführungen zu passen schien. Zweifellos dachte Schmidt vor allem an Carter, als er betonte, für wie nötig er »Vorhersehbarkeit und Berechenbarkeit politischen und militärischen Verhaltens« halte. Mit einer an beide Supermächte gerichteten Mahnung forderte er den politischen Willen, vier Richtlinien zu beachten: Provokationen zu vermeiden; die eigenen Optionen unmißverständlich zu machen; gefährliche Situationen durch Kompromißbereitschaft zu entschärfen und den Beteiligten die Wahrung ihres Gesichtes zu ermöglichen. Niemanden konnte überraschen, als Schmidt sieben Monate später eingeladen wurde, zusammen mit den anderen »großen drei« Nationen des Westens am Konferenztisch des Gipfeltreffens auf Guadeloupe Platz zu nehmen.

Trotz des Beifalls, der ihm im Ausland gespendet wurde, trotz seiner großen Beliebtheit im eigenen Land konnte er seine Koalition nur mit viel Mühe zusammenhalten. Eine Gruppe störrischer Parlamentarier am linken Flügel der SPD war eine ständige Gefahr für die knappe Mehrheit, die die Koalitionsparteien 1976 erzielt hatten. Selbst als »Held von Mogadischu« konnte Schmidt nur mit Mühe in der Regierung die Billigung von neuen, gegen den Terrorismus gerichteten Maßnahmen finden. Die Liberalen in der FDP beobachteten nervös die Richtungskämpfe innerhalb der SPD. Sie unterstrichen, daß es nicht ihre Schuld sei, wenn die Koalition auseinanderbreche, und begannen, die Oppositionsparteien CDU/CSU als mögliche zukünftige Partner mit freundlicheren Augen anzusehen.

In einer entscheidenden Frage, nämlich der Kernkraft, stand das Kabinett einer starken Opposition innerhalb seiner Regierungsparteien gegenüber. Nach der Ölkrise von 1973 bis 1974 war Schmidt mehr denn je davon überzeugt, daß die Bundesrepublik, die für ihren gesamten Energiebedarf – ausgenommen Kohle – auf Importe angewiesen war, weitere Kernkraftwerke bauen mußte. Doch eine starke Minderheit im Land war entschieden dagegen, organisierte Demonstrationen und kämpfte vor den Baustellen von Kernkraftwerken gegen die Polizei. Einige dieser Kernkraftwerksgegner schlossen sich später den »Grünen« an, der Partei der Umweltschützer und Pazifisten, die seit den späten siebziger Jahren Sitze in den Landtagen gewann und nach der Wahl von 1983 in den Bundestag einzog. Viele andere aber, die sich darauf beriefen, daß die Sicherheitsprobleme von Kernkraftwerken und in der Entsorgung nicht gelöst waren, blieben in der SPD und FDP und bemühten sich, die Regierung zu überzeugen. Im November 1977 mußten die führenden Politiker beider Parteien bei Verhandlungen in dieser Frage unangenehme Kompromisse machen. Auf der SPD-Parteikonferenz im Dezember 1979 wurde über dieses Thema fast ebenso leidenschaftlich diskutiert wie bei der Atomwaffendebatte. Wieder wurde ein Kompromiß ausgehandelt, mit dem Schmidt leben zu können glaubte. Priorität für die Kohle, aber widerwillige Duldung der Atomkraft, um eine Energielücke zu stopfen, die auf andere Weise nicht geschlossen werden konnte.

Dieses Ergebnis schien kaum die passende Antwort auf die neuen Probleme zu sein, die im Energie- und Wirtschaftsbereich auftraten. Noch während die Sozialdemokraten berieten, war die Revolution im

Iran in vollem Gang – eine gefährliche Bedrohung der Öllieferungen an den Westen. Schon Anfang des Jahres hatten sich die Ölproduzenten auf neue Preiserhöhungen geeinigt, die die zweite Ölkrise auslösten und den Westen in die tiefste Nachkriegsrezession stürzten. Die Bundesrepublik hatte die erste Krise besser als manches andere Land überstanden, aber diesmal wurde sie um vieles härter getroffen.

1974 hatten die Deutschen die Auswirkung der Ölpreiserhöhung auf ihre Importe durch eine drastische Zunahme ihrer Exporte wettgemacht. 1979 kamen sie nicht mehr auf die gleiche Weise über die Runden. Zwar nahmen die Exporte um etwa zehn Prozent zu (1974 waren es fast dreißig Prozent gewesen), aber die Importe stiegen doppelt so schnell. Die Folge war, daß der Handelsbilanzüberschuß auf 22,4 Milliarden D-Mark zurückging, während er 1978 noch 41,2 Milliarden D-Mark betragen hatte. Nach Abzug der »unsichtbaren« Defizite geriet die Leistungsbilanz zum ersten Mal seit 1965 in die roten Zahlen. Der Fehlbetrag belief sich nur auf elf Milliarden D-Mark (weniger als ein Prozent des deutschen Bruttosozialprodukts), kletterte aber im folgenden Jahr auf 30 Milliarden D-Mark, das größte Zahlungsbilanzdefizit der westlichen Industriestaaten.

Das teurere Öl war eine wichtige Ursache für den Trend zum Defizit, aber nicht die einzige. Ironischerweise scheinen sich andere Länder Schmidts Worte über die Übel der Inflation mehr zu Herzen genommen zu haben, als es der Bundesrepublik jetzt guttat. Während der ersten Ölkrise hatten sie ihre Wirtschaft expandiert und eine Menge deutscher Exportgüter aufgesogen, aber gleichzeitig die Inflation angeheizt. Während der zweiten Ölkrise waren sie vorsichtiger. Diesmal nahmen die Wirtschaftsentwicklung und die Einfuhren der Bundesrepublik etwas schneller zu als die ihrer Partner – teilweise aufgrund der Wachstumsanstrengungen, zu denen sich Schmidt 1978 bei der Weltwirtschaftskonferenz in Bonn verpflichtet hatte.

Das war nicht die einzige Ironie. Im Jahr 1978 hatte Schmidt für ein Europäisches Währungssystem plädiert, nicht zuletzt weil das amerikanische Defizit und der fallende Dollar ein Signal für eine Krise der amerikanischen Führung zu sein schien. Doch 1979 war die D-Mark nicht mehr die hoch favorisierte Währung von einst; und 1980 zeigte sie sich außerordentlich schwach, weil die Deutschen selbst dabei waren, ein Defizit aufzubauen. Mittlerweile hatten die Vereinigten Staaten, vielleicht durch die unmittelbar bevorstehende Einrichtung des Europäischen Währungssystems zum Handeln genötigt, im November 1978 endlich wirksame Schritte zur Stützung des Dollars unternommen. Die Folge war, daß die Wirtschaft der Vereinigten Staaten beim Wahlsieg Ronald Reagans über Carter im November 1980 in einigen wichtigen Bereichen besser aussah als zuvor, während sich die deutsche in Schwierigkeiten zu befinden schien.

Viele Leute (nicht zuletzt die Deutschen selbst) übertrieben die veränderte Situation und sprachen davon, daß die Bundesrepublik in ein chronisches Defizit geraten könnte. Tatsächlich aber schrieb sie 1982 wieder schwarze Zahlen. Aber da war eine unleugbare Verschiebung in der relativen Wirtschaftslage der Vereinigten Staaten und der Bundesrepublik eingetreten, die dazu beitrug, die politische Position Reagans zu stärken und die des Kanzlers zu schwächen.

Vor diesem Hintergrund kam die Bundestagswahl vom Oktober 1980 auf Schmidt zu. Überdies stand er jetzt dem politischen Gegner gegenüber, der seine größte Herausforderung war. Der unverwüstliche Franz Josef Strauß war nun an die Spitze der Unionsparteien getreten. Die direkte Konfrontation zwischen den beiden temperamentvollen Exverteidigungs- und Exfinanzministern versprachen ein Feuerwerk, wie Bonn es seit den Tagen Adenauers und Schumachers nicht mehr gesehen hatte. Daher wurde der Wahlkampf schon von vornherein als »Schlacht der Giganten« angekündigt.

Der bloße Gedanke, Strauß könnte Kanzler werden, ließ die Koalitionsparteien für eine Weile die Schwierigkeiten ihrer Zusammenarbeit vergessen. SPD und FDP fürchteten, der explosive Bayer würde im Fall eines Wahlsiegs die sozialliberale Reformpclitik im eigenen Lande zerschlagen und die Ostpolitik gefährden. Diese Befürchtungen waren vermutlich übertrieben, aber auch in der CDU, der größeren Oppositionspartei, bestanden Vorbehalte gegen Strauß.

Kurz nach der Bundestagswahl von 1976 hatte die CSU angekündigt, sie würde sich aus der gemeinsamen Fraktion zurückziehen, die sie seit Jahrzehnten in Bonn mit der CDU gebildet hatte. Strauß war offensichtlich der Überzeugung, daß Schmidt sein Amt verloren hätte, wenn er statt des CDU-Vorsitzenden Kohl die Unionsparteien in den Wahlkampf geführt hätte. In einem Privatgespräch, das an die Öffentlichkeit gelangte, behauptete Strauß, es fehle Kohl (der respektable 48,6 Prozent der Stimmen für die Unionsparteien eingebracht hatte) an Charakter und Hirn, um Kanzler zu werden. Er sprach darüber hinaus von »Westentaschen«-Politikern in der CDU, die unfähig seien, die richtige Strategie für einen Wahlsieg zu finden.

Das große Problem von Strauß war, daß seine CSU nur in Bayern existierte (wo die CDU keine Kandidaten aufstellte). Er konnte sich immer darauf verlassen, daß seine Partei ihm in seinem heimischen Freistaat einen überzeugenden Sieg erkämpfte, aber der entsprach bestenfalls zehn Prozent der im ganzen Land abgegebenen Stimmen und etwa fünfzig Sitzen im Bundestag. Strauß spielte daher mit dem Gedanken, eine neue Partei außerhalb Bayerns zu gründen, um seine Einflußnahme auszudehnen und zusätzliche Unterstützung auf dem rechten Flügel an sich zu reißen.

Kohl zwang Strauß jedoch, Farbe zu bekennen, indem er ankündigte, daß die CDU – sollte eine neue bundesweite Partei entstehen – zum ersten Mal in Bayern Gegenkandidaten zur CSU aufstellen würde. Strauß gab klein bei, eine neue Partei wurde nicht gegründet (zumindest nicht in der von Strauß gewünschten Form), und CDU und CSU blieben in Bonn weiterhin zusammen. Doch die Scharmützel zwischen beiden Parteien hinterließen tiefe Narben.

Die Überraschung war daher groß, als sich CDU und CSU im Juli 1979 auf Strauß als ihren Kanzlerkandidaten für die Bundestagswahl 1980 einigten. Einige CDUler gaben Strauß widerstrebend ihre Unterstützung, weil sie – wie Strauß selbst – Kohl für einen Dummkopf hielten. Andere (unter ihnen sicherlich auch Kohl) meinten, man solle Strauß seinen Willen lassen; wahrscheinlich würde er die Wahl verlieren, aber die CDU wäre ihn dann los. Strauß selbst, nun schon Mitte Sechzig, war sich des hohen Einsatzes wohl bewußt. Dies war seine letzte Chance. Eine Zeitlang konnte er sich nicht entscheiden, ob er für die Unionsparteien kandidieren sollte, und tat es dann schließlich, weil ehrgeizige CSU-Politiker ihn drängten.

Strauß schien sich im Verlauf des Wahlkampfes seiner Taktik nicht immer sicher zu sein. Hin und wieder erwachte das alte Feuer in ihm zu neuem Leben, während er von einer Wahlversammlung zur anderen eilte und die Nation aufrief, sich für »Freiheit statt Sozialismus« zu entscheiden. Die Krawatte gelockert, das Gesicht glänzend vor Schweiß unter den Scheinwerfern, konnte ein Strauß in Topform die Massen immer noch mit seinen zornigen Salven gegen die Regierung in Bann schlagen. Bei anderen Gelegenheiten jedoch schien er sich ganz bewußt zurückzuhalten, so als erachte er ein staatsmännischeres Auftreten für angemessener für einen potentiellen Kanzler. Die Folge war, daß Strauß, zur Überraschung vieler alter Gegner und Anhänger, manchmal langweilig wirkte.

Natürlich hatte auch Schmidt gelegentlich seine guten Augenblicke – besonders wenn er Strauß angriff. Er brauchte nur den Namen seines Gegners zu nennen, um bei seinen Hörern zunächst Gelächter, dann erwartungsvolle Stille zu erzeugen. »Dieser Mann kann sich selbst nicht kontrollieren«, sagte Schmidt leise und traurig ins Mikrofon. Dann trat er einen Schritt zurück, stach einen Finger in die Luft und rief in den Beifall der Menge: »Er muß nicht die Kontrolle über unser Land haben!«

Doch besonders in den letzten Wochen des Wahlkampfes war Schmidt nicht in Form. Er zog sich eine schwere Erkältung zu, die seine Reden und seine Stimmung beeinträchtigte. Er sah manchmal aus, als litte er an einer schweren Krankheit. Nur wenige wußten, daß Schmidt im vergangenen Winter ernstlich krank gewesen war und daß seine Ärzte ihm dringend, aber erfolglos geraten hatten, sich zu schonen. 1981 verschlechterte sich sein Gesundheitszustand erneut, und wieder merkte niemand etwas, bis er sofort wegen einer notwendigen Operation ins Krankenhaus gebracht wurde. Diesmal gab es Schlagzeilen über Deutschland hinaus.

So nahm der »Kampf der Giganten« einen enttäuschenden Ausgang. An ihrer Stelle zogen zwei andere führende Politiker unerwartet Nutzen aus dem Wahlkampf. Einer der beiden war Kohl, der ungeachtet seiner persönlichen Gefühle Strauß in der Öffentlichkeit loyal unterstützte und deswegen selbst bei seinen Gegnern und Rivalen Lob erntete. Der andere war der FDP-Vorsitzende Genscher, der sich als gemäßigter Liberaler profilieren konnte, der mithalf, die Nation sowohl vor den Exzessen von Strauß als auch der extremen Linken in der SPD zu bewahren. Ein Wahlslogan der FDP forderte die Wähler auf, für die Liberalen (und somit für die Koalition) zu stimmen, »damit Helmut Schmidt Bundeskanzler bleibt«.

Diese Worte wurden Genscher von wütenden Sozialdemokraten vorgehalten, als er zwei Jahre später das Bündnis platzen ließ. Aber 1980 machten sie sich noch bestens bezahlt. Am Abend des Wahltags, am 5. Oktober, stellte sich heraus, daß die SPD 42,9 Prozent der Stimmen auf sich vereinigt hatte, nur 0,3 Prozent weniger als 1976. Genschers FDP steigerte sich auf 10,6 Prozent (gegenüber 7,9 Prozent 1976) und sicherte damit den Fortbestand der Regierungskoalition.

Strauß war der Verlierer. Unter seiner Führung hatte die CDU/CSU nur 44,5 Prozent der Stimmen erhalten, beträchtlich weniger als vier Jahre zuvor unter dem »unfähigen« Kohl. In einem Fernsehinterview gab ein niedergeschlagener Strauß zu, daß er Fehler gemacht haben könnte; aber, so fügte er hinzu, es gäbe nur einen einzigen deutschen Politiker, der seiner eigenen Meinung nach nie Fehler mache, ». . . und das ist Helmut Schmidt«.

Zwischenakt: Schmidt und die Künste

Nicht alles war Politik! Auch angesichts von Wahlfeldzügen und Koalitionsstreitereien, ungeachtet internationaler Wirtschafts- und strategischer Probleme fand Schmidt noch Zeit für eine andere, weniger hektische Welt. Sein überraschender Auftritt bei einem Kant-Symposion wurde bereits erwähnt. Aber in seiner letzten Amtsperiode als Kanzler schlüpfte er im Dezember 1981 auf einer Englandreise in eine noch ungewöhnlichere Rolle. Einem Journalisten, der von dem Besuch Wind bekommen hatte und von einem Beamten des Kanzleramtes den Zweck des Besuches erfahren wollte, wurde bedeutet: »Er ist dort, um Mozart aufzuzeichnen.« Diese äußerst unerwartete Erklärung erwies sich als richtig.

Mit zwei befreundeten jungen Pianisten, Christoph Eschenbach und Justus Frantz, fuhr Schmidt in die Aufnahmestudios in der Abbey Road in Nord-London, wo sie Mozarts Konzert in F-Dur für drei Klaviere (KV 242) mit dem London Philharmonic Orchestra aufnahmen. Alle drei verzichteten zugunsten von Amnesty International auf ihre Honorare.

Schmidt ist kein Paderewski (um einen Staatsmann zu nennen, der gleichzeitig ein hervorragender Pianist war) und hegt keine Illusionen, daß er je einer sein könnte. Als ihm daher Eschenbach und Frantz den Vorschlag machten, das Mozart-Concerto aufzunehmen, lehnte er zunächst ab. Aber je länger er darüber nachdachte, desto mehr reizte ihn die Herausforderung.

Schon seit seiner Kindheit in Hamburg mit den Gesangsabenden daheim und den Klavierstunden in der Lichtwark-Schule hatte er

Musik geliebt. Selbst als Minister und Regierungschef fand er abends gelegentlich ein paar Minuten Zeit, um sich ans Klavier zu setzen. Vor allem liebte er Bach; er schätzte die Klarheit und Logik der Komposition und die Empfindung, die nie über die Form hinauswuchs. Die edle Leichtigkeit Mozarts lag seiner eigenen Wesensart weniger, und eine Schallplattenaufnahme war natürlich etwas ganz anderes, als daheim Klavier zu spielen. Gewiß, die dritte Klavierstimme des Mozart-Concertos läßt sich auch von Spielern meistern, deren Finger nicht allzu gewandt sind, aber ein gutes Gespür für Zeitmaß und Rhythmik, Konzentration und Teamwork sind unerläßlich.

Schließlich gab Schmidt seine Vorbehalte auf, übte fleißig, und die Schallplattenaufnahmen verliefen ohne Schwierigkeiten; sie waren so problemlos, daß das Trio Eschenbach-Frantz-Schmidt das Werk noch einmal aufzeichnete, diesmal in Zürich für das Fernsehen. Bei den Proben in Zürich vermittelte der in Hemdsärmeln spielende Schmidt einen so konzentrierten und professionellen Eindruck, daß ein Reporter sich veranlaßt sah zu fragen, ob er eine zweite Karriere als Pianist plane. »Ich fürchte, mein Herr«, antwortete Schmidt mit unverhohlener Ironie, »ich fürchte, daß es dazu schon ein klein wenig zu spät ist.« Nicht alle bemerkten den Sarkasmus, und die Antwort gab der Legende neue Nahrung, daß es überhaupt nichts gäbe, was Schmidt nicht meistern zu können glaubte – vorausgesetzt, er habe genügend Zeit!

Abgesehen von seinen eigenen pianistischen Leistungen veranstaltete Schmidt in seiner Zeit als Regierungschef Hauskonzerte im alten Kanzleramtsgebäude, dem Palais Schaumburg. Sie fanden an Sonntagabenden statt (zu einer Zeit, da Schmidt am wenigsten fürchten mußte, wegen Staatsgeschäften verhindert zu sein). Selten wurde ein Gast, so prominent er auch sein mochte, ein zweites Mal gebeten, wenn er die Gelegenheit zu offensichtlich für ein politisches Gespräch nutzen wollte.

Vier Streichern des Israel Philharmonic Orchestra war zu danken, daß diese sonntäglichen musikalischen Oasen in der kulturellen Wüstenei des politischen Bonn erblühten. Wenige Monate, nachdem Schmidt Kanzler geworden war, boten ihm die vier Israelis ein Hauskonzert an. Hinter dem Angebot verbarg sich die Hoffnung, daß die Gäste dem Orchester auch finanzielle und andere Unterstützung gewähren würden. Schmidt fand sofort Gefallen an der Idee – vielleicht wegen seiner eigenen, zum Teil jüdischen Herkunft –, aber auch wegen seiner Überzeugung, daß das Orchester Unterstützung verdiente.

Diesem ersten Konzert im Januar 1975 folgten im Lauf der Jahre etwa ein Dutzend andere. Die Palette war breit – von Bach zu Bartók, von Telemann zu Villa-Lobos – und das künstlerische Niveau hoch. Dazu gehörten die voraussehbaren Triumphe weltberühmter Künstler wie des Geigers Yehudi Menuhin; und es gab erfreuliche Überraschungen, wie zum Beispiel den relativ unbekannten tschechischen Pianisten Ivan Moravec, der sein Publikum mit einem Programm aus Beethoven, Schumann, Debussy und Janáček begeisterte. Nach dem Konzert unterhielt sich Schmidt noch bis nach Mitternacht mit Moravec; allem Anschein nach hatte er das dichte politische Programm vergessen, das ihm nur wenige Stunden später bevorstand.

Neben seiner Liebe zur Musik gilt Schmidts besondere Zuneigung den bildenden Künsten. Auch das reicht in seine frühen Jahre zurück: das Zeichentalent des Schuljungen, seine unerfüllte Ambition, Städteplaner zu werden, und die Bewunderung für Maler, die von den Nazis »entartet« genannt wurden. Als er vor dem Krieg in Bremen seinen Wehrdienst ableistete, verwendete er oft das wenige übrigbleibende Geld für Wochenendausflüge, die man als künstlerische Wallfahrten bezeichnen könnte. Er fuhr mit dem Zug aufs Land und wanderte dann meilenweit über die flache norddeutsche Moorlandschaft nach Worpswede und Fischerhude, kleine Dörfer, wo viele Maler und Bildhauer sich niedergelassen hatten. Für ein paar Tage schienen dann das Soldatenleben und die Nazis weit weg zu sein.

In jenen Tagen war die Kunst für Schmidt Hoffnung und Zuflucht zugleich. Später, als Parlamentarier und Minister, wollte er Dankbarkeit für all das zeigen, was die Kunst ihm gegeben hatte, und vor allem den Malern seine Reverenz erweisen, die unter den Nazis gelitten hatten. Aber erst nachdem er Kanzler geworden war, bot sich ihm eine wirklich gute Gelegenheit – dank seines Einflusses, aber auch dank des neuen Hauses, in das er mit seinem Stab übersiedelte.

In seinen ersten beiden Jahren als Regierungschef hatte Schmidt in seinem Amtssitz, dem Palais Schaumburg, kaum Platz für Kunstausstellungen. Die Übersiedlung in das neue Kanzleramt 1976 veränderte all das. Die scheinbar endlosen Korridore und geräumigen Büros riefen förmlich nach Bildern und Skulpturen, und Schmidt nützte die

Chance. In seinem eigenen Zimmer hängte Schmidt an die Wand gegenüber seinem Schreibtisch ein besonders schönes Seestück von Emil Nolde, dem Expressionisten, den er am meisten bewunderte. Bilder anderer Expressionisten wie August Macke und Franz Marc wurden nach einer unerwarteten, aber intensiven Begegnung von Kunst und Politik im Kabinettszimmer aufgehängt. Schmidt hatte Fachleute zu sich gebeten, die ihn beim Aufhängen von Bildern beraten sollten. Plötzlich wurde zur gleichen Zeit ein politisches Gespräch unter Ministern notwendig. Kunstexperten und Minister fanden sich so zusammen, und über zwei Stunden lang tauschten sie Ansichten über Farben, Hängung und Beleuchtung aus.

In seiner Amtszeit als Regierungschef veranstaltete Schmidt etwa zehn größere Ausstellungen im neuen Kanzleramt. Sie begannen mit Bildern aus dem Berlin der zwanziger Jahre und brachten in der Folge erlesene Sammlungen von, unter anderem, Max Ernst, Emil Nolde, August Macke und Käthe Kollwitz. Am persönlichsten war eine Ausstellung mit Künstlern, die in Schmidts geliebtem Worpswede lebten und arbeiteten. Der Kanzler selbst eröffnete jede Ausstellung mit einer Rede vor bis zu tausend Gästen. Wenn er eintraf, hatte er bereits die Arbeit eines ganzen Tages hinter sich und sah müde und oft auch unwirsch aus. Doch sobald er mit seiner Begrüßung begann – »Liebe Kunstfreunde ...« –, war seine Erschöpfung wie weggeblasen. Nach seiner Rede schritt er von Bild zu Bild und diskutierte über Details. Je länger er blieb, desto angeregter wurde er.

Ständig mußte Schmidt sich gegen die Ansicht wehren, er versuche, den Deutschen »kulturelle Anleitung« zu geben. Nach der Erfahrung mit den Nazis, betonte er, müsse sich jeder Politiker davor hüten, seinen Landsleuten seine persönlichen künstlerischen Vorlieben aufzudrängen. Aber für die Aufgeschlossenen wollte er mit den kleinen Hauskonzerten und den Kunstausstellungen Zeichen setzen. »Ich möchte«, sagte er einmal, »daß die Leute ein richtiges Bild von Deutschland haben und nicht nur eines, das bestimmt ist einerseits vom Holocaust im Fernsehen und andererseits von der Effizienz der deutschen Volkswirtschaft und der deutschen Bundeswehr.«[1]

Das in seinen Ausmaßen bei weitem größte Kunstwerk im Kanzleramt stammt allerdings nicht von einem Deutschen, sondern von dem Engländer Henry Moore. Die riesige Bronzeskulptur »Large Two Forms« steht auf dem Rasen des Kanzleramts; ein Symbol, so Schmidt, »von Natur und Intelligenz, von Macht und Eleganz – vom

Kontrast zwischen diesen Elementen und, gleichzeitig, von der möglichen Harmonie zwischen ihnen«.

Schmidt und Moore trafen einander zum ersten Mal 1977 in Bonn, um über das Projekt einer Skulptur zu sprechen und verstanden sich auf Anhieb. Wenige Wochen später stattete der Kanzler seinerseits dem neunundsiebzigjährigen Künstler in dessen Haus in Hertfordshire einen kaum beachteten Besuch ab, um das Gespräch fortzusetzen. Zwei Jahre später wurden in Moores Anwesenheit seine »Large Two Forms« auf dem Rasen des Kanzleramts offiziell enthüllt. Für Schmidt war es eine besondere Genugtuung, das bedeutende Werk eines ihm in persönlicher Freundschaft verbundenen Künstlers erworben zu haben, der vor fast vier Jahrzehnten die erschütternden »Bunkerzeichnungen« geschaffen hatte, die Menschen in London unter den »Blitz«-Angriffen der deutschen Luftwaffe zeigten.

Wäre Schmidt doch mit englischen Politikern ebenso hervorragend ausgekommen wie mit Henry Moore. Bald nach der Aufstellung der »Large Two Forms« kam die britische Premierministerin Margaret Thatcher nach Bonn. Sie suchte Schmidts Hilfe bei ihren Bemühungen, einen für Großbritannien günstigeren Anteil am Haushalt der Europäischen Gemeinschaft zu erzielen. Schmidt hatte den Eindruck, daß die Gespräche keine Ergebnisse brachten – »ein ganz und gar vergeudeter Tag« also. Am Abend, bei einem Essen für die Gäste, versuchte Schmidt, die Situation zu retten. Er ging von seinem offiziellen Text mit politischem Inhalt ab und betonte statt dessen die kulturellen Bande zwischen Deutschland und Großbritannien. Natürlich kamen Moore und seine »Large Two Forms« zur Sprache.

Mrs. Thatcher griff nicht nach dem angebotenen Ölzweig. Sie pflichtete ihm bei, die »Large Two Forms« seien höchst eindrucksvoll – weit größer als ein anderes Werk von Moore, das sie daheim in England gesehen hatte. Ja, und die Skulptur, die sie kenne, stehe etwa im gleichen Verhältnis zu der auf dem Rasen des Kanzleramts wie das britische Bruttosozialprodukt zum deutschen. »Und da wir gerade vom Geld sprechen, Herr Bundeskanzler ...«

8.
Kanzler – Über den Gipfel
1980–1982

Dem Anschein nach saß Schmidt nach der Wahl von 1980 fest im Sattel. Strauß hatte Prügel bezogen, und die Unionsparteien waren zum vierten Mal hintereinander auf der Strecke geblieben. Die Regierungskoalition verfügte jetzt über eine Mehrheit von fünfundvierzig Sitzen statt der bisherigen zehn. Fast alle Gewinne gingen auf das Konto von Genschers FDP, nicht der SPD, aber darin sah Schmidt kein Problem. Seine Popularität im Land ging über die seiner Partei weit hinaus, und nur wenige zweifelten daran, daß es der SPD ohne ihn viel schlimmer ergangen wäre. Jetzt hatte er mehr Spielraum für seine Vorhaben im Parlament und konnte es sich eher leisten, den Druck des linken Flügels in der SPD zu ignorieren. Zumindest schien es so.

Unmittelbar nach der Wahl kamen in Bonn die wildesten Spekulationen über die Frage auf, wie Schmidt – sozusagen ein entfesselter Prometheus – seine erweiterte Handlungsfreiheit in den kommenden vier Jahren nutzen würde. Viele politische Kommentatoren und ausländische Diplomaten stellten Überlegungen folgender Art an: »Schmidt hat die Supermächte schon zu der Zusage gebracht, daß sie bereit sind, über Raketen zu verhandeln. In Europa kann er immer noch mit der Unterstützung seines Freundes Giscard rechnen. Was die wirtschaftlichen Probleme angeht, unter denen Deutschland, wie auch andere Länder, leidet ... so hat Schmidt mehr Prestige und Erfahrung als jeder andere Staatsmann im Westen. Ende 1984, wenn die nächsten Bundestagswahlen fällig sind, ist er fast sechsundsechzig Jahre alt. Er ist dann seit mehr als einem Jahrzehnt Kanzler, und das ist länger, als es jeder seiner Vorgänger war – von Adenauer abgesehen. Dies könnte also jetzt seine letzte volle Amtszeit als Kanzler sein. Sicher wird er sich bemühen, Initiativen zu entfalten, die seinen Platz in den Geschichtsbüchern garantieren werden.«

Knapp einen Monat nach seinem Wahlsieg unternahm Schmidt eine Reise in die Vereinigten Staaten, die in dieses ehrgeizige Bild zu passen schien. Seine erste Station war New York, wo er mit Bank- und Geschäftsleuten konferierte und die höchste Auszeichnung der *Society for the Family of Man,* einer allseits geachteten philanthropischen Organisation, entgegennahm. Zu den bisherigen Empfängern zählten John F. Kennedy und Jean Monnet. Bei der Verleihungszeremonie in einem Luxushotel wurde Schmidt für seinen »unermüdlichen Kampf für Frieden und Entspannung« und seine »Führung der Europäischen Gemeinschaft der Nationen« gefeiert. Die letztere Bemerkung schien den anwesenden Europäern ein wenig zu weit zu gehen, aber die Amerikaner hegten offenbar keine Zweifel und applaudierten mit Vergnügen.

Am nächsten Tag fuhr Schmidt nach Washington, um dort den heikleren Teil der Reise zu absolvieren. Offiziell war er gekommen, um mit Jimmy Carter einige seit langem geplante Gespräche zu führen, doch zwei Wochen zuvor hatte Carter die amerikanische Präsidentschaftswahl verloren, saß nun mit gestutzten Flügeln im Weißen Haus und diente die letzten paar Monate seiner einzigen Amtszeit ab. Der Mann, den Schmidt wirklich gern sprechen wollte, war der Sieger, Ronald Reagan; aber Reagans Stab hatte wissen lassen, daß der neue Präsident bis zu seiner Amtseinführung im Januar keine ausländischen Staatsmänner empfangen würde.

Schließlich aber entschloß sich Reagan, gegen seine eigene Regel zu verstoßen, und unterhielt sich eine Stunde lang mit Schmidt in einem Gebäude, das nur wenige Minuten zu Fuß vom Weißen Haus entfernt war. Die beiden Männer verstanden sich auf Anhieb. Der »Erzfalke« Reagan, dessen harte Wahlreden mit Attacken gegen die Russen Bonn das Schlimmste für die Ost-West-Abrüstungsgespräche hatte fürchten lassen, empfing Schmidt wie einen alten Freund. Er bot seinem Besucher Platz an einem Tisch an, auf dem ein Buch mit dem Titel »How to entertain in Washington« (Wie man in Washington ein gastliches Haus führt) lag, half Schmidt, den Deckel seiner Tabakdose zu öffnen, und wies ihn milde darauf hin, daß Rauchen gesundheitsschädlich sei. Zwei Jahre zuvor hatte Breschnew Schmidt genau das gleiche gesagt und hinzugefügt, daß seine Ärzte ihn gezwungen hatten, diese schlechte Gewohnheit aufzugeben. Der sowjetische Staatsmann gestand dann, daß er seinen Chauffeur nun aufgefordert habe, weiter Zigaretten zu rauchen. So könne er, Breschnew, auf dem Rücksitz soviel Rauch wie möglich inhalieren.

Beim Gespräch über Politik gelobte Reagan, in allen Angelegenheiten von gemeinsamem Interesse intensiv die Europäer zu konsultieren, wobei er der Rüstungskontrolle und der Verteidigungsbereitschaft gleich viel Bedeutung beimaß. Schmidt erinnert sich, daß er versprach, »zu verhandeln, zu verhandeln und immer wieder zu verhandeln«, um eine faire Regelung mit Moskau zu erzielen. Natürlich konnte Reagans Jovialität nicht alle Sorgen des Kanzlers in Verteidigungs- und Wirtschaftsfragen zerstreuen. Aber Schmidt verließ Reagan doch mit dem Gefühl, daß der Amerikaner ein aufrichtiger und fähiger – wenn auch in der Außenpolitik noch unerfahrener – Mann war, dessen weitere Haltung sich wahrscheinlich viel leichter abschätzen ließe, als dies bei Carter der Fall war.

Das Gespräch mit Reagan erschien um so befriedigender, als es unmittelbar auf Schmidts bedrückenden Abschied von Carter folgte. Die beiden Staatsmänner stellten sich im Weißen Haus der Presse, um ein paar freundliche Worte zu murmeln, aber ihre Mienen sprachen Bände. Schmidt starrte teilnahmslos über die Köpfe seiner Zuhörer, als suche er den nächstgelegenen Ausgang. Der leichenblasse Carter präsentierte ein eisiges Lächeln, während seine Mitarbeiter sich betrübt im Hintergrund hielten. Abgesehen von seiner Wahlniederlage, hatte Carter noch andere Sorgen. Er bemühte sich immer noch, die Befreiung der amerikanischen Geiseln zu erreichen, die seit über einem Jahr in Teheran festgehalten wurden. Tatsächlich kamen die Geiseln erst zwei Monate später, nach Reagans Amtsantritt, frei.

Auf dem Rückflug arbeitete Schmidt mit seinen Mitarbeitern an der bevorstehenden Regierungserklärung. Darin forderte er unter anderem erneute Anstrengungen, um ein militärisches Gleichgewicht zwischen Ost und West herzustellen, die Europäische Gemeinschaft zu stärken, die deutsche Industrie zu modernisieren und die Abhängigkeit des Landes von Ölimporten zu verringern. Er pries Reagans Bereitschaft, mit Moskau zu verhandeln, und verbürgte sich, daß die Bundesrepublik trotz ihrer Haushaltsprobleme alles in ihrer Macht Stehende tun werde, um die Verteidigungsausgaben entsprechend ihren gegenüber der NATO gemachten Zusagen zu erhöhen. Diese Erklärung mit dem Titel »Mut zur Zukunft« klang vielversprechend – zu vielversprechend, meinten Skeptiker angesichts der großen Probleme, vor denen das Land stand. Doch selbst die größten Pessimisten konnten nicht ahnen, wie viele Schläge 1981 auf Schmidt und seine Koalition zukommen würden.

So dauerte es noch fast ein Jahr, bis die Reagan-Regierung mit den Russen in Verhandlungen über eurostrategische Raketen eintrat. Das war nicht sehr überraschend, denn der Präsident mußte sein Team aufbauen, das Gleichgewicht zwischen »Falken« wie Verteidigungsminister Weinberger und – bis zu einem gewissen Grad – »Tauben« wie Außenminister Alexander Haig herstellen und Einigung über die Strategie gegenüber der Sowjetunion erzielen. Doch als dann die Verhandlungen begannen, blieben nur zwei Jahre Zeit bis zu der im NATO-Doppelbeschluß für Ende 1983 vorgesehenen ersten Stationierung amerikanischer Raketen.

Genausoviel Sorgen bereitete Schmidt die neue Form der amerikanischen Wirtschafts- und Finanzpolitik. Diese beruhte auf einer Politik des knappen Geldes, mit der die Inflation gedämpft werden sollte, und auf Steuerbegünstigungen, die der Industrie und Wirtschaft Auftrieb verleihen sollten. Schmidt fürchtete, daß dieses Rezept in Verbindung mit höheren Verteidigungsausgaben den Vereinigten Staaten in Wahrheit ein ständig wachsendes Haushaltsdefizit und zunehmende staatliche Schuldenaufnahme bescheren würde. Das aber hatte zur Folge, daß die Zinssätze nicht nur in den Vereinigten Staaten, sondern auch in Europa weiterhin hoch blieben, die Investitionstätigkeit eingeschränkt und die Rezession verlängert würde.

Schmidt war der erste europäische Staatsmann, der die Vereinigten Staaten drängte, einen anderen Kurs zu steuern (obwohl die Franzosen nicht weit danach kamen), aber seine Worte machten wenig Eindruck. Die Amerikaner warfen den Deutschen vor, daß sie immer etwas zu nörgeln hätten. Vor einigen Jahren hatten Schmidt die Inflation in den Vereinigten Staaten und der schwache Dollar gestört; jetzt schien er sich aufzuregen, weil eine neue amerikanische Regierung energisch gegen die Inflation ankämpfte und weil der Dollar aufgrund der hohen Zinssätze ungewöhnlich stark wurde. Dazu kam, daß die wirtschaftlichen Argumente Bonns, dessen Leistungsbilanz inzwischen in ein großes Defizit geraten war, weniger Gewicht als früher hatten. Schmidts Hoffnung war zweifellos ein Amerika, das keine extreme Wirtschafts- und Währungspolitik betrieb, das seinen

Haushalt annähernd ausglich, seine Auslandszahlungen mehr oder weniger im Gleichgewicht sowie die Inflation und Zinssätze niedrig hielt und so die Voraussetzungen für einen stabilen Dollar schuf. Zumindest wünschte er, die Vereinigten Staaten würden diesem Ideal näher kommen, als sie dies unter Carter oder Reagan zustande bringen konnten.

Schmidt und Giscard d'Estaing hatten sich 1978 zusammengefunden, um im Rahmen des Europäischen Währungssystems einen Schutzwall gegen Dollarturbulenzen zu errichten. Vielleicht hätten sie neue währungspolitische Schritte gegen die Probleme unternehmen können, die unter der Reagan-Administration zutage traten. Doch im Mai 1981 verlor Giscard bei der Präsidentschaftswahl gegen den Sozialisten François Mitterrand, der Giscards Wirtschaftsstrategie sofort auf den Kopf stellte. Die neue französische Regierung begann mit einer verschwenderischen Ausgabenpolitik, die mehr als ein Jahr lang dauerte und ein wachsendes Handelsdefizit, höhere Inflation und eine Schwächung des Franc zur Folge hatte. Für Schmidt stellte sich nun nicht die Frage, ob zusammen mit Paris neue Währungsinitiativen entwickelt werden konnten, sondern ob der Franc überhaupt im Europäischen Währungssystem bleiben konnte. Er konnte – so gerade.

Nach Giscards Abgang hatte Schmidt keinen gleichwertigen engen Verbündeten in Europa mehr. Großbritannien schien unter Margaret Thatcher einem Beitritt zum Europäischen Währungssystem kaum näher zu stehen als unter James Callaghan. Mrs. Thatchers geharnischte Forderungen nach für Großbritannien günstigeren Finanzierungsbedingungen für den Haushalt der Europäischen Gemeinschaft – »mein Geld«, wie sie immer sagte – erzürnten Schmidt. Auch bezweifelte er, daß sie wisse, wie mit den Russen umzugehen sei. Mit der Zeit schienen sich die Beziehungen zwischen dem sogenannten »Eisernen Kanzler« und der »Eisernen Lady« zu bessern, aber in erster Linie genoß Mrs. Thatchers Außenminister, Lord Carrington, Schmidts höchste Wertschätzung. Schmidt nannte ihn den hervorragendsten Außenminister des Westens der späten siebziger und frühen achtziger Jahre[1] und bedauerte es zutiefst, als er auf Grund des Falklandkriegs im April 1982 zurücktrat.

Giscards Sturz fiel zeitlich noch mit einem anderen außenpolitischen Schlag zusammen. Im April 1981 besuchte Schmidt Saudi-Arabien, das von den Deutschen nicht nur als bedeutender Ölproduzent und als Finanzmacht, sondern auch als mäßigende Kraft in der Golfregion geschätzt wurde. Schmidt stand bereits unter dem Druck der Saudis, ihnen den hochentwickelten (und teuren) deutschen Kampfpanzer Leopard 2 zu verkaufen. Er machte ihnen keine Versprechungen und verwies darauf, daß Deutschland wegen seiner Nazivergangenheit eine besonders restriktive Waffenexportpolitik betreibe. Doch die Anfrage der Saudis warf eine weiterreichende Frage auf. Die Staaten des Westens überlegten, was sie unternehmen sollten, um angesichts der Krise um Afghanistan und im Iran sowie des iranisch-irakischen Krieges die Golfregion und ihre Ölproduktion zu sichern. Wenn sich nun Deutschland aus moralischen und historischen Gründen enthielt, Waffen oder Truppen in dieses Gebiet zu entsenden, welche Rolle sollte es dann übernehmen?

Zu diesem Zeitpunkt richtete der israelische Ministerpräsident Menachem Begin einen wütenden öffentlichen Angriff gegen Schmidt. Wieder könnten deutsche Waffen eingesetzt werden, um Juden zu vernichten, mahnte er, warf dem deutschen Kanzler Arroganz und Habgier vor und brachte ihn in Zusammenhang mit dem Naziregime. Schmidt dachte kurz daran, die Öffentlichkeit zum ersten Mal über seine teilweise jüdische Herkunft aufzuklären, besann sich aber eines Besseren. Er ging vor den Bundestag und erklärte, daß er auf Begins Anschuldigungen nicht einzugehen gedenke, weil »ich mir der besonderen moralischen und geschichtlichen Aspekte der deutsch-israelischen Beziehungen bewußt bin, es sein werde und immer war«. Der Sprecher der Regierung hatte die Angriffe bereits als »irreführend und beleidigend« gewertet, sagte Schmidt. Dem sei nichts weiter hinzuzufügen.[2]

So ernst diese außenpolitischen Probleme auch waren, so hatte Schmidt im eigenen Land mit noch größeren Schwierigkeiten zu kämpfen. Der Wahlsieg der Koalition wirkte sich nicht so günstig aus, wie viele ursprünglich gedacht hatten. Die größere parlamentarische Mehrheit verlieh Schmidt größeren Schutz vor den Auswirkungen einer Revolte auf dem linken Flügel der SPD, aber sie ermutigte die Linken auch, noch weniger Disziplin zu üben als zuvor: Die Gefahr, daß ihr Gegenkurs die Regierung zu Fall bringen konnte, war ihrer Ansicht nach nun wesentlich geringer.

Dazu kam, daß die FDP nach ihrem triumphalen Wahlerfolg mit über zehn Prozent der Stimmen sich selbst überschätzte. Die Regierungsverhandlungen waren nach der Wahl von erbittertem Ringen gekennzeichnet, als die FDP auf größere Veränderungen in der Wirtschafts- und Sozialpolitik drängte, als ihr Partner akzeptieren wollte. Ein großer Teil der SPD, und nicht nur der linke Flügel, meinte, daß hier der Schwanz mit dem Hund zu wedeln versuchte.

Notdürftig kittete Schmidt die Risse, aber schon wenige Monate später brach der Streit mit neuer Kraft aus. Parteipolitische Taktik, tiefreichende politische Meinungsverschiedenheiten und persönliches Mißtrauen bildeten allmählich eine gefährliche und letztendlich explosive Mischung. Außer Schmidt agierten noch drei weitere Hauptdarsteller in diesem letzten Akt des Koalitionsdramas. Zwei gehörten der FDP an, der Parteivorsitzende Genscher und der Wirtschaftsminister Graf Lambsdorff. Der dritte war Willy Brandt.

In der Bonner politischen Arena hatte sich Genscher schon seit langem als Starakrobat erwiesen. Auf schwankendem Drahtseil balancierend, war er imstande, mehrere Kunststücke gleichzeitig und mit einer atemberaubenden Schnelligkeit vorzuführen, die sein Publikum in Bann schlug. Für einen korpulenten Anwalt fortgeschrittenen Alters und angegriffener Gesundheit war das keine geringe Leistung.

In den ersten fünf Koalitionsjahren hatte Genscher geschickt die Klippen seines mit hohem Risiko verbundenen Amtes als Innenminister umschifft. 1974 stieg er auf die Außenpolitik um und bekleidete dieses Amt noch weit in die achtziger Jahre hinein. Kein anderer westlicher Außenminister behielt diese Stellung so lange. Aber Genscher hatte auch eine besonders starke Position. Da er Chef der kleinen Koalitionspartei in Bonn war, konnte ihn keiner aus seinem Ministeramt verdrängen, ohne die Regierung selbst in Gefahr zu bringen.

Genscher besaß eine schnelle Auffassungsgabe, ein nahezu unfehlbares Gefühl für den richtigen Zeitpunkt und einen sicheren Instinkt für die Publizität seiner eigenen Person. Ohne vor den Zeitverschiebungen zurückzuschrecken, eilte er von einem Land und einem Problem zum nächsten mit einer Geschwindigkeit, die selbst gestandenen Kollegen Äußerungen ironischer Ehrfurcht entlockte. »Ein Tag ohne Flug ist für Hans-Dietrich ein verlorener Tag«, witzelte einmal Oppositionsführer Kohl. Er und Genscher waren Freunde und enge Nachbarn in der Umgebung Bonns, ein Umstand, der bei den Anhängern der sozialliberalen Koalition Unbehagen verursachte – zu Recht, wie sich zeigen sollte.

Trotz seiner Jahre im Licht der Öffentlichkeit sind Genschers Persönlichkeit und politische Überzeugung immer noch schwer zu definieren. Er besitzt unzweifelhaft beachtliches Stehvermögen: Obwohl er über drei Jahre mit Tuberkulose im Krankenhaus zugebracht hatte, gelang es ihm, in der Politik an die Spitze vorzustoßen.

Schmidt glaubte, Genscher habe Mut. Als Innenminister hatte sich Genscher 1972 bei den Olympischen Spielen in München als Austausch für die israelischen Geiseln zur Verfügung gestellt, die sich in der Gewalt arabischer Terroristen befanden. Damals lobte Schmidt Genschers Haltung und sprach auch noch zehn Jahre später, nach seinem Sturz als Kanzler, unter vier Augen mit Bewunderung davon.[3]

Nach Jahren gelangte Schmidt allerdings allmählich zu dem Schluß, daß Genscher mit all seinen Fähigkeiten ein »Taktiker ohne Konzept« sei. Bis zu den Bundestagswahlen von 1980 glaubte Schmidt mehr oder weniger zu wissen, woran er mit Genscher war. Schmidt begriff, daß die kleinere Partei innerhalb der Koalition eine klare Identität vorweisen mußte, wenn sie nicht am Wahltag von der Bildfläche verschwinden wollte, und bemühte sich daher immer um einen fairen Kompromiß gegenüber den Forderungen der Liberalen. Das fiel ihm persönlich nicht schwer, da die Auffassungen und Meinungen der FDP den seinen oft näher kamen als die des linken Flügels seiner SPD.

Nach der Wahl aber schien Genschers Verhalten auf mehr als nur ein klarer gezeichnetes Profil abzuzielen. Da waren zunächst die ungewöhnlich zähen Verhandlungen über das neue Regierungsprogramm. Dann kamen im folgenden Sommer die Koalitionsgespräche über den Haushalt 1982. Genscher schien die Konfrontation zu suchen. Es ging nicht so sehr darum, daß er eine Verringerung der staatlichen Schuldenaufnahme forderte, die auch Schmidt und zumindest ein Teil der SPD für nötig hielten – es ging um die Art und Weise, in der er darauf bestand, wie das Problem angegangen werden sollte. Genscher verlangte Ausgabenkürzungen bei der Arbeitslosenunterstützung und dem Krankengeld, den Kernstücken der Sozialpolitik der SPD. Auch sagte er in der Öffentlichkeit, ein Plan der SPD über eine zeitweilige »Zwangsanleihe« sei »tot und kann gar nicht toter sein«, obwohl die Koalitionsparteien intern noch darüber diskutierten.

Noch während der Haushaltsdiskussion im August 1981 gab Genscher eine Erklärung ab, in der es hieß, die Bundesrepublik sehe sich einer wirtschaftlichen und sozialen Herausforderung gegenüber, ähnlich der des Wiederaufbaus nach dem Zweiten Weltkrieg. »Unser Land steht an einem Scheideweg«, sagte Genscher. »Eine Wende ist notwendig.«[4] War Genscher der Ansicht, die SPD-FDP-Koalition könne diese Wende herbeiführen, oder hatte er schon beschlossen, auf ein anderes Boot zu steigen? Schmidt versuchte wiederholt, doch vergeblich, herauszufinden, was Genscher wirklich vorhatte. »Man kann einen Wackelpudding nicht an die Wand nageln« – so beschrieb ein alter SPD-Politiker recht plastisch des Kanzlers Dilemma.

Es gibt glaubwürdige Hinweise, wonach Genscher zumindest noch 1981 bemüht war, die Koalition zusammenzuhalten. Doch nach der Wahl von 1980 mußte er sich mit einem neuen Problem auseinandersetzen. Ein Teil der zusätzlichen Stimmen, die die FDP gewonnen hatte, stammte von konservativen Durchschnittswählern, die für die CDU votiert hätten, wenn Strauß nicht Kanzlerkandidat gewesen wäre. Nach der Wahlniederlage von Strauß befürchtete Genscher, daß diese Extrastimmen unter dem gemäßigten Kohl zur CDU zurückfließen würden. Wenn die FDP ihren Gewinn behalten wollte, mußte sie eine Linie finden, die den neuen Wählern konservativ genug und den Stammwählern liberal genug war. Selbst für Akrobat Genscher war dies ein gewagtes Kunststück, zu tollkühn, wie sich herausstellte.

Im Gegensatz zu Genscher steuerte Graf Lambsdorff einen direkten Kurs. Schon lange, bevor er 1977 Wirtschaftsminister wurde, brachte seine Schärfe sowohl Verbündete wie Gegner aus der Fassung. Nach dem Krieg, in dem er an der Ostfront ein Bein verloren hatte, ging Otto Friedrich Wilhelm von der Wenge Graf Lambsdorff – so sein voller Name – ins Bank- und später ins Versicherungswesen. Er kam 1972 in den Bundestag, wurde Wirtschaftssprecher der FDP und glitt ohne jede Mühe in das Ministeramt, als Hans Friderichs zurücktrat und Vorstandssprecher der Dresdner Bank wurde. Lambsdorff begann spät mit der Politik (er ist Jahrgang 1927), arbeitete sich aber dann schnell voran. Gegen Ende der siebziger Jahre wurde er in weiten Kreisen als möglicher Nachfolger Genschers als Parteivorsitzender gehandelt.

Oft stieß Lambsdorff, der Dummköpfe kaum ertragen konnte, Antworten auf Fragen aus, bevor diese noch ganz gestellt waren. Er neigte dazu, bedrohlich mit einem Brieföffner herumzufuchteln, wenn er sich langweilte. Im Kabinett saß er Schmidt schräg gegenüber. Hin und wieder kam es zu kurzen, explosiven Auseinandersetzungen zwischen den beiden. Die Stürme gingen wieder vorüber, und keiner trug dem anderen etwas nach. Trotz ihrer Meinungsunterschiede hatten – und haben – Schmidt und Lambsdorff Respekt voreinander.

Die meisten Forderungen Genschers nach weniger staatlichen Eingriffen in die Wirtschaft, Senkung der Schuldenaufnahme durch den Staat und die Notwendigkeit, private Investitionen zu fördern waren seit Jahren von Lambsdorff erhoben worden. Im Sommer 1981 war Lambsdorff noch stärker als der Vorsitzende seiner Partei davon überzeugt, daß die notwendigen politischen Änderungen nicht gemeinsam mit der SPD durchzusetzen seien. Er wußte, daß er selbst, Schmidt und der SPD-Finanzminister Hans Matthöfer in ihren Ansichten über die gebotenen Maßnahmen nicht weit voneinander entfernt waren. Er sah aber auch, daß Schmidt zunehmend unter den Druck seiner Partei und der Gewerkschaften geriet, die öffentlichen Ausgaben zu erhöhen, um Arbeitsplätze zu schaffen. So wurde also Schmidts Spielraum für Kompromisse mit der FDP immer enger, während die Rezession zunahm und die Arbeitslosigkeit stieg. Die Zahl der Arbeitslosen hatte bereits wieder die Millionengrenze überschritten.

Hätten Schmidt und Willy Brandt einander zugearbeitet, die Ruhelosigkeit der SPD hätte sich zurückdrängen lassen und die FDP enger an die Koalition gebunden werden können. Doch Kanzler und Parteivorsitzender waren immer noch ganz unterschiedlicher Auffassung über die Frage, welchen Weg die SPD gehen sollte. Schon zehn Jahre zuvor hatte Schmidt über Brandts seiner Meinung nach übertriebene Bemühungen geklagt, junge Wähler aus der Studentenrevolte für die Partei zu gewinnen. Er fürchtete damals, Konturen der Partei würden auf gefährliche Weise verwischt und die Zahl der traditionellen Anhänger abnehmen. Jetzt ließ Brandt nach Schmidts Meinung die SPD zu nahe an die neuen jungen Protestierer gegen Kernkraft und Raketen – vor allem amerikanische – herantreiben. Das hatte seiner Meinung nach zur Folge, daß die Parteidisziplin ausgehöhlt und die Unterstützung für die Regierung unterminiert wurde.

Brandt gab zur Antwort, daß die SPD die Standpunkte von Minderheiten in ihren Reihen stets toleriert hatte und daß sie den Sorgen einer neuen Generation aufgeschlossen gegenüberstehen müsse. Allein 1981 verdeutlichten zwei Ereignisse drastisch diese Befürchtungen. Im Februar marschierten etwa 80 000 Demonstranten nach Brokdorf in Schleswig-Holstein, um dort gegen die geplante Errichtung eines Atomkraftwerkes zu demonstrieren. Es kam zu heftigen Zusammenstößen mit der Polizei. Im Oktober versammelten sich 300 000 Menschen in Bonn, um ein Ende des atomaren Wettrüstens zu fordern. Als Parteivorsitzender fragte sich Brandt, wie es sich auf die SPD auswirken würde, wenn sie lediglich zuschaute und zuließ, daß die ökologischen und pazifistischen »Grünen« immer mehr Zulauf hatten. Schmidt als Kanzler fragte sich dagegen, ob die Russen bei den Verhandlungen in Genf jemals Konzessionen machen würden, wenn sie glaubten, daß Bonn sich dem inneren Widerstand gegen die Stationierung der US-Raketen beugen könnte.

Ein- oder zweimal, Anfang 1981, explodierte Schmidt. Einmal, bei einem privaten Treffen in Bonn, redete er einigen SPD-Politikern so heftig ins Gewissen, daß seine Worte ohne Mühe zu den Presseleuten hinausdrangen, die schadenfroh draußen in der Halle warteten. Bei einer anderen Gelegenheit attackierte Schmidt in Bayern die Parteimitglieder, »die den aufgelegten Schwindel nicht durchschauten und sich einreden ließen, die Amerikaner wären unsere Feinde«. Bleich vor Zorn drohte er, er würde zurücktreten, wenn die SPD von ihrer Zustimmung zum NATO-Doppelbeschluß abrücken sollte.[5] Genscher sprach später eine ähnliche Warnung gegenüber der FDP aus, obwohl er es in seiner Partei nicht so schwer hatte wie Schmidt.

Ungeachtet dieser Ausbrüche, die an »Schmidt-Schnauze« aus alten Tagen erinnerten, wurden hartnäckig Vorwürfe laut: der Kanzler sei »nicht in Form«, nicht »der Mann, der er einmal war«, oder, vielleicht der verletzendste, »er sei nicht mehr sehr effizient«. Ein Kommentator sprach sogar von einer Bunkerstimmung, womit er sagen wollte, Schmidt sei zu Boden gegangen, und die Regierung trampele nur noch auf ihm herum.

Diese Kommentare griffen nicht allzuweit daneben. Schmidt hatte in zu kurzer Zeit zu viele Veränderungen in seinem engsten Stab hingenommen. Die einstigen Mitglieder des Kleeblatts waren alle gegangen. »Ben Wisch« hatte schon 1979 das Kanzleramt verlassen, um sich mehr auf die Parteiarbeit zu konzentrieren. Klaus Bölling hatte gegenüber Schmidt betont, daß er nach der Bundestagswahl 1980 einen Wechsel nach seinem sechsjährigen Amt als Regierungssprecher brauche. Schmidt erfüllte ihm seinen Wunsch, wenn auch sein neuer

Posten als »Ständiger Vertreter« der Bundesrepublik in Ost-Berlin kaum freudvoller sein konnte, als sich mit der Presse in Bonn herumzuschlagen. Der unermüdliche Manfred Schüler ging zur gleichen Zeit, um eine hohe Position in einer Bank zu übernehmen. Im Zuge der großen und störenden Umbesetzungen verabschiedeten sich auch Schmidts höchste Berater für Wirtschaft und Außenpolitik. Schmidt brauchte Zeit, um sich an das neue Team zu gewöhnen – und umgekehrt.

Einschneidender aber war, daß sich Schmidts Gesundheitszustand stark verschlechterte. Er begann unter Schwindelanfällen zu leiden. Die erste Attacke warf ihn in seinem Ferienhaus in Schleswig-Holstein nieder. Gerade noch hatte er aufrecht gestanden, und im nächsten Augenblick lag er flach auf dem Rücken, starrte zur Decke hinauf und wußte nicht, was ihm passiert war. Weitere Anfälle folgten in den nächsten Monaten. Sie blieben so lange geheim, bis Schmidt am 13. Oktober ins Krankenhaus Koblenz eingeliefert wurde, wo man ihm einen Herzschrittmacher einsetzte.

Sympathiebekundungen ergossen sich in das Kanzleramt. Kommentatoren fragten sich, ob Schmidt imstande sein würde, die Regierungsgeschäfte weiter zu führen. Doch schon wenige Tage später saß er wieder an seinem Schreibtisch und wollte wissen, was die ganze Aufregung eigentlich solle. »Wenn mein Puls auf unter sechzig in der Minute fällt, tut der Apparat seine Arbeit«, erklärte er einem Besucher. »Ich habe schon einmal gespürt, wie er angesprungen ist.«

Nur wenige Menschen erfuhren – damals oder auch später –, daß die Anfälle Gedächtnisstörungen hervorgerufen hatten. Er konnte sich immer noch an weit zurückliegende Ereignisse erinnern, während solche aus jüngerer Zeit aus seinem Gedächtnis verschwanden, als hätte es sie nie gegeben. Er mußte sich buchstäblich von neuem über vergangene Geschehnisse informieren – eine Beeinträchtigung, die jedoch vor vielen Freunden sowie politischen Gegnern geheimgehalten wurde. Hätte Schmidt sich seinen Schrittmacher unmittelbar nach der Wahl vom Oktober 1980 einsetzen lassen, statt ein Jahr später, spekulierte einer seiner engsten Mitarbeiter, hätte er die SPD-FDP-Koalition besser im Griff gehabt und wäre länger Kanzler geblieben. Das ist nur eines von vielen »Wenns« dieser letzten beiden hektischen Jahre.

Zwei Monate nach seiner Operation machte Schmidt seinen lange hinausgezögerten Besuch in die DDR. Ursprünglich war die Reise für Februar 1980 geplant gewesen, wurde dann aber wegen des sowjetischen Einmarsches in Afghanistan abgesagt. Man einigte sich auf einen neuen Termin, aber im August beschloß Schmidt, den Besuch abermals aufzuschieben – diesmal wegen der Unruhe in Polen.

Die polnische Arbeiterbewegung »Solidarität« unter ihrem charismatischen Führer Lech Walesa hatte stark an Boden gewonnen; sie verlangte mehr Demokratie und unterstrich ihre Forderungen mit Streiks und Demonstrationen. Eine militärische Intervention der Sowjetunion lag im Bereich des Möglichen. Schmidt fürchtete, daß die Ostdeutschen während der explosiven Lage in Polen wenig Spielraum hätten, mit ihm über bessere Beziehungen zu verhandeln, selbst wenn Moskau sich zurückhielt. Schmidt hatte im voraus wissen lassen, daß er einen Ausflug in die Hafenstadt Rostock unternehmen wollte, um mit den Leuten auf der Straße zusammenzutreffen. Aber die Behörden in Ost-Berlin verweigerten ihre Zustimmung. Offenbar fürchteten sie, es könne in Rostock zu Sympathiekundgebungen für die Streikenden in den polnischen Häfen kommen, während Schmidt und seine Begleitung sich dort aufhielten.

Die Lage in Polen war ein Jahr später noch gespannt, aber Schmidt war mittlerweile zu der Überzeugung gekommen, daß er seinen Besuch nicht auf unbestimmte Zeit verschieben dürfe. Es lag ihm daran, die Ostdeutschen dazu zu bewegen, ihren Einfluß auf Moskau geltend zu machen, damit in Genf eine Einigung über das Problem der eurostrategischen Raketen ausgehandelt werden konnte. Außerdem wollte er weitere Anstrengungen unternehmen, die wirtschaftlichen und anderen Kontakte zwischen den beiden deutschen Staaten zu verbessern. Er erwartete keinen schnellen Durchbruch, wollte aber seine erste wirklich gute Chance wahrnehmen, sich über Erich Honecker, seit einem Jahrzehnt Staats- und Parteichef der DDR, ein Urteil zu bilden.

In den sieben Jahren seiner Kanzlerschaft war Schmidt den meisten osteuropäischen Politikern begegnet und kannte einige von ihnen recht gut. Er bewunderte den Ungarn János Kádár und schätzte den Polen Edward Gierek (der jedoch sein hohes Amt in jenem turbulenten Sommer 1980 verlor). Honecker aber war Schmidt nur zweimal begegnet: einmal bei der Sicherheitskonferenz in Helsinki 1975 und dann 1980 am Rand der Beisetzungsfeierlichkeiten für den jugoslawischen Präsidenten Tito in Belgrad. Soweit hatte sich keine Gelegenheit für ein ausführliches Gespräch ergeben.[6]

Auch Honecker schien daran interessiert zu sein, Schmidt zu treffen. Er hoffte auf mehr finanzielle Hilfe aus Bonn, die dazu beitragen sollte, den chronischen Devisenmangel seines Landes zu mindern. Innenpolitisch konnte er damit rechnen, seine eigenen Landsleute zu beeindrucken, wenn er bei einem direkten Gespräch mit einem bewunderten und populären Kanzler gut abschnitt. Daneben gab es auch noch einen anderen, persönlicheren Grund.

Honecker wurde 1912 in Neunkirchen geboren, einer Industriestadt im Saarland unweit der französischen Grenze. Er verbrachte einen Großteil seiner frühen Jahre in den Grenzen der heutigen Bundesrepublik. Zu Beginn der dreißiger Jahre hatte er sogar eine Weile mit Herbert Wehner zusammengearbeitet, als beide Kommunisten waren. Nach seiner Verhaftung durch die Nazis in Berlin saß er fast ein Jahrzehnt im Gefängnis, blieb nach der Teilung Deutschlands im Osten und arbeitete sich zielstrebig zur Spitze empor.

War erst einmal ein Dialog mit Schmidt zustande gekommen, könnte der nächste Schritt ein Besuch Honeckers in der Bundesrepublik und, wie er hoffte, im Neunkirchen seiner Jugend sein. Auch für diesen überzeugten Kommunisten, der unter anderem die Errichtung der Berliner Mauer im Jahre 1961 überwacht hatte, war die Aussicht auf eine sentimentale Reise in die Vergangenheit verlockend.

Die Reise zu Honecker enthielt auch für Schmidt ein »sentimentales« Element. Die Ostdeutschen organisierten die Gespräche in dem Jagdschloß Hubertusstock sowie dem Gästehaus der Regierung nahe dem Werbellinsee, fünfzig Kilometer nordöstlich von Berlin, in der ursprünglichen und waldreichen Schorfheide. Schmidt kannte sie gut; die Straße nach Werbellin führte durch Bernau, eine kleine Stadt, in der er während des Kriegsdienstes in Berlin stationiert gewesen war. Vor nahezu vierzig Jahren waren er und Loki, jung verheiratet, durch die Wälder und über das Moor gewandert, das noch immer eine der unberührtesten Landschaften Europas ist.

Am 11. Dezember 1981 landete Schmidt zum ersten innerdeutschen Gipfeltreffen seit elf Jahren auf dem schneebedeckten Ost-Berliner Flughafen Schönefeld. Diesen Besuch kann kaum einer, der daran teilgenommen hat, leicht vergessen. Nach einem eher possenhaften Beginn endete er nahezu tragisch.

Schmidts grauer Luftwaffen-Jet rollte bis zum Ende eines roten Teppichs, der von Angehörigen der DDR-Führung gesäumt war. Die Fluggastbrücke wurde herangerollt – und erwies sich als zu kurz. Der

Kanzler und seine Begleiter hätten ohne einen unschicklichen, vielleicht sogar gefährlichen Sprung unmöglich das Flugzeug verlassen können. Die Mitglieder des Empfangskomitees waren entsetzt – bis auf Honecker. Er schlenderte zu den Journalisten hinüber, die auf einer Behelfstribüne standen, winkte ihnen locker zu und versicherte: »Das geht in Ordnung, haben Sie noch etwas Geduld.« Er lächelte, worauf auch seine Gefolgschaft lächelte, und das Problem wurde rasch gelöst.

In den nächsten zwei Tagen sah man Honecker wiederholt entspannt und aufgeschlossen in der Öffentlichkeit – ganz im Gegensatz zu seinen offensichtlich argwöhnischen Begleitern. In einer Rede nach dem ersten Willkommensbankett im Hubertusstock-Jagdschloß wich Honecker zum Lobe Schmidts in einer Weise von seinem offiziellen Text ab, daß den anwesenden DDR-Funktionären der Atem stockte. Das Ost-Berliner Fernsehen übertrug einen Großteil des Besuchs live, und fast immer, wenn die Kamera Honecker zeigte, strahlte er, als ob Schmidts Visite das schönste Weihnachtsgeschenk sei, das man sich vorstellen konnte.

Wieviel davon war für den lokalen Konsum bestimmte »Show«, wieviel von Moskau angeregt, wieviel echt? Selbst in privaten Gesprächen war das schwer festzustellen. Wie nicht anders erwartet, wiederholte Honecker die zentrale Forderung der Kommunisten, Bonn solle eine eigene DDR-Staatsbürgerschaft anerkennen. Dem konnte kein Kanzler zustimmen, bedeutete es doch die Aufgabe des Begriffs von einer, wenn auch vorübergehend in zwei Staaten geteilten, deutschen Nation und somit einen Verstoß gegen das Grundgesetz der Bundesrepublik.

Schmidt erinnerte Honecker daran, daß die DDR im vergangenen Jahr den Mindestbetrag für den Zwangsumtausch drastisch erhöht hatte. Die Folge war, daß Rentner und andere sozial schwächer gestellte Personen nur noch selten reisen konnten, um Freunde und Verwandte wiederzusehen. Und Schmidt sagte offen, daß er enttäuscht war und sich getäuscht fühlte. Honecker legte sich nicht fest, ließ aber durchblicken, daß sich da möglicherweise etwas machen ließe, wenn die Bundesrepublik sich bereit fände, das in Kürze auslaufende besondere Handelskreditabkommen (»Swing«) mit dem Osten zu verlängern. Tatsächlich wurde das Abkommen verlängert, und 1982 folgten einige kleine Besuchserleichterungen.

Die Erörterungen umfassenderer Ost-West-Probleme kamen zu

keinem Ergebnis, aber waren doch nicht ganz unproduktiv. Er glaube, sagte Schmidt, daß weder der Osten noch der Westen einen Krieg wünschten, aber daß die Welt aufgrund von Fehleinschätzungen in eine Katastrophe schlittern könnte, wie das 1914 der Fall gewesen war. Sowohl Ost- wie auch Westdeutschland müßten ihren Einfluß geltend machen und sich bemühen, das Schlimmste zu verhüten.

Honecker hörte aufmerksam zu. Er lobte Schmidt, daß er die Genfer Raketengespräche in Gang gebracht hatte, und pflichtete der Auffassung bei, daß »nie wieder ein Krieg von deutschem Boden ausgehen« dürfe.

Sollte das heißen, daß er in Moskau auf mehr Flexibilität bei den Verhandlungen drängen würde, wo er angeblich gute persönliche Beziehungen zu Breschnew unterhielt?

Sicher konnte man nicht sein, aber die Idee war nicht völlig abwegig. Honecker war gegenüber dem Warschauer Pakt genauso loyal, wie Schmidt es gegenüber der NATO war, aber er wußte so gut wie der Kanzler, daß Deutschland bei jedem zukünftigen europäischen Krieg das erste Opfer wäre und vermutlich völlig zerstört würde. Natürlich hätte er gern gesehen, wenn der Westen in der Raketenfrage klein beigegeben hätte, aber er konnte kaum damit rechnen. Honecker war der unmittelbaren Gefahr ausgesetzt, daß weitere amerikanische Raketen in großer Zahl gleich nebenan in der Bundesrepublik stationiert würden, wenn es in Genf zu keiner Einigung kam. Zweifellos war er Realist genug, um sich auszurechnen, daß ein Abkommen in Genf nur möglich war, wenn beide, Sowjets und Amerikaner, bereit waren einzulenken.

Bis Samstagabend, dem 12. Dezember, war das Resultat der Gespräche schon ziemlich klar, obwohl der Besuch noch einen weiteren Tag dauern sollte. In den Hauptpunkten waren nur geringe Fortschritte erzielt worden, aber man hatte einen Dialog begonnen, auf dessen Fortsetzung beide Regierungschefs größten Wert legten. Erwartungsvoll sah Honecker einer Reise in den Westen entgegen, vielleicht noch vor dem kommenden Osterfest. Aber schon wenige Stunden später warf ein dramatisches Geschehen auf Monate hinaus seinen Schatten nicht nur auf die innerdeutschen, sondern auf alle Ost-West-Beziehungen. Am frühen Sonntagmorgen, sechzehn Monate nach der Gründung der Gewerkschaft »Solidarität«, wurde über Polen das Kriegsrecht verhängt. Ein aus Militärs bestehender »Rat der nationalen Rettung« übernahm die Macht und erklärte, die »Solidarität« habe das Land an den Rand des wirtschaftlichen Chaos und des Bürgerkriegs gebracht.

Als die Meldung kam, schlief Schmidt im Gästehaus des Werbellinsees, eine halbe Stunde Fahrt von der Oder entfernt, die die Grenze zwischen der DDR und Polen bildet. Einen Tag später, und er wäre zurück im Westen gewesen. Wußte Honecker im voraus, was in Polen geplant war? Hatte er gar eine Falle gestellt und versucht, Schmidt in die Ereignisse hineinzuziehen, wie von einigen Mitgliedern der Opposition in Bonn behauptet wurde?

Es fällt schwer, zu glauben, daß Honecker nichts wußte – aber es ist auch nicht leicht, einzusehen, was ihm eine solche Falle gebracht hätte. Schmidts Position in Bonn hätte geschwächt werden können, und Honecker hatte gewiß keinen Grund, den Konservativen in Bonn eine hilfreiche Hand hinzustrecken.

Am wahrscheinlichsten ist wohl die Erklärung, die einige Tage später ein hoher Funktionär der DDR im privaten Gespräch gab: Man hätte die Aktion in Polen erwartet, aber erst nach dem Schmidt-Besuch. »Offensichtlich konnten die polnischen Genossen nicht warten«, bemerkte er verdrossen.

Schmidts Lage an diesem Sonntagvormittag war schon mißlich genug, aber er verschlimmerte sie noch bei einer Pressekonferenz, die er nach einer letzten Gesprächsrunde mit Honecker in einer zugigen Halle abhielt. Er wurde immer gereizter, als westliche Journalisten von ihm wissen wollten, welche konkreten Resultate die Gespräche ergeben hätten. Als man ihn zu den letzten Ereignissen in Polen befragte, fertigte er die Pressevertreter kurz mit der Bemerkung ab, Honecker wäre ebenso »bestürzt« wie er selbst. Er ließ wissen, daß nicht nur die Bundesrepublik, sondern auch die DDR die Polen finanziell unterstützt hatten. Er fügte hinzu, daß Bonn Polen zwar Kredite eingeräumt hatte, ganz gleich, wer dort regierte, die Bundesrepublik jedoch die Grenzen des Möglichen erreicht hätte.

Schmidt hätte schwerlich unpassendere Bemerkungen machen können, besonders auf ostdeutschem Boden. Seine Ausführungen klangen, als führe er Klage darüber, daß Polen trotz angestrengter Bemühungen Bonns und Ost-Berlins immer tiefer ins Chaos gerutscht sei. Damit lag der Schluß nahe, daß Schmidt ebensowenig Sympathien für die »Solidarität« empfand wie sein kommunistischer Gastgeber und beide deutsche Staaten daran interessiert waren, die Freiheit in Polen zu zermalmen. Das war eine Schlußfolgerung, die in den kommenden

Wochen in weiten Kreisen gezogen wurde, vor allem in Washington, als die Vereinigten Staaten auf Sanktionen gegen Moskau und Warschau drängten, Bonn sich aber dagegen sträubte.

Tatsächlich hatte Schmidt seit langem – privat und in der Öffentlichkeit – klargestellt, daß er nichts lieber sähe als ein Polen, in dem die Ziele der »Solidarität« mit friedlichen Mitteln erreicht werden könnten. Seit dem Beginn dieser Bewegung hatte er die Entwicklung der Gewerkschaft gleichermaßen mit Hoffnung und Sorge verfolgt. Er fürchtete, daß die Solidarität zu rasch zu weit gehen würde und das Experiment mit einer militärischen Intervention und einem Blutbad enden könnte. Das bedeutete dann auch das Ende aller Hoffnungen auf bescheidene, aber reale Reformen in Polen, wie sie sich in Ungarn unter Kádár hatten durchsetzen lassen. Ganz gewiß hätte es auf Jahre hinaus eine härtere Linie in allen Satellitenstaaten Moskaus zur Folge.

Schmidt dachte nicht nur an eine Invasion durch die Russen. Ihn quälte der Gedanke, daß auch andere Armeen der Staaten des Warschauer Paktes – auch der DDR – daran teilnehmen könnten. Noch einmal würden deutsche Truppen marschieren, um die Polen zu unterdrücken.

Lange vor dem Treffen am Werbellinsee hatte Schmidt Mittel und Wege gefunden, den Ostdeutschen klarzumachen, was es sie – nicht nur finanziell – kosten könnte, wenn sie in Polen einmarschierten. Dieses Argument war Honecker sicherlich bewußt. Ob es den Ausschlag gab, steht auf einem anderen Blatt.

Dieser traurige 13. Dezember, ein Sonntag, ging mit Szenen zu Ende, die aus einem bösen Traum zu stammen schienen. Schmidts Ausflug »zur Begrüßung der Bevölkerung« war von Rostock in das kleinere, weiter südlich gelegene Städtchen Güstrow verlegt worden. Als Schmidt ankam, dämmerte es bereits, und es war bitter kalt geworden. Aber die westdeutsche Delegation fröstelte aus anderen Gründen. Die Bewohner waren angehalten worden, in ihren Häusern zu bleiben und sich nicht an den Fenstern zu zeigen. Hunderte von bewaffneten Polizei- und Sicherheitskräften säumten die Straßen. Auf dem mit Weihnachtsbuden gefüllten, bunt erleuchteten Marktplatz riefen »Spaziergänger« unisono »Erich, Erich«. Es waren überzeugte Parteimitglieder, die man mit Bussen von weither gebracht hatte, um an die Stelle der abwesenden Bevölkerung zu treten.

Schmidt begriff, daß man ein böses Spiel mit ihm trieb. Mit Honecker an seiner Seite hastete er durch die rufende Menge der Statisten zur Domkirche, als suche er dort Zuflucht. Drinnen war es still. Hoch über sich konnte Schmidt die Holzskulptur »Schwebender Engel« von Ernst Barlach sehen, eines seiner Lieblingsbildhauer, der von den Nazis als Vertreter »entarteter Kunst« verfolgt worden war. Barlach hatte in Hamburg studiert und später in Güstrow gelebt.

Der Bischof der Stadt hieß die ungewöhnlichen Besucher willkommen. In dieser Kirche, sagte er, würde sowohl für den Marxisten Erich Honecker wie für den Christen Helmut Schmidt gebetet. Heute gedachten sie besonders der polnischen Führung und des polnischen Volkes. Schmidt setzte sich allein in eine Bankreihe. Es gab soviel zu erinnern – sein Leben im Krieg in der nahen Stadt Bernau, sein in Ost-Berlin begrabener Sohn, die Bemühungen, die Spannungen zwischen Ost und West abzubauen, Erfolge und Fehlschläge.

Noch am gleichen Abend bestieg Schmidt einen Sonderzug, der ihn über die Grenze zu dem nur wenig mehr als hundert Kilometer entfernten Hamburg brachte. Honecker begleitete ihn zum Bahnhof und reichte ihm, knapp bevor sich der Zug in Bewegung setzte, ein Hustenbonbon durch das Fenster. Ein Fotograf hielt die Szene fest. Kritiker des Schmidt-Besuches bewerteten das Bild lange Zeit als Beweis für »Beschwichtigungspolitik« am »schwarzen Sonntag« in Polen.

Ende Dezember verhängten die Vereinigten Staaten Wirtschaftssanktionen gegen die Sowjetunion mit der Begründung, daß diese die Gewaltmaßnahmen in Polen veranlaßt habe. Bonn hielt dagegen, daß Sanktionen dem polnischen Volk nicht helfen würden. Statt dessen forderte Bonn Warschau auf, das Kriegsrecht aufzuheben, alle Verhafteten freizulassen und den Dialog mit der »Solidarität« wiederaufzunehmen. Die Regierung ließ durchblicken, daß mehr offizielle Wirtschaftshilfe zu erwarten wäre, wenn Warschau darauf einginge. Privat schickten die Westdeutschen den Polen bereits Nahrungsmittel und Kleidung, und bald schwollen die Sendungen auf hunderttausend Pakete im Monat an.

Schmidt geriet auf beiden Seiten des Atlantik in die Schußlinie. Ein französisches Magazin brachte eine Karikatur, auf der er Breschnew die Stiefel putzte. »Die Entspannungspolitik«, hieß es in einem scharfen Leitartikel der »New York Times«, »lebt als immergrüne Chimäre in westdeutschen Augen fort. Mit der Zeit werden sich diese Augen wieder auf die Wirklichkeit einstellen müssen.«

Tatsächlich hatten die Sanktionen (zu denen auch ein Verbot der Weitergabe einiger Produkte der Hochtechnologie gehörte) ein recht bescheidenes Ausmaß. Doch wenn Washington anfangs laut bellte, aber nicht biß, so bleckten die europäischen Verbündeten (nicht nur Bonn) kaum die Zähne. Nach viel übellaunigem Hickhack beschloß die Europäische Gemeinschaft schließlich, als »politisches Signal« die Einfuhr einiger sowjetischer Güter, einschließlich Kaviar und Ferngläser, zu drosseln.

Als Monate vergingen, ohne daß sich in Polen Anzeichen für eine Wendung zum Besseren erkennen ließen, verstärkte Washington den Druck auf seine Verbündeten. Eine Hauptforderung der Vereinigten Staaten war die Beendigung der mit öffentlichen Mitteln subventionierten Handelskredite für den Osten. Bonn erklärte sich sofort bereit, dieser Forderung nachzukommen, da es sowieso keine Subventionen gewährte, aber andere europäische Länder, allen voran Frankreich, sperrten sich dagegen. Ein typisch fauler Kompromiß in der Frage der Handelskredite wurde zwischen den Vereinigten Staaten und ihren wichtigsten Partnern beim Weltwirtschaftsgipfel in Versailles im Juni ausgehandelt.

Die Europäer atmeten erleichtert auf, aber zu früh. Vierzehn Tage später verkündete Reagan plötzlich neue Schritte, um ein gewaltiges sowjetisch-westeuropäisches Erdgas-Röhrengeschäft zu blockieren. Europäische Firmen, unter ihnen auch westdeutsche, sollten Röhren und Pumpstationen liefern, und die Russen das Erdgas – an die vierzig Milliarden Kubikmeter pro Jahr. Einige der wichtigsten Bauteile für die Pumpstationen wurden von amerikanischen Gesellschaften hergestellt oder von europäischen Firmen in amerikanischer Lizenz. Reagan verbot die Lieferung dieser wichtigen Teile.

Darauf folgte einer der seltenen Augenblicke, da die Europäische Gemeinschaft sehr rasch eine einheitliche Stellung bezog. Sie verurteilte Reagans Vorgehen als »den Prinzipien internationalen Rechts widersprechend« und erklärte eindeutig, das Pipeline-Geschäft werde abgewickelt, wenn auch mit Verzögerung.

Auch beklagten sich die Europäer, daß es keine Konsultationen seitens Washingtons gegeben hätte, was formal richtig war, obwohl die Vereinigten Staaten schon seit langem klargemacht hatten, daß sie dem Projekt ablehnend gegenüberstanden. Die Amerikaner befürchteten, daß Europa, insbesondere die Bundesrepublik, zu abhängig vom sowjetischen Erdgas werden könnte und daß Moskau zu Devisen komme, die die Russen dazu verwenden konnten, einen Teil ihrer Rüstung zu finanzieren.

Die Diskussion verschärfte sich, als die USA sich bald nach ihrem Einspruch gegen das Röhren-Geschäft bereit fanden, den Russen mehr Weizen zu liefern. Washington erklärte, daß Moskau für den Weizen bar zahlen müsse und dadurch weniger Geld für sein Waffenarsenal zur Verfügung habe. Spöttisch konterten die Europäer, daß die Sowjetunion jetzt aufhören könne, Mähdrescher zu bauen, und das gesparte Geld in die Herstellung von Panzern stecken. Die harten Worte, die in beide Richtungen über den Atlantik flogen, zeigten deutlich, daß der Westen von einer gemeinsamen Linie gegenüber den Russen genauso fern war wie nach der Invasion Afghanistans.

Schmidt beschloß, die Einstellung der Bundesrepublik und Europas einem breiteren amerikanischen Publikum zu vermitteln. Er wußte, daß das Machtzentrum der amerikanischen Politik sich von der Ostküste entfernt hatte, und er hielt nicht viel von der Presseberichterstattung in Washington oder New York. Darum verbrachte er im Juli zehn Tage mit einer Reise quer durch den Süden und die Westküste der Vereinigten Staaten, wobei er kein Blatt vor den Mund nahm, als er das Erdgas-Geschäft und den Dialog mit den Kommunisten verteidigte.

»Mein Haus liegt nur fünfzig Kilometer von dem Punkt entfernt, wo die sowjetische Einflußsphäre beginnt«, belehrte er sein Publikum aus führenden Politikern und Geschäftsleuten in Kalifornien.[7] »Unser Land liegt im Bereich sowjetischer Mittelstreckenraketen. Es ist nicht größer als der Bundesstaat Oregon, aber in unserem Land sind sechstausend Atomsprengköpfe stationiert, über die wir keine Verfügungsgewalt haben. Jeder, der über die psychologische Situation der Bundesrepublik spricht, sollte versuchen, diese Fakten zu verstehen. Es sind dies die Gründe, warum wir auf friedlichen Lösungen und Verhandlungen bestehen müssen. Idealismus tendiert dahin, im gleichen Verhältnis zuzunehmen, wie sich das Problem vom Betrachter entfernt.«

Zur Abhängigkeit der Deutschen von russischen Energiequellen meinte Schmidt, es handele sich um eine »böswillige Übertreibung«. Selbst nach Abwicklung des Pipeline-Geschäftes würde die Bundesrepublik weniger als ein Drittel ihres Erdgases aus der Sowjetunion beziehen, eine Menge, die etwa sechs Prozent ihres Bedarfs an Primärenergie entsprach.

Schmidt konnte kaum alle Skeptiker überzeugen, doch im Verlauf seiner Reise führte er auch produktive Gespräche mit George Shultz, dem Kalifornier, der eben erst Außenminister geworden war. Die beiden verband eine alte Freundschaft aus der Zeit vor zehn Jahren, als sie beide Finanzminister gewesen waren. Schmidt schätzte den gesunden Menschenverstand und die ruhige Überzeugungskraft des Amerikaners. Er wußte, daß Shultz ein harter Kampf mit den Falken in der US-Administration bevorstand, die zum Sturz des früheren Außenministers Alexander Haig beigetragen hatten. Aber wenn es einen Menschen gab, der in Washington allmählich eine ausgewogenere Haltung in der Außenpolitik erzielen konnte, dann war es George Shultz.

Der Kanzler beendete seine Reise in besserer Stimmung, als er sie begonnen hatte. Auf der Fahrt im Zug durch die Rocky Mountains äußerte er einem Reporter gegenüber die Vermutung, daß der Röhren-Streit bis zum Jahresende ausgestanden sein würde – womit er recht behielt.

Sofort nach seiner Rückkehr in sein Haus in Hamburg bat er Genscher zu sich, um ein langes Gespräch mit ihm zu führen. Er gab den guten Eindruck weiter, den er bei seiner Diskussion mit Shultz gewonnen hatte, und wandte sich dann innenpolitischen Themen zu. Im September standen in Hessen die Landtagswahlen bevor. Die hessische FDP hatte schließlich den Schritt gewagt, vor dem Genscher auf Bundesebene bisher noch zurückgewichen war: Sie hatte die Koalition mit der SPD aufgekündigt und strebte ein Bündnis mit der CDU an. Trotzdem erklärte Schmidt, SPD und FDP sollten ihren Wahlkampf in Hessen so führen, daß die Regierungspartnerschaft in Bonn nicht unnötig erschwert würde. Genscher fixierte den Kanzler mit seinen kühlen blauen Augen und erwiderte, daß er Schmidts Meinung teile.

Dieses Hamburger Gespräch am 31. Juli erzielte damals nur wenig Publizität, doch ein hoher Regierungsbeamter, der beide Politiker aus der Nähe beobachtete, glaubt, daß dieses Zusammentreffen für die Zukunft der Bonner Koalition ausschlaggebend war. Hätten Schmidt und Genscher an diesem Tag ein persönliches Übereinkommen erzielt, bis zur nächsten Bundestagswahl 1984 weiterzumachen, hätte die Koalition trotz aller objektiven Schwierigkeiten gehalten. Er ist überzeugt, daß Genscher bereit war, sich überreden zu lassen, und daß Schmidt auf jeden Fall ein Fortbestehen des Bündnisses wünschte. Die beiden Staatsmänner trennten sich höflich, aber kühl, und die Chance war vertan.

Das ist natürlich nur eine Meinung, nicht unbedingt die richtige, aber zumindest eine vorurteilslose. Wenn zukünftige Historiker einmal versuchen, genau festzustellen, warum die Koalition zu diesem Zeitpunkt auseinanderbrach, wer dafür verantwortlich war und ob es sich hätte vermeiden lassen können, werden sie feststellen, daß sie in ein minenübersätes Labyrinth geraten. Zweifellos versuchte Schmidt in Hamburg abermals, Genscher festzunageln, und scheiterte zum x-ten Mal. Zum Teil mag dieser Mißerfolg Kommunikationsproblemen zwischen zwei Männern gegensätzlicher Temperamente zuzuschreiben sein. Aber wenn jemand seinem Partner immer wieder Treueschwüre abfordern muß, ist die Ehe vermutlich sowieso schon gescheitert.

Von den persönlichen Differenzen an der Spitze abgesehen, gab es jede Menge Hinweise, daß die Koalition zerbröckelte. Das Krebsgeschwür, das nach dem Wahlsieg von 1980 so bösartig um sich griff, fraß sich 1982 weiter. Nach koalitionsinternen Unstimmigkeiten in der Wirtschaftspolitik stellte Schmidt im Februar im Bundestag die Vertrauensfrage, die von jedem einzelnen SPD- und FDP-Abgeordneten bejaht wurde – ein offensichtlicher Triumph, wenn man davon absieht, daß Schmidt es überhaupt für nötig hielt, die Vertrauensfrage zu stellen.

Im April hielt die SPD ihren Parteitag in München ab, der Hauptstadt ihres Erzgegners, Franz Josef Strauß. Schmidt erhielt Applaus von den Genossen, als er sich einen Bayernhut aufsetzte und in einem Bierkeller eine Blaskapelle dirigierte; darüber hinaus hatte er wenig Grund zur Freude. Widerstrebend verabschiedete der Parteitag die mittlerweile zum Ritual gewordenen, reichlich mit Vorbehalten versehenen Resolutionen zum NATO-Doppelbeschluß und der Kernenergiepolitik. Zudem ließen die Delegierten, der Kompromisse sichtlich müde, in der wirtschaftspolitischen Diskussion Dampf ab, indem sie Steuererhöhungen und Maßnahmen zur Arbeitsbeschaffung forderten. Graf Lambsdorff, nie um bildhafte Wendungen verlegen, bezeichnete die Forderungen sogleich als »Marterinstrumente aus der sozialistischen Folterkammer«. Die SPD hätte keine Chance, sie gemeinsam mit der FDP zu verwirklichen, erklärte er.

Zwei Monate später erlitt die regierende SPD bei den Wahlen in Hamburg große Verluste, und die FDP verfehlte die Fünf-Prozent-

Hürde, die ihr erlaubt hätte, in die Bürgerschaft einzuziehen. Statt dessen übersprangen die Grünen, die ihren Wahlkampf mit Umwelt- und Anti-Atomkraft-Parolen geführt hatten, zum ersten Mal in Hamburg die Fünf-Prozent-Hürde und begannen sofort, mit der SPD über Zusammenarbeit zu reden. Willy Brandt beobachtete diese Entwicklung mit wohlwollender Nachsicht. Schmidt bedauerte sie. Genscher fühlte sich noch mehr von dieser dritten Partei bedroht, die viele in der SPD offenbar den Liberalen vorzogen.

Schmidt eilte von einer Seite zur anderen und bemühte sich, die Löcher zu stopfen. Entschlossen rief er Männer des bewährten alten Kleeblatts ins Kanzleramt zurück: Er holte Wischnewski von seiner Arbeit bei der Partei fort und Bölling aus Ost-Berlin. Er bildete die Regierung um, indem er seinem Topberater Manfred Lahnstein als Nachfolger Hans Matthöfers, dessen Gesundheitszustand zu wünschen übrigließ, das Finanzministerium übertrug. Auch drängte er den Koalitionspartner, neue große Anstrengungen zu unternehmen, den umstrittenen Etat 1983 bis zur Sommerpause unter Dach und Fach zu bringen. Von Lahnstein angetrieben hielt die Koalition – zu ihrer eigenen Überraschung – trotz neuer Meinungsverschiedenheiten über Kürzungen der Sozialleistungen und den Abbau der staatlichen Schuldenaufnahme die festgelegte Frist ein. Als das Haushaltshindernis allem Anschein nach aus der Welt war, atmeten die meisten Regierungsmitglieder erleichtert auf und gingen Anfang Juli in die Ferien.

Das Gefühl der Erleichterung hielt nicht lange an. Bis etwa zur Jahresmitte war die Wirtschaftsentwicklung ziemlich ermutigend gewesen. Nach drei Jahren Defizit erzielte die Leistungsbilanz wieder einen Überschuß, die D-Mark zeigte ihre alte Stärke, und die Inflationsrate sank. Für das Jahr 1982 schien ein Wirtschaftswachstum von über einem Prozent wahrscheinlich.

Auf dieser Grundlage hatte sich die Koalition im Juli über den Haushalt geeinigt. Doch kaum war das geschehen, verdüsterte sich das Bild insbesondere in der Exportindustrie. Es stellte sich heraus, daß das Wirtschaftswachstum hinter den Erwartungen zurückbleiben, die Arbeitslosigkeit steigen und die Staatseinnahmen sinken würden. Das bedeutete, daß der Koalition im Herbst ein neues erbittertes Ringen bevorstand – diesmal um die Frage, wie das jetzt sichtbar werdende Loch im Haushalt gestopft werden sollte. Die SPD lehnte energisch jede weitere Kürzung der Staatsausgaben ab. Die

Gewerkschaften beklagten sich bitter über die bereits beschlossenen Kürzungen. Wer ein gutes Gedächtnis hatte, erinnerte sich an eine ähnliche Haushaltssituation im Jahre 1966, als die FDP-Minister zurücktraten und Ludwig Erhard als Kanzler stürzte.

Die SPD gab Lambsdorff die Schuld an der falschen Prognose. Die Opposition behauptete, die Regierung als Ganzes hätte, um einem ernsten Haushaltskonflikt auszuweichen, die Augen vor den wirtschaftlichen Gefahren verschlossen. Beide Anschuldigungen waren unfair. Die Berechnungen der Regierung stimmten im großen und ganzen mit jenen überein, die von unabhängigen Wirtschaftsinstituten und führenden Banken gemacht worden waren. Praktisch waren alle Vorhersagen falsch, aber der Koalition wurde die saftigste Rechnung für diesen Irrtum präsentiert.

Das SPD-FDP-Bündnis hätte gerade noch die Kraft finden können, auch dieses neue Hindernis zu überwinden, wenn sie von wenigstens einem politischen Erfolg aufgerichtet worden wäre. Man hätte frischen Mut gefaßt, die Spannungen wären zurückgegangen. Paradoxerweise lag gerade ein solcher Erfolg in diesem Sommer zum Greifen nahe, aber in Deutschland war sich kein Mensch, nicht einmal Schmidt, bis nach dem Auseinanderbrechen der Koalition dieser Tatsache bewußt: In ihren Raketengesprächen befanden sich Russen und Amerikaner für kurze Zeit ganz dicht vor einem Abkommen, zogen sich aber dann wieder zurück.

Der entscheidende Tag war der 16. Juli, kurz bevor Schmidt seine Reise in die Vereinigten Staaten antrat. Nach Monaten unergiebiger Verhandlungen unternahmen der amerikanische und der sowjetische Chefunterhändler, Paul Nitze und Julij Kwizinski, zusammen in den Wäldern in der Umgebung von Genf einen Spaziergang. Dort arbeiteten sie formlos ein Übereinkommen aus, das wie ein für beide Seiten annehmbarer Kompromiß aussah, und kamen überein, es an ihre Regierungen weiterzugeben. Die wichtigsten Punkte waren: eine drastische Kürzung der sowjetischen SS-20, weniger westliche Marschflugkörper als geplant und darüber hinaus keine Stationierung von Pershing 2.

Nitze hätte Washington kaum einen Vorschlag unterbreitet, den er von vornherein für aussichtslos hielt. Kwizinski, ein alter Hase im internationalen Verhandlungsspiel, hätte ohne Rückendeckung Moskaus den Kompromiß nicht ausgehandelt. Doch wie sich dann zeigte, wurde die Abmachung von beiden Supermächten abgelehnt. »Falken« in der Regierung in Washington waren nicht bereit zu schlukken, daß keine Pershing 2 stationiert werden sollten und es Moskau gestattet würde, SS-20 in Sowjetasien zu stationieren.

Über das, was im Kreml geschah, kann man, wie immer, nur Mutmaßungen anstellen. Im Westen liegen Hinweise darauf vor, daß im Politbüro eine Gruppe um Breschnew, die Kwizinskis Initiative ursprünglich guthieß, in diesem Sommer von Vertretern der harten Linie überrundet wurde. Breschnews Gesundheitszustand verschlechterte sich wieder, und im November starb er.

Er und Reagan lernten einander nie kennen. Ein Jahr später begann, im Einklang mit dem NATO-Doppelbeschluß, die Aufstellung neuer amerikanischer Raketen in Westeuropa, und Moskau zog sich von den Verhandlungen in Genf zurück.

Schmidt hätte ohne Zögern ein Abkommen gebilligt, das auf dem von Nitze und Kwizinski ausgehandelten Kompromiß basierte, wäre ihm die Gelegenheit dazu geboten worden.[8] Ein militärisches Gleichgewicht auf vergleichsweise niedrigem Niveau wäre ohne die Pershing 2, zu deren Aufstellung sich nur die Bundesrepublik bereit erklärt hatte, hergestellt worden. Dies wäre der angemessene Höhepunkt der jahrelangen Bemühungen Schmidts in der Raketenfrage gewesen, hätte sein Prestige weiter erhöht und zumindest zum Teil den Druck von seiner Koalition genommen. Aber es sollte nicht sein. Das SPD-FDP-Bündnis, das schon seit so vielen Monaten dahinsiechte, platzte mit atemberaubender Schnelligkeit. Ende August glaubten selbst Pessimisten in der Regierungskoalition noch, daß das Ende zwar nahe schien, wohl aber nicht vor der Hessen-Wahl am 26. September kommen würde. Doch als die Bürger Hessens zur Wahl gingen, führte Schmidt bereits eine Minderheitsregierung an, und die FDP befand sich in der Opposition. Genscher zumindest war von der Geschwindigkeit überrascht, mit der der Zusammenbruch erfolgte. Er wußte gut, daß ein Wechsel des Koalitionspartners in jedem Fall ein riskantes Unternehmen war. Immer noch gab es viele Leute in der FDP, die den Sozialdemokraten den Vorrang gaben, und Schmidt galt weiterhin als der populärste Politiker im Land. Ein verfrühter Vorstoß mit dem Ziel, zu einer Zusammenarbeit mit den Unionsparteien überzuwechseln, konnte die FDP zerreißen und ihre Hoffnungen auf eine Wiederwahl zerstören. Darüber hinaus muß Genscher auch in Erwägung gezogen haben, daß sein alter Freund Kohl und die meisten Christdemokraten ihm zwar einen warmen

Empfang bereiten würden, Strauß und seine CSU die FDP und ihren Vorsitzenden jedoch verachteten. Es war nicht auszuschließen, daß eine Drei-Parteien-Koalition CDU/CSU-FDP für die Liberalen noch ungemütlicher sein mochte als ihr Bündnis mit der SPD. Genscher konnte nicht einmal mehr seines Amtes als Außenminister sicher sein. Zweifellos würde Strauß dieses Amt für sich beanspruchen.

Genscher scheint seine politischen Pläne in jenem Sommer für sich behalten zu haben. Es kann sein, daß er auf Nummer Sicher gehen wollte, in dem Bestreben, sich zumindest bis nach der Hessen-Wahl alle Optionen offenzuhalten. Wenn das CDU-FDP-Experiment dort erfolgreich war, würde es der FDP in Bonn leichter fallen, früher oder später die Partner zu tauschen. Ging die Wette in Hessen nicht auf, hätte Genscher zwar seinen Einsatz verloren, aber nicht das ganze Spiel. Sollten Genschers Überlegungen in diese Richtung gegangen sein, und vieles in seiner politischen Laufbahn spricht dafür, wie kam es dann, daß die Geschichte so ganz anders ausging? Die Antwort ist, daß Schmidt und Lambsdorff zwar in getrennten Aktionen, aber in Genschers Augen zweifellos in einer unheiligen Allianz ein Tempo vorlegten, das dem FDP-Vorsitzenden für taktische Manöver keine Zeit mehr ließ.

Gegen Ende August verlor Schmidt die Geduld. Trotz seines Gesprächs mit Genscher in Hamburg hatten prominente Liberale im hessischen Wahlkampf die Bonner Koalition aus dem Hinterhalt angegriffen.

Schmidt kannte ihre Motive nicht gut genug, und er wollte das sozialliberale Bündnis immer noch aufrechterhalten. Aber er war nicht gesonnen, die fortschreitende Zermürbung seiner Regierung und Führung unter dem Deckmantel eines Landeswahlkampfes noch länger hinzunehmen. Wenn die FDP am selben Strang ziehen wollte, schön und gut. Wenn nicht, würden die Liberalen die Verantwortung für den Zusammenbruch der Koalition zu tragen haben und die Quittung von den Wählern erhalten – zuerst in Hessen und dann im ganzen Land bei den Bundestagswahlen.

Von diesem Augenblick an beschleunigte sich die Entwicklung, sicherlich zu überstürzt für Genscher, um die Kontrolle zu behalten. Bei seinen Bemühungen, die FDP aus ihrer Reserve zu locken, trat Schmidt erneut an Genscher und auch an Lambsdorff heran, der dringend neue Haushaltsgespräche und weitere Ausgabenkürzungen forderte. Diesmal schickte Schmidt einen sorgfältig und mit einem

Blick auf die Geschichtsschreibung formulierten Brief.[9] Hätte Genscher den Brief schriftlich beantwortet, wäre kaum vermeidbar gewesen, einen Hinweis auf seine weitere Absicht zu geben, ob er die Koalition fortsetzen wollte oder nicht. Aber der Vorsitzende der FDP antwortete dem Kanzler telefonisch und führte dann noch ein unverbindliches Gespräch mit ihm.

Schmidt erhielt von Lambsdorff eine viel direktere Antwort, was Genscher offensichtlich nervös machte. Wenn Lambsdorff wirtschaftliche Maßnahmen wünschte, die sich von denen unterschieden, auf die sich SPD und FDP geeinigt hatten, erklärte Schmidt, dann sollte er sie schriftlich niederlegen und sie innerhalb von zehn Tagen – eine geraume Zeit vor der Hessen-Wahl – dem Kabinett unterbreiten. Mit diesem Manöver sollte Lambsdorff gezwungen werden, entweder ein paar neue Ideen zu produzieren, auf die sich die Koalition einigen konnte, oder aber mit Vorschlägen, die unzweideutig über einen fairen Kompromiß hinausgingen, seine Karten aufzudecken.

Lambsdorff nahm die Herausforderung an und ließ wissen, er habe gerade an einem solchen Papier gearbeitet. Noch am gleichen Tag, dem 30. August, gab er einer Zeitung ein Interview, in dem er die Zukunft der Bonner Koalition noch mehr in Zweifel zog. In der Kabinettsitzung am 1. September schlug Schmidt zurück. Er nannte Lambsdorffs Äußerungen »erstaunlich und irritierend«. Wenn einer der Minister gehen wolle, solle er das offen sagen und nicht Andeutungen durch Interviews machen.

Lambsdorff verteidigte sich mit gewohntem Nachdruck. Genscher machte ein mürrisches Gesicht, um so mehr, als Schmidt den Regierungssprecher nach der Kabinettsitzung anwies, eine öffentliche Erklärung über die Meinungsverschiedenheiten abzugeben. Wenn die Lage sich zuspitzte und Lambsdorff entlassen oder zum Rücktritt gezwungen würde, dann, wußte Genscher, würden auch die anderen FDP-Minister gehen müssen, und die Koalition wäre am Ende.

Eine unbehagliche Woche folgte, in deren Verlauf das Wirtschaftsministerium dunkel andeutete, daß Lambsdorffs Papier wie eine Bombe einschlagen würde. Am 9. September, dem Tag, da Lambsdorff seine Vorschläge fertigstellte, ließ Schmidt vor dem Bundestag seine eigene Bombe platzen.[10] Er pries die Leistungen der sozialliberalen Koalition, bedauerte die Unentschlossenheit einiger FDPler – und forderte schließlich den CDU-Vorsitzenden Kohl heraus, in der folgenden Woche ein Mißtrauensvotum gegen ihn einzubringen.

Diese Herausforderung war sowohl an Genscher als auch an Kohl gerichtet. Jetzt war der FDP-Vorsitzende gezwungen, in der Öffentlichkeit Farbe zu bekennen. Doch noch einmal stellte Genscher seine Meisterschaft des abwartenden Taktierens zur Schau. Er teile, erklärte er, Schmidts Stolz auf die Leistungen der Regierungskoalition, doch er erinnerte daran, daß die FDP in den fünfziger und sechziger Jahren in Zusammenarbeit mit der CDU ebenfalls vieles erreicht habe, und auch darauf sei er stolz. Kohl kam der Aufforderung zu einem Mißtrauensvotum nicht nach, die Wahl in Hessen rückte noch ein Stück näher, und die Koalition war äußerlich immer noch intakt.

Die vorausgegangenen Informationen über Lambsdorffs Papier waren nicht übertrieben gewesen. Innerhalb weniger Tage wurde der vollständige Text bekannt und von den Gewerkschaften sofort als »Kriegserklärung« bezeichnet. Selbst einige Politiker der Rechten äußerten sich kritisch zu dem Plan, der kräftige Kürzungen bei den Sozialleistungen empfahl, um mehr Spielraum für niedrigere Steuern für die Wirtschaft und mehr öffentliche Investitionen zu schaffen. »Weniger Geld für Mütter, Mieter, Rentner, Arbeitslose, Schüler, Studenten und Kranke«, faßte die »Bild Zeitung« zusammen.

Der Bruch stand jetzt unmittelbar bevor. Schmidt wies das Lambsdorffsche Konzept zurück. Es verrate, sagte er, einen erstaunlichen Mangel an wirtschaftlicher Analyse.[11] Am Mittwoch, dem 15. September, fragte er den Minister, ob sein Dokument als »Scheidungsurkunde« zu verstehen sei. Lambsdorff erwiderte, daß er die Politik der Regierung unterstütze und nur versucht habe, hilfreich zu sein. Schmidt forderte ihn auf, die gleiche Erklärung sofort in der Öffentlichkeit abzugeben. Am Donnerstag gab Lambsdorff eine Erklärung ab, die nicht Schmidts Erwartungen entsprach. Doch zu diesem Zeitpunkt waren die Worte des Ministers fast irrelevant. Schmidt hatte beschlossen, der Tortur ein Ende zu bereiten, die vier FDP-Minister zu entlassen und Neuwahlen auszuschreiben. Er unterbreitete dem Bundestagspräsidenten Karl Carstens in groben Zügen seinen Plan, brachte ein Treffen mit Kohl hinter sich, woraus beide Seiten nur geringen Nutzen zogen, und arbeitete dann bis in die frühen Morgenstunden des Freitag an einer Erklärung im Bundestag.

All denen, die die sozialliberale Koalition während ihrer dreizehnjährigen Regierungsarbeit beobachtet hatten, bot sich an jenem Freitag, dem 17. September, im Bundestag ein gespenstisches Schauspiel.

Vier Lücken auf den Regierungsbänken machten sichtbar, wo die von der CDU/CSU so oft bei Bundestagsdebatten angeprangerten FDP-Minister gesessen hatten. Alle vier Minister waren ihrer Entlassung zuvorgekommen, indem sie einige Stunden vorher ihren Rücktritt erklärt hatten.

Jetzt wurden die politischen Karten neu gemischt. Helmut Kohl, als Vorsitzender der CDU der potentielle Nutznießer, saß mit gerunzelter Stirn im Plenum. Zweifellos dachte er an die Gefahren, die auf dem Weg zur Regierungsverantwortung noch vor ihm lagen. Wenige Bänke von ihm entfernt, inmitten anderer FDP-Abgeordneter, brütete Genscher mit zur Schau gestellter Unbekümmertheit über seinen Papieren. Wolfgang Mischnick in seiner Nähe gab sich keine Mühe, seine tiefe Bestürzung zu verbergen. Als Fraktionsführer der FDP hatte er seit 1969 mit seinem Gegenpart in der SPD, dem explosiven Wehner, gut zusammengearbeitet. Ein um das andere Mal hatten die beiden selbst Einigung zwischen Abgeordneten der Koalition auch dort hergestellt, wo ein Kompromiß so gut wie ausgeschlossen erschien. Jetzt stand ihm eine neue und bittere Aufgabe bevor: so viele FDP-Abgeordnete wie möglich auf Genschers Kurs festzulegen. Der Auftrag war ihm zuwider, aber er sah ein, daß es für die Partei keine andere Möglichkeit des Überlebens gab.

Niemals wurde Schmidts Talent, für fast jede Situation den richtigen Ton zu finden, offenkundiger als an jenem Freitag. Er hätte mit polemischen Äußerungen Dampf ablassen und sich und der SPD billige Genugtuung verschaffen, aber damit die desorientierte FDP enger aneinanderkitten können. Statt dessen hielt er eine gemäßigte, staatsmännische Rede und hob kaum die Stimme, er unterstützte seine Worte durch wenige Gesten und erzielte seine Wirkung hauptsächlich durch gelegentliche, wohlüberlegte Pausen. Die Ansprache war vornehmlich ein Appell über den Bundestag hinaus an die Wähler, von denen viele Schmidt in direkter Übertragung im Fernsehen erlebten; aber es war auch ein subtiles Unterfangen, die FDP-Abgeordneten zu ermutigen, die Genscher schon jetzt ablehnend gegenüberstanden, und die Stimmung derjenigen noch weiter zu untergraben, die sich vor den Folgen der Zersplitterung der Koalition fürchteten.

Er sei sicher, sagte Schmidt, daß Sozialdemokraten und Liberale immer noch viel Gemeinsames hätten und mit einem neuen Anlauf ihre Probleme lösen könnten. Doch seit jenem Tag im Sommer 1981, da Genscher zum ersten Mal das Wort von der Notwendigkeit einer Wende geprägt hätte, seien die Zweifel gewachsen, ob die FDP an der Regierungskoalition festhalten würde. Die Parteispitze habe versäumt, die Unsicherheit zu beenden. »Der eine klare Satz hat immer gefehlt, und er fehlte auch in dieser Woche, die morgen zu Ende geht«, sagte Schmidt, »nämlich der Satz: ›Die FDP steht fest zur sozialliberalen Koalition ...‹ Zusammenarbeit ist nicht möglich bei unausgesprochen bleibenden versteckten Vorbehalten.«

Er wandte sich an die Freien Demokraten zu seiner Rechten und erinnerte daran, daß er enge persönliche Beziehungen zu vielen von ihnen unterhalten und sich als Kanzler lange Zeit ihrer Unterstützung erfreut habe. Seinerseits habe er das Äußerste versucht, um die Koalition am Leben zu erhalten, aber »im Interesse unseres Landes, im Interesse unseres parlamentarisch-demokratischen Regierungssystems und seines Ansehens, nicht zuletzt im Interesse des sozialdemokratischen Koalitionspartners kann und will ich nicht länger zusehen, wie die Handlungsfähigkeit und das Ansehen der Bundesregierung stetig beschädigt werden«.

Seine Stimme senkend, so daß die Anwesenden sich anstrengen mußten, ihn zu verstehen, fügte Schmidt hinzu: »Es wird mir niemand verdenken, daß ich auch mich selbst nicht demontieren lassen möchte.« Er schlug Neuwahlen vor und kündigte an, daß in der Zwischenzeit sozialdemokratische Minister die Ressorts ihrer früheren FDP-Kollegen übernehmen würden. Mit ausdruckslosem Gesicht, aber sicherlich mit tiefer innerer Befriedigung gab er bekannt, daß er selbst Genschers Ressort führen würde. Es kann sein, daß Schmidt das Auswärtige Amt schon 1966 zu Beginn der Großen Koalition hätte übernehmen können, wenn er darauf gedrängt hätte. Jetzt hatte er die Macht, es sich selbst zu geben – wenn auch nur für wenige Tage.

Es folgten zwei zermürbende Wochen, in denen mal die eine, mal die andere politische Seite Vorteile aus der Lage zog. Schmidts Vorschlag einer vorgezogenen Bundestagswahl klang einfach, war es aber nicht. Die Verfassung der Bundesrepublik stellt vorzeitigen Neuwahlen große Hindernisse entgegen; damit sollen ständige Regierungswechsel und schwache Regierungen vermieden werden, die für die Weimarer Ära charakteristisch waren. Schmidt hatte einen komplizierten Ausweg vorgeschlagen. Er würde, sagte er, die Vertrauensfrage stellen und gleichzeitig sicherstellen, daß ihm das Vertrauen entzogen würde, indem einige seiner Parteifreunde gegen ihn stimmten. Dann konnte er Präsident Carstens ersuchen, das Parlament aufzulösen. Doch diese Prozedur hätte Neuwahlen zum Jahresende zur Folge gehabt, und das ging Genscher zu rasch. Er fürchtete, daß seine Partei vernichtend geschlagen würde, wenn die Wähler so bald nach dem Auseinanderbrechen der Koalition Gelegenheit erhielten, ihre Meinung zu äußern. Kohl sah diese Gefahr auch. Ihm lag daran, die gemäßigte FDP als Partner in einer zukünftigen Regierung zu haben, um nicht im unbequemen Zweigespann mit Strauß und seinen Bayern agieren zu müssen.

Kohl und Genscher entschlossen sich daher, Schmidt im Parlament durch ein sogenanntes »konstruktives Mißtrauensvotum« zu stürzen. Dieses Verfahren hatte Rainer Barzel vor zehn Jahren bei dem Versuch, Brandt aus seinem Amt zu verdrängen, erfolglos angewendet. Es bedeutete, daß Kohl automatisch und mit sofortiger Wirkung Kanzler würde, wenn eine Mehrheit des Bundestags für den Antrag gegen Schmidt stimmte. Andererseits wußte Kohl – bei allem Bestreben, der FDP zu helfen – doch, daß die Wahlen nicht zu lange hinausgezögert werden durften. Als Regierungschef erwarteten ihn große Probleme, die sich als unüberwindbar erweisen konnten, wenn er sich an der Macht festzuhalten versuchte, ohne von den Wählern ein Mandat erhalten zu haben.

Schließlich einigten sich Kohl und Genscher darauf, am 1. Oktober ein Mißtrauensvotum einzubringen und für den 6. März 1983 Wahlen auszuschreiben. Es war eine risikoreiche Strategie; keiner der beiden Parteivorsitzenden konnte sich darauf verlassen, daß genügend FDP-Abgeordnete im Bundestag für Kohl stimmen würden. Doch selbst wenn diese Hürde genommen war, stand Genscher ein harter Kampf bevor, seine Partei zusammenzuhalten und die Fünf-Prozent-Barriere zu überspringen. Aber einen weniger riskanten Weg gab es nicht.

Fünf Tage vor der entscheidenden Abstimmung im Bundestag gingen die Hessen zu den Urnen, und Genschers ärgste Befürchtungen wurden wahr. Nach einer letzten explosiven Phase eines vom Koalitionskollaps in Bonn beherrschten Wahlkampfes mußte die FDP zusehen, wie die Zahl ihrer Anhänger auf die Hälfte schrumpfte und sie den Wiedereinzug in den Landtag nicht schaffte. Die CDU verbuchte geringe Stimmenverluste, und die SPD schnitt weit besser ab, als man noch wenige Wochen zuvor erwartet hätte.

Die Sozialdemokraten genossen ihren Triumph. »Verrat lohnt sich eben nicht«, frohlockten viele und rechneten sich bessere Chancen für die Abstimmung am 1. Oktober aus. »Unsere Aufgabe ist es«, hatte ein hoher SPD-Politiker kurz vor dem Ende der Koalition verlauten lassen, »Genscher ein Bein zu stellen, damit er sich beim Absprung den Hals bricht.« Nach der Hessen-Wahl schien der Meisterakrobat der FDP einem politischen Salto mortale noch ein Stück näher gekommen zu sein.

Schmidt war ein Held – nicht nur im Land, was nicht ungewöhnlich war, sondern auch in seiner eigenen Partei. Die Krise, die die Koalition gespalten hatte, führte den Kanzler und die SPD so nahe zusammen wie seit Jahren nicht. Die Genossen in der Bundestagsfraktion hatten oft gestöhnt, wenn Schmidt sie wieder einmal zu einem Kompromiß mit Genscher und Lambsdorff drängte. Als sich das Ende abzeichnete, glaubten viele, daß eine Rückkehr in die Opposition weiteren Konzessionen vorzuziehen sei. Jetzt hatte auch der Kanzler seine Toleranzgrenze erreicht, und die Partei hieß den Zurückkehrenden mit offenen Armen willkommen.

Schmidt sonnte sich eine Weile in der neuen Nestwärme der Unterstützung durch die SPD, ließ sich aber nicht täuschen. Ungeachtet seiner beredten öffentlichen Erklärung, in der er der FDP die Schuld am Zusammenbruch der Koalition gab, wußte er, daß nicht nur die FDP, sondern auch die SPD dafür verantwortlich war. Genscher hatte ein Doppelspiel getrieben, wofür er, wie Schmidt hoffte, mit seiner politischen Laufbahn bezahlen mußte. Lambsdorff hatte die Unstimmigkeiten vergrößert, indem er absichtlich auf die beim SPD-Parteitag gefaßten Resolutionen überstark reagierte.

Auch Schmidt hielt nicht viel von diesen Resolutionen. Außerdem strebte die SPD mit aller Macht danach, sich vom NATO-Doppelbeschluß loszusagen; sie flirtete auch mit den Grünen, und Willy Brandt ermutigte stillschweigend beide Tendenzen. Herbert Wehner traf wie immer den Nagel auf den Kopf. Auch er hatte die Geduld mit den Liberalen verloren; in den letzten Wochen der Koalition sprach er ganz offen von der »sogenannten Freien Demokratischen Partei«. Im privaten Kreis allerdings hatte er schon einige Monate früher das Ende der Koalition vorausgesagt, denn »niemand« – er hämmerte mit der Faust auf den Tisch und brummte noch einmal: »Niemand« – könne »diese beiden« auf eine gemeinsame Linie bringen. Die beiden, die er damit meinte, waren nicht die Koalitionsparteien, sondern Helmut Schmidt und Willy Brandt.

Und ungeachtet seiner Bemühungen um jene Freien Demokraten, die Genscher ablehnten, gab sich Schmidt vor der Abstimmung im Bundestag keinen falschen Illusionen hin. Einige FDP-Abgeordnete würden ihrem Vorsitzenden an diesem Tag nicht folgen, aber doch genügend, um Kohl den Sieg zu sichern. Seinem eigenen Schicksal sah Schmidt mit Ruhe entgegen, aber der Gedanke an Kohl als Kanzler beunruhigte ihn. Er glaubte nicht, daß sein Nachfolger auch nur annähernd die Fähigkeiten oder die Erfahrungen mitbrachte, die für dieses Amt nötig waren, und er mißtraute Kohls Versprechen, vorzeitige Wahlen auszuschreiben. Wie schon so oft in all diesen Jahren hatten Schmidt und Strauß mehr oder weniger die gleichen Ansichten, aber keiner konnte die Lage ändern.

Am Abend vor der Abstimmung rief Schmidt das diplomatische Korps zu sich. Mit typisch hamburgischem Understatement sagte er, er habe sie alle zu sich gebeten »in einem Augenblick, in dem die innenpolitische Lage in diesem Land in Bewegung geraten ist«. Alle Botschafter wußten, daß er sich verabschiedete – von ihnen und von seinen achteinhalb Jahren als Kanzler. Viele waren gerührt, und einige, wie etwa der amerikanische Botschafter Arthur Burns, hatten Tränen in den Augen. Schmidt bat um Vertrauen in die Verläßlichkeit der Deutschen, ungeachtet der Schatten ihrer Vergangenheit. Er pries das freiheitliche Erbe des amerikanischen Unabhängigkeitskrieges und erinnerte daran, daß er vier amerikanischen Präsidenten ein »kritischer Partner« gewesen war. Er forderte neue Anstrengungen, dem Wettrüsten ein Ende zu setzen, wiederholte aber, daß er auch weiterhin für die Stationierung amerikanischer Raketen in der Bundesrepublik eintreten würde, wenn die Genfer Gespräche ergebnislos blieben. Er betonte seine Freundschaft zu Frankreich und Polen und seinen Glauben an eine gemeinsame europäische Kultur, die über alle politischen Grenzen hinausreichte.

Gegen Ende seiner Ausführungen, die einem politischen Testament gleichkamen, sprach Schmidt mit besonderer Eindringlichkeit: »Wir stehen heute alle vor der doppelten Krise der Weltwirtschaft und der Verhärtung der Fronten im Ost-West-Verhältnis. Ich möchte Ihre Regierungen noch einmal bitten, den Dialog zwischen Regierungen und Staatsmännern auch und gerade in einer Krise niemals abbrechen zu lassen – auch wenn man noch so gute Gründe hat, dem anderen schwere Vorwürfe zu machen. Ich warne davor, in dieser Zeit großer Gefahren für die weltweite wirtschaftliche und finanzielle Zusammenarbeit zu meinen, man könne seine eigenen Probleme durch eine Politik auf Kosten anderer lösen, oder zu versuchen, politische Konflikte mit wirtschaftlichen Instrumenten auszutragen ... Meine Damen und Herren, mir lag daran, die Grundlinien unserer Friedenspolitik noch einmal nachzuzeichnen. Den Frieden zu sichern bleibt unsere vorrangige Aufgabe; Friede ist kein Naturzustand, sondern er muß – wie der deutsche Philosoph Kant gesagt hat – immer neu gestiftet werden. Das Vertrauen in die Stetigkeit unserer Friedenspolitik zu stärken, dazu wollte ich beitragen.«[12]

Am nächsten Tag, Freitag, den 1. Oktober, um 15.10 Uhr, gab der Präsident des Bundestages, Richard Stücklen, das Ergebnis des »konstruktiven Mißtrauensantrages« bekannt. Es war erst das zweite Votum dieser Art in der Geschichte der Bundesrepublik und das erste, das erfolgreich war. Kohl brauchte 249 Stimmen. Er bekam 256 mit 235 Gegenstimmen und vier Stimmenthaltungen.

Schmidt war in seinem Innern lange darauf vorbereitet. Er saß bereits mitten unter den anderen SPD-Abgeordneten, nicht einmal in der ersten Bankreihe. Erst als das Ergebnis verkündet wurde, sackte er ein wenig zusammen; er sah müde aus und – für ein oder zwei Augenblicke – wehrlos. Dann rief die Pflicht. Er raffte sich von seinem Sitz auf, ging lebhaft zu den CDU-Bänken hinüber und streckte dem neugewählten Kanzler Helmut Kohl seine Hand entgegen. Er brachte sogar ein Lächeln zustande.

Nachwort

Innerhalb eines Monats, nachdem er aus seinem Amt abgewählt worden war, teilte Schmidt seiner Partei mit, daß er sich nicht wieder als Kanzlerkandidat zur Verfügung stellen würde. Er gab seine angegriffene Gesundheit als Hauptgrund für seinen Entschluß an, aber er war auch sicher, daß die alten, während der Koalitionskrise nur notdürftig gekitteten Differenzen innerhalb der SPD bald von neuem aufbrechen würden.

Kohl hielt sein Versprechen. Am 6. März 1983 fanden Bundestagswahlen statt, und die CDU/CSU erhielt 48,8 Prozent der Stimmen, das zweitbeste Ergebnis in ihrer Geschichte. Die FDP kämpfte sich mit sieben Prozent aus ihrem Tiefpunkt heraus. Kohl blieb Kanzler, Genscher Außenminister und Lambsdorff Wirtschaftsminister. Unter ihrem neuen Kanzlerkandidaten Hans-Jochen Vogel, der unter Schmidt Justizminister gewesen war, erzielte die SPD nur 38,2 Prozent und blieb in der Opposition. Wehner verließ den Bundestag, Brandt behielt den Vorsitz der Partei – und blieb das am längsten überlebende Mitglied der »Troika«, ob zum Guten oder Schlechten sei dahingestellt.

Acht Monate später stimmte die SPD auf einem Sonderparteitag gegen die Stationierung neuer amerikanischer Raketen und lehnte somit den zweiten Teil des NATO-Doppelbeschlusses ab. Nur vierzehn Parteimitglieder von etwa vierhundert votierten dafür, unter ihnen die drei sozialdemokratischen Exverteidigungsminister Helmut Schmidt, Georg Leber und Hans Apel sowie der frühere Finanzminister Hans Matthöfer und Schmidts alter Feuerwehrmann Hans-Jürgen Wischnewski. Die Abstimmung hatte keinerlei Einfluß auf die Regierungspolitik in Bonn. Kohl und Genscher folgten der NATO-Linie, und zum Jahresende trafen die ersten Pershing 2 auf deutschem Boden ein.

Diese für ihn bedrückende Entwicklung könnte zu der Annahme verleiten, daß Schmidt das erste Jahr nach dem Verlust seines Amtes in düsterer Stimmung verbrachte. Er nutzte jedoch viel von seiner Zeit, um das Leben zu genießen und das zu tun, was ihm als Kanzler für gewöhnlich unmöglich gewesen war. Er schlief länger (was seinen Nerven guttat), las mehr und ging ins Theater. Er reiste viel, schrieb und hielt Vorträge über wichtige Themen zur Wirtschafts- und Sicherheitspolitik und zeichnete einen Videofilm von Mozarts »Konzert für drei Klaviere« mit den Pianisten Eschenbach und Frantz auf. Er begann ebenfalls mit den Vorbereitungen für ein Buch. Er gewährte nur wenige Interviews und äußerte sich ironisch über die Flut von Spekulationen über das, was er als nächstes zu tun gedachte. Gerüchte wollten wissen, daß er Generalsekretär der NATO werden sollte, andere, daß er ein politisches Comeback im eigenen Land beabsichtigte, und wieder andere, daß er von der eigenen Partei die Nase voll hatte und sich mit der Absicht trug, auszutreten.

Alle Gerüchte waren weit von der Wahrheit entfernt. Im März wurde Schmidt von seinem Hamburger Wahlkreis mühelos wieder in den Bundestag entsandt, aber er gelobte, keinesfalls länger als die vierjährige Amtszeit im Parlament bleiben zu wollen. Natürlich bedauerte er die Entwicklungen in der SPD, aber das war schließlich nichts Neues. Seit er ihr vor nahezu vier Jahrzehnten beigetreten war, lebte er in einem Zustand dynamischer Spannung mit seiner Partei. Weder dachte er daran, auszutreten, noch, einen tragischen Helden zu spielen, über den die CDU Krokodilstränen vergießen konnte.

Wenige Tage, nachdem der Parteitag der SPD seinen Standpunkt in der Frage der amerikanischen Raketen abgelehnt hatte, wurde der Hinterbänkler Schmidt im Bundestag dabei beobachtet, wie er einen Papierflieger anfertigte. Mit der Unbefangenheit eines ausgelassenen Schuljungen schleuderte er ihn zu den vordersten Bankreihen, wo das Spielzeug im Sturzflug niederging. Näheres Hinsehen ergab, daß das Projektil aus dem Text einer Rede Brandts gefertigt worden war.

Am 22. Dezember 1983, dem Tag vor seinem fünfundsechzigsten Geburtstag, wurde Schmidt die Hamburger Ehrenbürgerschaft verliehen – als vorläufig letztem in einer Reihe, zu der schon Brahms und Bismarck gehört hatten. Der größte Tribut aber wurde Schmidt an diesem Abend durch die Vielfalt der Gäste gezollt, die zu seiner Geburtstagsfeier in einer schlichten Halle in Hamburg-Bergedorf gekommen waren.

Industrielle und Gewerkschaftsführer, Konservative und Sozialisten, Schauspieler und Maler, Schriftsteller und Musiker erschienen zu Hunderten. Es kamen alte Freunde wie Willi Berkhan, frühere Gegner wie Karl Schiller, ehemalige politische Verbündete wie Barzel und Mischnick, geschätzte Gäste aus dem Ausland wie Henry Kissinger – alle von dem Wunsch beseelt, Schmidt die Hand zu schütteln und ihm alles Gute zu wünschen.

Als die Uhr Mitternacht schlug, erhob sich Giscard d'Estaing – »chèr Valéry« – und zollte Schmidt in deutscher Sprache einen seltenen persönlichen Tribut. Er scherzte eine Weile und erinnerte schließlich mit einem Wortspiel über Bachs »Wohltemperiertes Klavier« an Schmidts plötzliche Zornesausbrüche. »Ich würde Sie den ›schlechttemperierten Kanzler‹ nennen«, sagte Giscard mit einem Lächeln.

Aber er nannte Schmidt auch den »bekanntesten und meistgeehrten Deutschen der heutigen Zeit in Europa und in der Welt, einen Mann von großer Klugheit und tiefer Herzensgüte ... Europa braucht Sie, um weiter an seiner Einigung zu arbeiten, wie wir beide eher als Brüder denn als Staatsmänner gearbeitet haben.«

Schmidt war gerührt. Inmitten des Beifalls senkte er rasch den Kopf und nahm eine große Prise Schnupftabak.

Giscard mag recht gehabt haben mit seiner Ansicht, Schmidt sei »der bekannteste und meistgeehrte Deutsche der heutigen Zeit in Europa und in der Welt«. Sicher blieb Schmidt auch noch lange, nachdem er aus dem Kanzleramt geschieden war, der populärste Politiker in Deutschland. Aber was werden die Historiker über ihn zu sagen haben? Es ist ein wenig voreilig, darüber zu spekulieren, da sie Schmidt dann nicht nur mit seinen Vorgängern, sondern auch mit seinen Nachfolgern vergleichen müssen. Ein Teil ihrer Einschätzungen mag folgender Art sein:

Schmidt war »der große Professionelle« unter den Regierungschefs Nachkriegsdeutschlands. Als früherer Verteidigungs- und Finanzminister brachte er eine unvergleichliche politische Erfahrung in das höchste Amt mit. Als Redner im Parlament konnten sich wenige mit ihm messen. Keiner seiner vier Vorgänger im Kanzleramt besaß eine vergleichbare Fähigkeit, harte Arbeit zu leisten, keiner ging pedantischer auf Einzelheiten ein.

Von den ersten fünf Kanzlern waren zwei – Erhard und Kiesinger – Übergangskanzler; drei wirkten maßgeblich auf die Geschicke ihres Landes ein. In den fünfziger Jahren verankerte Adenauer die Bundesrepublik entschlossen im Westen. In den frühen siebziger Jahren drängte Brandt auf soziale Reformen im eigenen Land und eine Wiederversöhnung mit Osteuropa. Schmidt konsolidierte in schweren Zeiten, was seine Vorgänger geschaffen hatten, steuerte sein Land mit fester Hand durch die ökonomischen Stürme, die auf die erste Ölkrise folgten, und gewann eine entscheidende innenpolitische Schlacht gegen den Terrorismus. Sein Beitrag mag weniger »original« genannt werden als die Leistungen Adenauers und Brandts, aber er war nicht weniger entscheidend. Es war keine Selbstverständlichkeit, daß die junge deutsche Demokratie mit den Erschütterungen der mittleren und späten siebziger Jahre so gut fertig werden würde. Schmidts beständige Führung, seine klarsichtige Verteidigung der politischen Mitte gegen Träumer und Fanatiker trugen dazu bei, seinem Land Stabilität und mehr Achtung im Ausland zu gewinnen.

Trotz dieser Erfolgsbilanz wird die Geschichtsschreibung fast zwangsläufig feststellen müssen, daß die letzten Jahre der Ära Schmidt das Versprechen der früheren nicht erfüllten. Den Höhepunkt erreichte Schmidt wahrscheinlich 1978. Danach wurde seine Partei immer widerspenstiger und sein Koalitionspartner immer störrischer. Vor allem aber verschlechterte sich seine Gesundheit, und sein Griff lockerte sich. Man vergleiche den Schmidt des Jahres 1974 mit dem Schmidt des Jahres 1982: sein Gesicht ist durchfurcht, sein Haar grau. Er diente achteinhalb Jahre als Kanzler und scheint in dieser Zeit um mindestens fünfzehn gealtert zu sein.

Auch Adenauer hatte den Gipfelpunkt seines Schaffens weit überschritten, als er abtrat. Erhard war in seiner besten Form, bevor er Kanzler wurde. Brandts Höhepunkt war wahrscheinlich die Wahl von 1972. Aber sowohl Adenauer wie Brandt sahen viele ihrer bedeutenden außenpolitischen Ziele verwirklicht, während sie noch im Amt waren. Zumindest zwei seiner wichtigen Vorhaben konnte Schmidt in seiner Amtszeit nicht erreichen: Trotz seiner jahrelangen Bemühungen erzielten die Supermächte kein Übereinkommen über eurostrategische Raketen, und das Europäische Währungssystem kam über seine erste Phase nicht hinaus.

Das sind Tatsachen, und nur ein unfreundlich gesonnener Richter würde Schmidt die ganze Schuld dafür zumessen, daß er Aufgaben nicht zu Ende führte, deren Bewältigung nicht allein von ihm abhing. Kein Staatsmann unserer Zeit kämpfte zäher für eine sichere, auf militärischem Gleichgewicht und wirtschaftlicher Stabilität basierende Welt. Darüber hinaus kann Schmidt auf seinen Lieblingsstoiker Marc Aurel verweisen: »Was ein vollständiges Drama sein soll, wird von dem bestimmt, der einst der Anlaß für seine Entstehung war und jetzt aber der Grund für dessen Verfall; du aber bist von keinem die Ursache. Geh daher in Frieden.«

Quellennachweis

Einen wesentlichen Teil des Materials für dieses Buch bezog ich in den siebziger und frühen achtziger Jahren während meiner Arbeit als Auslandskorrespondent in Bonn. So beruhen zum Beispiel die Berichte über Schmidts Aufstieg zum Kanzler und über seinen Sturz, über seine Reisen nach Moskau, in die Vereinigten Staaten im Jahre 1980, nach Italien und Frankreich sowie über seine Gipfelgespräche in der DDR auf persönlicher Erfahrung.

Ich bin Herrn Schmidt dafür dankbar, daß er mit mir nicht nur über Politik, sondern auch über sein Privatleben und seinen Familienhintergrund gesprochen hat. Zu großem Dank verpflichtet bin ich auch vielen deutschen Regierungsbeamten, Politikern und ausländischen Diplomaten in Bonn für die mir über viele Jahre hin – lange bevor ich an dieses Buch auch nur dachte – gewährte Hilfe und Freundschaft. Es wäre nicht dienlich, einzelne Personen namentlich zu nennen. Ihnen allen sei hier gedankt.

1. Jugend und Krieg

1 Die Hamburger Ausgabe der »Welt« vom 28. Juli 1962
2 Interview im ZDF vom 8. Februar 1966
3 Schmidt gab diesen Bericht über seine jüdische Herkunft im Gespräch mit dem Autor.
4 Interview im ZDF vom 8. Februar 1966

5 Aus der am 9. November 1978 gehaltenen Rede über das Thema »Mahnung und Verpflichtung des 9. November 1938«
6 Interview im Deutschen Fernsehen vom 12. April 1982
7 Schmidt im Gespräch mit dem Autor

2. Nach Bonn und zurück

1 Klaus Harpprecht, »Willy Brandt, Porträt und Selbstporträt«, Kindler Verlag, München, 1971
2 »Sozialist« vom 1. April 1953
3 Rede vor einer Jugendkonferenz der IG Chemie, 1960
4 Bundestagsprotokoll vom 22. März 1958
5 Schmidt im Gespräch mit dem Autor
6 Protokoll der Hamburger Bürgerschaft vom 21. Februar 1962

3. Verteidigung und Einheit

1 »Hamburger Morgenpost« vom 12. November 1970
2 Interview im Westdeutschen Fernsehen vom 12. April 1982
3 Interview im ZDF vom 8. Februar 1966
4 Bundestagsprotokoll vom 5. November 1955
5 Rede bei einer CDU-Versammlung in Düsseldorf am 30. März 1965
6 »Mögliche Stufen eines wirtschaftlichen und sozialen Wiedervereinigungsprozesses«, veröffentlicht in »Beiträge« vom 10. Februar 1959
7 Rede auf dem Parteitag der SPD in Dortmund am 3. Juni 1966
8 »Sunday Express«, 1965

4. Fraktionsvorsitzender im Bundestag

1 Bundestagsprotokoll vom 15. Dezember 1966
2 Rede im Norddeutschen Rundfunk vom 15. April 1962
3 Unter anderem festgehalten in Willy Brandt, »Begegnungen und Einsichten«, Hoffmann und Campe, Hamburg, 1976

4 Zitiert in Ulrich Blank, »Helmut Schmidt – Bundeskanzler«, Hoffmann und Campe, Hamburg, 1974
5 Angemerkt in Brandt, »Begegnungen und Einsichten«
6 Schmidt im Gespräch mit dem Autor

5. Im Kabinett

1 »Politik als Beruf«, Einführung zu »Beiträge«
2 Rede vor der Jahresversammlung der Hermann-Ehlers-Akademie in Kiel am 30. Oktober 1971
3 Schmidt im Gespräch mit dem Autor
4 Rede vor der Deutschen Atlantischen Gesellschaft in Stuttgart, Januar 1972
5 Im Gespräch mit dem Autor berichtete Schmidt, wie es kam, daß er das »Superministerium« übernahm, und warum er es auch nach der Bundestagswahl behielt.
6 Interview im Deutschen Fernsehen am 14. Mai 1982
7 Rede in Kalifornien, Juli 1982
8 In einer Broschüre mit dem Titel »Zwischenbilanz«, nachgedruckt in H. Schmidt, »Auf dem Fundament des Godesberger Programms«, Verlag Neue Gesellschaft, Bonn-Bad Godesberg, 1973
9 »Der Spiegel« vom 17. Dezember 1973
10 Rede vor dem Nationalen Vollzugsausschuß der SPD vom 8. März 1974. Der Text wurde später in »Auf dem Fundament des Godesberger Programms«, erweiterte, zweite Auflage von 1974, veröffentlicht.
11 Schmidt im Gespräch mit dem Autor
12 Schmidt im Gespräch mit dem Autor

Zwischenakt: Nur ein Macher?

1 Interview im Deutschen Fernsehen vom 14. Mai 1982
2 Rede »Bemerkungen zu Moral, Pflicht und Verantwortung des Politikers« auf dem Kongreß »Kant in unserer Zeit«, Bonn, 12. März 1981
3 Siehe u. a. die oben zitierte Rede auf dem Kant-Kongreß

6. Kanzler – Die frühen Jahre

1 In einer Rede nach dem Dinner in Paris, Februar 1980
2 »Background Briefing« vom 23. Oktober 1975
3 Regierungserklärung im Bundestag vom 24. Mai 1974
4 Schmidt im Gespräch mit dem Autor
5 Rede an die Hamburger SPD vom 21. September 1974
6 »Der Brief eines zornigen Linken« in »Konkret« vom 31. Oktober 1974
7 »Foreign Affairs«, April 1974
8 Rede in Köln aus Anlaß des fünfzigsten Jahrestags der Gründung der Deutschen Gruppe der Internationalen Handelskammer, 4. Juni 1975
9 Rede in München aus Anlaß der Verleihung des Theodor-Heuss-Preises am 21. Januar 1978

7. Kanzler – Dem Gipfel entgegen, 1976–1980

1 Schmidt im Gespräch mit dem Autor
2 Schmidt im Gespräch mit dem Autor
3 Vortrag zum Gedenken an Alastair Buchan vom 28. Oktober 1977
4 Artikel von Schmidt in »Die Zeit« vom 17. Juni 1983
5 Dieser Bericht über die Ereignisse, die zum NATO-Doppelbeschluß führten, basiert zum großen Teil auf einem Gespräch zwischen Schmidt und dem Autor, ergänzt durch Informationen westdeutscher, amerikanischer und britischer Quellen.
6 »Frankfurter Allgemeine Zeitung«, Leitartikel von Fritz Ullrich Fack vom 23. Mai 1980
7 Artikel von Heinz Stadlmann in der »Frankfurter Allgemeinen Zeitung« vom 25. Juni 1980
8 Interview mit Carter im »Stern«, 1982
9 Schmidt im Gespräch mit N. Colchester und dem Autor in »Financial Times« am 16. Dezember 1982
10 Karl Otto Pöhl im Gespräch mit dem Autor
11 »Financial Times« vom 25. November 1978
12 Tischreden von Giscard d'Estaing und Schmidt in Aachen am 15. September 1978

13 Die verwirrende Passage des Kommuniqués lautete: »Der Europäische Rat betont, daß es im Interesse der Wiederherstellung der Preiseinheit in der gemeinsamen Agrarpolitik, unter gebührender Berücksichtigung der Preispolitik, wichtig ist, daß die Schaffung dauerhafter Währungsausgleichsbeträge künftig verhindert wird und die bestehenden Währungsausgleichsbeträge schrittweise verringert werden.«
14 Tischrede von Schmidt, Aachen, am 15. September 1978
15 »Sicherheit und Berechenbarkeit«, Rede vor der Generalversammlung der Vereinten Nationen am 25. Mai 1978

Zwischenakt: Schmidt und die Künste

1 Interview von Schmidt in »Die Bunte«, 5. November 1981

8. Kanzler – Über den Gipfel, 1980–1982

1 Artikel von Schmidt in »Die Zeit« vom 6. Mai 1983
2 Schmidt in einer Rede vor dem Bundestag vom 7. Mai 1981
3 Schmidt im Gespräch mit dem Autor
4 Genscher in einem Brief an Mitglieder der FDP vom 20. August 1981
5 Schmidts Rede vor der bayerischen SPD in Wolfratshausen im Mai 1981
6 Zu Schmidts Einstellung zu Kádár, Gierek und den Ostdeutschen siehe den Artikel von J. Carr und N. Colchester in »Financial Times« vom 16. Dezember 1982
7 Schmidts Rede im »Bohemian Grove« in Kalifornien, Juli 1983
8 Siehe u. a. Schmidts Rede auf dem Sonderparteitag der SPD über Sicherheitspolitik, Köln, 19. November 1983
9 Text nachgedruckt in Klaus Bölling, »Die letzten 30 Tage des Kanzlers Helmut Schmidt«, Spiegel Verlag, Hamburg, 1982
10 Otto Graf Lambsdorff, »Konzept für eine Politik zur Überwindung der Wachstumsschwäche und zur Bekämpfung der Arbeitslosigkeit« vom 9. September 1982; ebenfalls nachgedruckt in Bölling, op. cit.

11 Schmidts Rede vor einer Gruppe von SPD-Parlamentariern vom 14. September 1982

12 Schmidts Rede vor dem Bonner diplomatischen Korps vom 30. September 1982. Der Text dieser und anderer wichtiger Reden Schmidts in seiner letzten Zeit als Kanzler wurden in dem Heft »Jedermann darf und muß mit unserer Stetigkeit rechnen« nachgedruckt; es wurde 1982 von der Bundestagsfraktion der SPD veröffentlicht.

Ausgewählte Bibliographie

Veröffentlichungen von Helmut Schmidt

»Verteidigung oder Vergeltung«, Seewald Verlag, Stuttgart, 1961

»Beiträge«, Seewald Verlag, Stuttgart, 1967: eine Sammlung von Reden, Artikeln und Interviews seit den vierziger Jahren bis zu Schmidts Tätigkeit als Fraktionsvorsitzender der SPD im Bundestag

»Strategie des Gleichgewichts«, Seewald Verlag, Stuttgart, 1969

»Auf dem Fundament des Godesberger Programms«, Verlag Neue Gesellschaft, Bonn-Bad Godesberg, 1973

»Der Kurs heißt Frieden«, Econ Verlag, Düsseldorf-Wien, 1979

»Pflicht zur Menschlichkeit«, Econ Verlag, Düsseldorf-Wien, 1981: Beide Bücher enthalten Reden und Artikel über Politik, Wirtschaft und Philosophie.

»Ways out of the Crisis: 16 Theses on the World Economy«, herausgegeben von Helmut Schmidt, Robinson Verlag, Frankfurt, 1983

»Weltwirtschaft ist unser Schicksal«, Robinson Verlag, Frankfurt, 1983

Sowie

»Kunst im Kanzleramt«, Wilhelm Goldmann Verlag, München, 1982: eine Sammlung, die vornehmlich Artikel und Reden Schmidts über die bildenden Künste und Musik umfaßt

»Perspectives on Politics«, herausgegeben von Professor Wolfram Hanrieder, Westview Press, Boulder, Colorado, 1982: eine Auswahl von Reden und Artikeln Schmidts in englischer Sprache.

Veröffentlichungen über Helmut Schmidt

Helmut Wolfgang Kahn, »Helmut Schmidt, Fallstudie über einen Populären«, Holsten Verlag, Hamburg, 1973

Ulrich Blank, »Helmut Schmidt, Bundeskanzler«, Hoffmann und Campe, Hamburg, 1974

Nina Grunenberg, »Vier Tage mit dem Bundeskanzler«, Hoffmann und Campe, Hamburg, 1976

»Hart am Wind«, Einführung von Marion Gräfin Dönhoff, Albrecht Knaus Verlag, Hamburg, 1978: in den sechziger und siebziger Jahren in der Presse erschienene Artikel über Schmidt

Sibylle Krause-Burger, »Helmut Schmidt, Aus der Nähe gesehen«, Econ Verlag, Düsseldorf-Wien, 1980

Klaus Bölling, »Die letzten 30 Tage des Kanzlers Helmut Schmidt«, Spiegel Verlag, Hamburg, 1982

Die folgenden Bücher enthalten längere Auszüge aus Schmidts Leben und Karriere:

Terence Prittie, »The Velvet Chancellors«, Frederic Muller, London, 1979

Marion Gräfin Dönhoff, »Von Gestern nach Übermorgen«, Albrecht Knaus Verlag, Hamburg, 1981

Biographische Daten

Geboren am 23. Dezember 1918 in Hamburg, verheiratet, eine Tochter

1937 Abitur an der Lichtwark-Schule in Hamburg; Reichsarbeitsdienst, danach Wehrdienst in einer Flugabwehrtruppe

1939–1945 Kriegsdienst; Kriegsende als Oberleutnant und Batteriekommandant

1942, 27. Juni, Heirat mit Hannelore Glaser

1945–1949 Studium der Volkswirtschaft an der Universität Hamburg, Staatsexamen

1946 Mitglied der Sozialdemokratischen Partei (SPD)

1947–1948 Vorsitzender des Bundesvorstands des Sozialistischen Deutschen Studentenbundes (SDS)

1949–1953 Mitglied des Hamburger Wirtschafts- und Verkehrsamtes, anschließend Leiter der Verkehrsabteilung

1953–1961 Mitglied des Bundestages

1961–1965 Innensenator in Hamburg

1965 Wiederwahl in den Bundestag

1967–1969 Fraktionschef der SPD im Bundestag

1968 Stellvertretender Vorsitzender der SPD

1969, 22. Oktober, Bundesverteidigungsminister

1972, 7. Juli, Bundeswirtschafts- und Finanzminister

1972, 15. Dezember, Bundesfinanzminister

1974, 16. Mai, Wahl zum Bundeskanzler

1976, 15. Dezember, Wiederwahl zum Kanzler

1980, 5. November, Wiederwahl zum Kanzler

1982, 1. Oktober, Sturz als Kanzler durch konstruktives Mißtrauensvotum im Bundestag

Personen- und Sachregister

N

R

S

Z

Mitsue de La Trobe / Inga Streb

Alltag in Japan

320 Seiten, 12 Seiten Fotos im Text, gebunden

Der Zustrom von Produkten und Reisenden aus Japan ist bei uns, besonders während des letzten Jahrzehnts, immer augenfälliger angeschwollen. Damit steigt auch das Bedürfnis nach gut fundierter Information über die Hintergründe, Verhaltensweisen, Lebensart und Alltäglichkeiten des Phänomens Japan.
Zwei intime Kennerinnen Japans schildern den Alltag im fernöstlichen Inselstaat im Ablauf des Jahres. Gerade in Japan heben sich die Jahreszeiten sehr deutlich voneinander ab, und jeder Monat hat seine eigenen Ereignisse, Traditionen und Feste. Neben den Schattenseiten der erfolgreichen Industrialisierung lebt der unverwechselbare Charme und die Farbenpracht der ostasiatischen Szene fort.

Werner Filmer / Heribert Schwan

Alltag im anderen Deutschland

260 Seiten, 40 Abbildungen, gebunden

Seit 1977 haben die Herausgeber und Autoren in den beiden Fernsehreihen »Deutscher Alltag« und »Wanderungen durch die DDR« das Leben im anderen Deutschland beobachtet.
Das Buch faßt diese Erfahrungen zusammen und geht noch weit darüber hinaus. Menschen kommen zu Wort, die offen über ihre Bedrückungen, Ängste, Mißverständnisse und Alltagsfreuden sprechen.
Auf ihren Reisen und Wanderungen haben die Autoren die Lausitz, den Spreewald, die Sächsische Schweiz, Thüringen, die Mecklenburger Seenplatte und andere Landschaften durchstreift.
Dieses Buch ist vieles zugleich: spannendes Lesebuch, Reiseführer, politisches Sachbuch sowie Dokumentation über ein Land, das uns immer fremder wird.

Werner Filmer / Heribert Schwan (Hrsg.)

Mensch, der Krieg ist aus!

Zeitzeugen erinnern sich
384 Seiten, gebunden

Der 8. Mai 1945 – ein Schicksalstag für Europa und die Deutschen vor allem: »Mensch, der Krieg ist aus.« Viele haben diesen Satz gedacht, geflüstert, geschrien. Fast alle haben aufgeatmet, doch das Aufatmen hatte viele Nuancen. Über 100 prominente Zeitzeugen, von Heinrich Albertz bis Peter von Zahn, berichten, wie sie diesen Tag erlebt, wie sie ihn überlebt haben. Die Erinnerungen sind sehr unterschiedlich – undeutlich oder gestochen scharf. Diese Beispiele erzählter Geschichte sind spannend und erschütternd zugleich auch für die, die den Tag nicht erlebt haben.